KB217838

금강경 강해

金剛經五家解를 중심으로

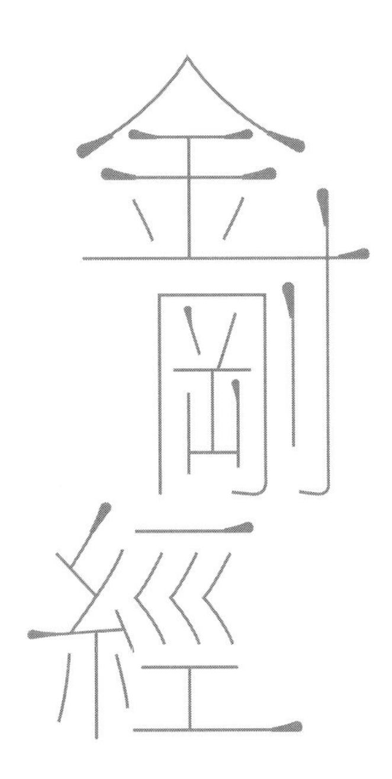

중생은 묻는다,
어떻게 성불하는가?

붓다는 이미 답했다.

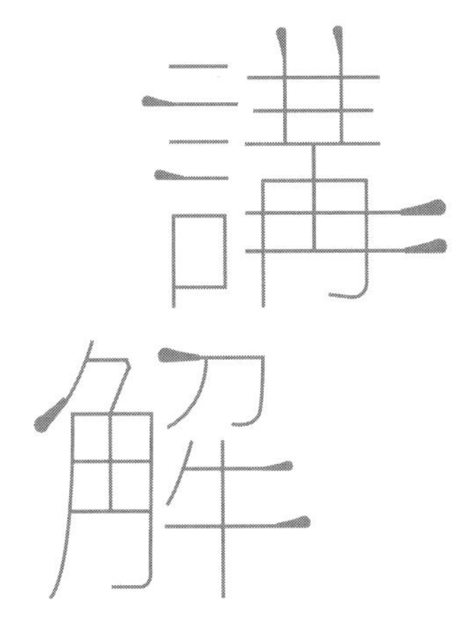

금강경 강해

金剛經五家解를 중심으로

서재홍 역주

담앤북스

金剛般若波羅蜜經

Vairacchedikā-Prajnāparamitā-Sūtra

姚秦三藏法師鳩摩羅什奉詔譯

쿠자(龜茲 · 庫車, Kùcha) 키질석굴(克孜爾, Kizil石窟)
앞의 젊은 鳩摩羅什像 높이 3m, 臺座 1m

역자의 말

불교는 2500여 년 전, 석가모니釋迦牟尼 붓다가 자신이 깨달은 바를 세상 사람들에게 알려 주기 위해 49년 동안 몸소 실천한 것을 말한다. 하지만 초기 경전인 『아함경』과 팔리Pali어본 『율장』에 따르면, 당시 붓다는 '탐착과 어둠의 뿌리에 뒤덮인 사람들에게 자신의 깨달음을 펴기에는 너무 괴리乖離돼 있어 망설임 끝에 체념하였다'고 한다. 그때 초전법륜初轉法輪의 다섯 비구와 범천梵天인 사함빠띠Sahampati가 현신하여 간청하기를 "세존이시여! 생로병사에 억눌린 자들을 굽어보시고, 여래의 깨달음을 설하소서…. 선근이 있는 자들은 반드시 알아들을 수 있습니다"라는 권청勸請으로 중생교화에 나섰다고 한다.(『雜阿含 · 梵天勸請』, 『律藏 · 大品』) 이때의 붓다 심경을 『아함경』 해석의 권위자인 마스타니 후미오(增谷文雄, 1902~1987) 박사는 『석존의 깨달음釋尊の悟』(講談社, 1979)에서 '깨달은 자의 고독正覺者の孤獨'이라고 하였다.

어디서 왔다, 어디로 가는가?

주지하듯, 붓다가 처음 왕궁을 나섰을 때는 생로병사에 따른 생주이멸生住異滅과 일대사인연一大事因緣을 규명하기 위해서였다. 요컨대 '왜

사는가?' '어떤 가치를 창출할 것인가?'라는 현상에 관한 것이 아니라 '나'라는 본래면목本來面目이 '어디서 왔다, 어디로 가는가?'라는 무한생명과 무한의식意識에의 접근이었다. 이 같은 생사근원에 대한 물음은 비단 붓다에게만 국한되는 것이 아니다. 사상과 주의·주장을 떠나 우리 모두의 과제이며, 이 세상에 존재하는 모든 생명체의 공통 과제인 것이다. 이러한 의문을 오늘날 동서東西가 보편적으로 쓰는 말로 바꾼다면 '존재의 본질essence of existence'과 '인식의 유무existence in perception' 내지 '인식의 차이difference in perception'일 것이다.

그렇다면 '존재의 본질'이란 무엇인가? 붓다가 깨달은 '나'라는 존재의 실상은 바로 '무아無我'였다. 즉 우리의 몸과 마음은 오온(五蘊, 色受想行識)의 연기緣起에 따라 가상적假相的으로 모였다가 흩어지는 가아假我·가유假有·가법假法의 존재로서 인무아人無我·법무아法無我인 것이다. 하지만 범부는 오욕락五欲樂에 이끌려 내 몸과 마음을 주재하는 주체를 '나'라고 인식하거나, 또는 인지認知의 부조화[cognitive dissonance]로 만성화된 본능本能을 자아自我라고 착각하는 것이다.

이러한 존재에 대한 내적 부정을 장 폴 사르트르(Jean Paul Sartre, 1905~1980)는 『존재와 무*L'être et le néant*』에서 다음과 같이 말한다.

"무無는 어떻게 주어지는가? 무가 주어지는 것은 존재 이전도, 이후도 아니다. 그리고 존재 밖에서도 아니다. 바로 존재의 심장에 하나의 벌레처럼 존재한다. 따라서 무無는 존재에 대한 상보적 추상개념으로 주어지는 것도 아니고, 존재를 받치고 있는 무한한 환경으로 주어지는 것도 아니다. 무는 바로 존재의 핵심에 주어지는 것이다. 그렇다면

무는 어떤 존재의 핵심에 주어지는가? 물론 완전한 긍정성으로서의 존재, 그 자체[卽自態, en-soi]의 존재에는 주어질 수 없다. 즉자태의 존재는 무無가 포함될 수 없는 것이다. 이처럼 무가 존재의 외부에서 주어질 수도, 그 자체에서 주어질 수도 없다면, 무의 근원은 어디서 찾을 것인가? 무無는 없는 것이므로 스스로 무화작용無化作用을 할 수 없다. 따라서 자기를 무화할 수 있는 것은 자기뿐이다. 즉 자기무화(自己無化, se néantise)를 위해서는 무화할 수 있는 자기존재가 있어야 한다"

여기서 불어佛語 'se néantise'는 '자기소멸自己消滅'로도 번역된다. 그러므로 '무無를 도래到來시키는 존재는, 존재의 무를 자기무화로 자각自覺할 수 있는 바로 그 존재라야 한다'는 것이 사르트르의 실존철학이자 그의 무아사상無我思想이라 할 것이다.

요컨대 붓다는 자신이 깨달은 무상정등각無上正等覺의 지혜로써 생사고해를 벗어나, 오늘날 인류의 보편적 가치가 된 '자유'와 '평등'과 '자애'의 길을 제시하였다. 그래서 진아眞我와 연기緣起에 대해 설명하였지만, 범부와 외도가 지니고 있는 인식의 유 · 무와 그 차이를 극복하기에는 산 넘어 산이었다. 즉 존재의 본질인 진아와 연기는 과거 · 현재 · 미래뿐 아니라, 기세간器世間의 산하대지山河大地와 유무정물은 물론, 염심染心 · 정심淨心 · 업식業識 · 전식轉識 · 현식現識, 그리고 한량없는 시간과 공간으로 이어져 있는 것이다.

다시 말해 '나'라는 존재가 우주만유와 엮여 있음에도 떠나 있고 떠나 있음에도 떨어질 수 없는 불상이잡不相離雜의 관계와 또 드러나거나 드러나지 않고 작용하는 유무작위有無作爲의 관계임을 통찰하여 세간의 언어로 설명해야 하는 것이다. 그래서 눈에 드러나 이뤄지는 현상을 유위법(有爲法, saṃskṛtā dharma)이라 하고, 눈에 드러나지 않으면서 무한으로 이뤄지는 작용을 무위법(無爲法, asaṃskṛtā dharma), 그리고 이 양자의 상호작용은 일체법(一切法, sarva dharma)이라 이름하면서 상황과 정황에 따라서는 차전법遮詮法과 표전법表詮法을 적용하였다.

이와 같은 유·무·일체법의 의존관계를 마명(馬鳴, Aśvaghoṣa, ?~150), 용수(龍樹, Nāgārjuna, 150~250) 등에 이은 원효(元曉, 617~686)는 '융이이불일融二而不一'이라고 하였다. 즉 "동일[一]은 동일하지 않음[非一]에 교응하여 다름[異]에 즉卽하고 있음으로 다름과 같고[如異], 다름은 다름 아닌 것[非異]에 교응하여 동일한 것에 즉함으로써 동일과 같다[一應非一 以即異故如異 異應非異 以卽一故如一]"라고 정의하였다.(『大乘起信論疏·同異論』)

이를 바꾸어 말하면 겉으로는 그 양상樣相이 서로 다르게 나타나지만, 실제로는 하나인 것으로 연기의 작용에 의한 것이다. 예컨대 부처와 중생의 관계에서 '부처는 중생이 있으므로 부처라 이름할 수 있고, 중생은 부처가 있으므로 중생이라 부를 수 있다'라는 상호관계인 것이다. 이와 같은 호환관계에서 부처와 중생이 같다고 할 수는 없지만, 중생이 깨달으면 부처이고 부처도 깨닫기 이전에는 중생이기 때문에 서로 다르다고 할 수도 없다. 다만 중생은 부처이지만 부처인 것을 알지 못할 따름이고, 부처는 자신이 깨닫기 이전에는 중생이었음을 알고 있다는 것이 다른 점이다.

온 바도 없고, 가는 바도 없다

이러한 연기법에 따라 붓다는 '나라는 존재의 실상이란 본디 없는 것[我空]이므로, 우주만유 또한 텅 빈 것[法空]'이라고 하였다. 그래서 『금강경』 제32분에서 "일체 유위법은 꿈과 같고, 환상과 물거품과 같고 그림자와 같으며, 또한 이슬과 번갯불과 같은 것이니, 마땅히 이와 같은 현상계를 자세히 살펴야 한다[一切有爲法 如夢幻泡影 如露亦如電 應作如是觀]"라고 한 것이다. 그러면서 "깨달음을 이룬 자는 온 바도 없고 또한 가는 바도 없으므로 여래라고 이름한다[如來者 無所從來 亦無所去 故名如來]"라고 말한 것이다.(『금강경』 제29분) 이와 같은 불가佛家의 생사관生死觀에 비해 도가道家는 어떠한가?

> 장자莊子의 아내가 죽자 혜자惠子가 조문했다. 이때 장자는 빈소에서 두 다리를 뻗고 앉아 질동이를 두들기며 노래하였다. 혜자가 말했다. "부부로서 함께 자식을 키우다 숨졌는데, 울지 않는 것은 그렇다 치더라도 질동이를 두드리며 노래하는 것은 심하지 않은가?" 장자가 말했다. "그렇지 않네. 아내가 숨을 거둘 때 나도 슬펐다네. 그런데 인간은 애초 생명이 없는 곳에서 생겨나지 않았는가! 생명이란 본디 형체를 이룰 기氣조차 없는 천지天地가 혼동된 상태였을 때, 변화가 일어나 기氣가 생기고, 그 기氣가 변하여 형체가 돼 생명이 된 것이라네. 이제 다시 변하여 형체 있는 삶에서 형체 없는 죽음으로 되돌아간 것 뿐일세. 이것은 우주자연이 춘하추동으로 운행함과 같은 것으로 모처럼 천지간의 큰 방에서 편히 쉬

려 하는 사람에게 내가 소리 내 운다면, 나는 천명天命을 모르는 것이 되므로 울음을 그쳤다네"(『莊子 · 至樂』)

여기서 장자가 말한 존재의 본질이란 본디 비워져 없음[無爲虛空]이고 드러남과 드러나지 않음이 서로 생존[無有相生]하는 자연현상에 따른 것으로서 죽음 또한 이러한 자연현상의 연장이므로 슬퍼할 일이 아니라는 것이다. 이 같은 생사관은 불교의 윤회輪廻와 공사상空思想을 떠올리게 하지만, 중국의 오랜 민간 신앙인 '전생설'을 바탕 한 것이다. 이러한 황로사상黃老思想은 후한後漢의 환제(桓帝, 131~167) 때 불교가 전래되어 위진남북조魏晉南北朝시대에 충돌 없이 뿌리내리게 함으로써, 명실공히 유儒 · 불佛 · 도道 삼가 사상으로 중국사상사에 새로운 생명력을 불어넣은 계기가 되었다.

그러나 세상 사람들은 생로병사의 고통과 슬픔에 대한 집착으로 '나'라는 존재가 본디 없으며 우주법계 또한 비어 있어 생멸生滅 · 미추美醜 · 증감增減 등의 현상계가 모두 가상假象 · 가유假有라는 일체무위법一切無爲法을 이해할 수 없었다. 이에 붓다는 청중의 능력[根機]과 지역의 관습, 그리고 종래의 바라문교Brahman와 자이나교Jainism를 비롯한 다신교多神敎의 교의敎義를 인용하여, 긍정과 부정을 되풀이하면서 직유와 은유 등으로 설한 것이다.

즉 반야般若의 지혜는 무위법이므로, 기세간器世間에 드러나 있는 모든 현상을 유위법의 형식을 빌리지 않고는 설명할 수 없었다. 그러므로 유위법에서는 긍정할 수 있지만, 무위법에서는 인식의 한계가 따를 수밖에 없는 것이다. 예컨대 '내 땅'과 '남의 땅'에 대한 구분이 없으면 세간의 질서가 무너지게 되고, 이러한 상대성의 논리에서 산출된 재화財貨의 주고받음이 분명하지 못하면 인간과 집단의 관계는 경색되기 마련이다. 따라서 생사生死와 미추美醜, 증감增減 등은 모두 유위법의 논리이다.

그러나 무위법의 측면에서 본다면, 모든 생명체의 절대적인 요소인 지수화풍地水火風은 우주자연에서 무한 생성하는 것이므로 대가를 지불하고 받는 것이 아니라 무한혜택으로 존재하기 때문에 '나[我相]'와 '내 것[我所執]'이라고 주장할 수 없다. 따라서 '하늘 아래엔 공것이 없다'고 하지만, 우주자연의 법칙인 본체론적 측면에서 본다면 나와 내 것이 있을 수 없고, 오고 감이나 미추·증감 또한 없다는 것이 무위법의 논리이다.

따라서 붓다는 이러한 무위법을 청중이 알아차리지 못하면 유위법에 비유하여 표전表詮으로 설명하였고, 또 현상 그대로를 드러낼 수 없는 차전遮詮의 상황에서는 일체법을 내세웠다. 그리고 듣는 이의 마음씀[用心]과 정황에 따라서는 무유정법無有定法, 또는 무설설無說說의 '침묵'과 '절제'로써 이좌부동而坐不動한 것이다. 이와 같은 미묘한 교설이 후대 부파불교部派佛教의 논사論師들에 의하여 번쇄해진 것을 용수와 원효는 뭉뚱그려 광론廣論 내지 희론戲論이라고 하였다.(『長阿含·大本經』, 『大乘起信論·修行止觀門』)

부정과 긍정을 넘어선 沈黙

예컨대 『금강경』 제3 「대승정종분」에서 붓다는 "태란습화胎卵濕化 사생四生과 유·무색有無色, 유·무상有無想, 약비유상비무상若非有想非無想 등의 구류중생九類衆生을 남김없이 제도하여 열반에 이르도록 하겠다"라며 긍정적으로 설한다. 하지만 바로 다음 문장에서 "이와 같이 헤아릴 수 없고 가없는 중생을 제도하였지만, 실제로는 한 중생도 멸도滅度에 이르게 한 바가 없다"라며 긍정과 부정으로 설하여 독자를 혼동하게 한다. 그런 다음 그 까닭은 "아상·인상·중생상·수자상我相人相衆生相壽者相을 지니고 있으면 보살이 아니기 때문이다"라고 부언 설명하는 것이다. 즉 아인사상我人四相을 여의어야 보살(菩提薩埵, Bodhīsattva)이 될 수 있고, 보살이 되어야만 멸도에 이를 수 있다는 것이다.

또 제13 「여법수지분」에서 수보리존자가 "이 경의 이름은 무엇이라 하며, 저희들이 어떻게 받아 지녀야 합니까?"라고 묻자, 붓다는 "이 경의 이름은 금강반야바라밀이며, 이 글이 가리키는 대로 받아 지니도록 하라"고 한다. 그런 다음 "내가 말한 반야바라밀은 반야바라밀이 아니라, 이름이 반야바라밀일 뿐이다"라며 긍정과 동시에 부정적으로 설한다. 이에 수보리가 다시 묻기를 "세존이시여! 자못 어떤 중생이 다음 세상에서도 이러한 여래의 가르침을 알아듣고 믿음을 일으킬 사람이 있겠습니까?"라고 하자, 붓다가 말한다. "수보리여! 그들은 중생이 아니며, 중생 아님도 아니다. 왜냐하면, 중생이 중생이라는 것은 내가 말하는 중생이 아니라, 이름이 중생일 뿐이다"라고 하였다. (『금강경』 제21분)

이는 중생을 중생이라고 하지만 이름이 중생일 뿐이며, 이미 붓다에

귀의하여 유 · 무위법과 일체법을 지향하는 보살이기 때문에 무유정법無有定法으로 말한 것이다. 하지만 이 무유정법도 적용할 수 없을 때는 '여여부동如如不動'의 침묵이었다. 즉 공자孔子가 『역경 · 계사전하』에서 "글로써 말을 다하지 못하고 말로써 뜻을 다하지 못하니, 그런즉 성인의 뜻을 어찌 내다볼 수 있겠는가?[書不盡言 言不盡意 然則聖人之意 其不可見乎]" 하며 탄식하였듯이, 의식세계의 저변까지 모두 표현할 수 없을 때는 침묵할 수밖에 없었던 것이다. 이러한 경계를 역대조사歷代祖師들은 '말이란 입에서 내뱉는 순간 실상과는 멀어지게 마련[開口卽錯 實相離言]'이라고 하였다.

이와 같은 부정과 긍정의 반어적 논리구조를 일본의 선학자禪學者 스즈키 다이세츠(鈴木大拙, 1870~1966)는 『일본적 영성日本的靈性』에서 "A는 A라고 하는 것은(AはAだと云ふのは), A는 A가 아니고(AはAでない), 그러므로 A는 A이다(故にAはAである)"라며 삼단논법으로 분석한 후 이를 '즉비의 논리卽非の論理'라고 이름하면서 사계斯界최초로 제시하였다.(본문 p.113 참조) 그리고 우리나라에서는 한국철학의 1세대라 불리는 박종홍(朴鍾鴻, 1903~1976) 박사가 하이데거(Heidegger, 1886~1976)의 논리를 인용하여 즉자태(卽自態, en-soi)와 대자태(對自態, pour-soi)로써 긍정과 부정의 관계를 다음과 같이 서술하였다.

> 존재는 개현開顯과 은폐隱蔽의 상호투쟁에 의하여 그 진리를 드러낸다. 따라서 개현은 은폐를 부정하고 은폐는 개현을 부정하여 상대로 하여금 각기 제 구실을 하게 한다. 여기서 부정에 의한 긍정

을 볼 수 있다. 즉 부정은 분열이 아니라 긍정을 가능하게 하는 것으로 개현과 은폐는 집합하여 하나가 되는 것이다. 그러므로 존재의 개현이 있어야 은폐가 가능한 것도 아니고, 은폐가 완수되어야 개현이 가능함도 아니다. 이 대향적對向的 부정에 의해 양자兩者는 각기 제 구실을 다한다. 투쟁, 곧 부정이 존재의 운동 자체이고, 이 운동이 없는 곳에는 존재도 없다. 따라서 존재의 본성은 부정성이다. 하지만 존재의 이 부정성을 기반으로 하여 존재 운동의 전개성을 밝히려고 노력한 사람은 헤겔(Hegel, 1770~1831)이다.(朴鍾鴻, 「否定에 관한 연구」, 1960)

보살의 無住相布施가 깨달음의 열쇠

이 경 13장에서 붓다는 다시 말한다. "수보리여! 그대 생각은 어떠한가? 내가 어떤 진리를 말한 적이 있었는가?"라며 자신의 의도意圖와 당위성當爲性을 수보리존자를 통해 나타내려 한다. 이에 수보리가 "여래께서는 진리를 말씀한 바가 없습니다"라며 붓다의 의도에 호응한다. 여기서 논리의 재부정이란, 바로 붓다 자신이 유·무위법으로 인식의 차이를 극복하여 교설하면서도 '내가 언제 진리를 편 적이 있었는가?'라며 자신의 교설을 부정하는 것이다. 그러면서 청중들의 심층세계를 현재의식에서 잠재의식과 무의식까지 한 단계씩 끌어올려 무엇인가를 암시暗示하고자 한다. 요컨대 이 장 마지막에서 "수보리여! 만약 선남자선여인이 항하의 모래알 수만큼 많은 목숨으로 보시한다 하더라도, 어떤 사람을 위해 이 경의 사구게四句偈 하나라도 지녀서 알려 준다면, 그 복덕은 훨씬 뛰어날 것이다"며 그 본뜻을 밝힌다.

이에 역자는 묻는다. 무엇 때문에 붓다는 이 경의 서두에서 마지막까지 보시布施와 복덕의 공덕을 끊임없이 강조하고 있는가? 그리고 이 같은 복덕사상福德思想이 모든 종교의 과거와 현재에 어떤 영향을 미쳐 왔으며, 향후 자본과 기술의 만능시대에는 어떻게 받아들여질 것인가? 예컨대 무상정등각의 깨달음은 왕후장상에서부터 초부와 난전亂廛의 떡장수 할멈까지 차별이 없지만, 붓다는 '보살의 대가 없는 베풂'의 공덕이 없으면 선지식善知識을 만나도 깨칠 수 없다고 단언한다. 그리고 이 경 제4「묘행무주분」에서 붓다는 수보리에게 "동방의 허공과 남서북방 사유상하의 허공을 헤아릴 수 있겠는가?"라고 묻는다. 이에 수보리가 "헤아릴 수 없다"고 말하자 붓다는 "보살의 대가 없이 베푸는 보시복덕이 헤아릴 수 없는 허공만큼 크므로, 수보리여! 보살은 마땅히 내가 가르친 바와 같이 머물러야 한다"며 당부하는 것이다.

다시 말해 보살의 무주상보시 복덕이 허공과 같이 헤아릴 수 없을 만큼 크다고 한 것은, 이 공덕으로 무상정등각을 이루게 되면 무소종래無所從來와 역무소거亦無所去는 물론, 우주자연과 하나가 되는 범아일여梵我一如의 경지와 같음을 이른 것이다. 이 같은 보살의 무주상보시 복덕에 대해 4세기 북인도의 역경승이었던 월칭(月稱, Candrakīrti)은 "대승불교를 이해하는 것에 있어 보살의 개념을 알지 못하면 불교를 체득할 수 없다. 보살의 대자대비심이 생사유전生死流轉과 유정무상有情無常한 제법의 불가득성不可得性을 근거로 하여 그 불가득한 깨달음을 이룰 수 있다"라고 하였다.(小川一乘 著,『中觀思想論』, pp.14~21)

이러한 복덕사상에 대해 붓다는 "수보리여! 만약 어떤 보살이 항하의 모래알 수만큼 많은 세계의 칠보七寶로 보시했다 하더라도, 어떤 사람이 일체법에서 내가 없는 무아無我의 진리로 깨달음을 이루었다면, 이 사람이 얻은 복덕은 앞의 보살이 얻은 공덕보다 훨씬 뛰어난 것이다. 왜냐하면 모든 보살은 복덕을 받지 않기 때문이다"라고 하였다. 이에 수보리존자가 "어찌하여 보살은 복덕을 받지 않으려 합니까?"라고 묻자, 붓다는 "보살은 자신이 지은 복덕에 탐착하지 않고, 중생에게 되돌려 주기 때문이다"라고 하였다.(『금강경』 제28 「불수불탐분」)

불교는 종교인가, 철학인가

흔히 종교宗教는 절대성과 영원성, 초월성을 지향한다고 한다. 그렇다면 불교는 종교인가? 물론 붓다의 교설에도 "깨달음은 누가 대신하는 것이 아니라, 오직 스스로 자신의 등불을 밝혀 마음의 법등을 밝혀야 한다[自燈明法燈明]"라고 하는 절대성과 영원성, 그리고 초월성을 내포하고 있다. 하지만 내가 없고[我空] 우주만유도 없어[法空], 문자조차 부정하는[不立文字教外別傳] 불가의 근본교설에 따른다면, 종교라는 도그마에 갇힐 수 없는 것이다.

그렇다면 철학哲學인가? 철학이 존재와 본질에 대한 사색과 사유로써 사회현상을 통찰하고 비판하여 개선하는 것이면, '나'라는 존재에 대한 철저한 사유와 논리의 전개에서 철학의 일면성을 내다볼 수 있다. 하지만 '삼천대천세계가 하나로 합해지는 것은 말로 설說할 수 없다(一合相者는 則是不可說)'는 붓다의 일합상을 감안한다면 철학이라고 할 수 없는 것이다. 왜냐하면 '여래가 설한 법은 다 취할 수 없고 말할 수 없으며, 또한 법이 아니고 법 아님도 아니다'며 공성空性을 가리키고 있기 때문이다.(『금강경』 제7 「무득무설분」)

그렇다면 '종교란 무엇이며, 철학은 무엇인가?' 다시 말해 '무엇을 종교라 하고, 무엇을 철학이라 이름하는가?'에 대해 우리는 해묵은 명제命題 앞에 다시 마주서야 한다. 그리고 우리 사회에 종교宗教와 철학哲學 등의 개념어가 전래되어 사용하기 시작한 것은 언제부터인가?

과문컨대, 종교와 철학이라는 용어는 메이지유신明治維新 때, 일본 최초의 네덜란드 유학생이었던 니시 아마네(西周, 1829~1897)와 후쿠자와 유키치(福澤諭吉, 1835~1901) 등 명육사明六社에 의해 유럽의 과학과 지식이 한자어漢字語로 번역되면서 사용되었다. 이때 그들은 'religion'을 종교로, 'philosophy'를 철학, 'nationality'는 민족 등으로 번역하여 일상 속의 많은 신조어新造語를 한자의 개념에 맞춰 만들었다. 이러한 신조어가 제국시대에 신문명과 함께 한국 · 중국 · 대만 등으로 전파되었으며, 이들 국가가 비판 없이 수용하여 오늘까지 이르게 된 것이다.

이 와중渦中에서 철학이란 개념어가 우리나라에 들어온 것은 1926년 경성제국대학(서울대 전신)에 '철학과'를 개설하면서부터이다. 불과 92년 전의 일이다. 그렇다면 2500여 년간 인류의 정신사精神史를 이끌어 인류의 보편적 가치에 절대적 영향을 미친 불교가 이른바 '종교'나 '철학'이라는 범주로 묶여질 수 있는가? 그리고 이것이 백화점의 상품처럼 서가書架에 진열되어 선택의 대상이 될 수밖에 없는 것인가? 그럼에도 오늘날 많은 사람들은 '불교는 종교이면서 철학이다'라고 말한다.

다시 말해 불교에 대한 사회적 인식이 이와 같다면 '진리에 관한 최상의 검증은 시장에서 좌우되는 것'이라는 올리버 홈스(Oliver W Holmes, 1809~1894)의 말에 따라야 하는가이다.(拙稿, 「哲學과 道學」, 2009)

이 같은 상황에 대해 붓다는 이 경 제18 「일체동관분」에서 "보살도菩薩道란, 오안(五眼, 육안 · 천안 · 혜안 · 법안 · 불안)을 통해 유 · 무위법과 일체법을 꿰뚫은 자유자재한 지혜로 과거와 현재를 통찰하고, 미래에 대한 제시로 중생을 제도해야 한다"고 하였다. 그것은 오늘날 동서의 장벽이 무너지고, 과학과 기술의 발달로 인간의 존엄이 피폐해질수록 외려 존재와 본질에 대한 관심은 더욱 고조高潮될 것임을 내다본 것이다. 다시 말해 붓다는 생존경쟁으로 나날이 치열해지는 오탁악세汚濁惡世에서 일체 만사를 내려놓아야[一切放下著] 하는 개인의 깨달음보다, 더불어 살아가는 시민적 덕성德性인 이른바 '보살주의菩薩主義'를 제시한 것이다.(拙稿, 「이 땅의 현실과 菩薩道」, 『拄杖子』, 1990)

어리석은 사람은 자신의 길을 내 밖에서 찾고, 지혜로운 사람은 자신의 길을 내 안에서 찾는다고 한다. 바라옵건대, 이 경을 읽고 참나[眞我]를 찾고 개인과 사회적 이성理性을 찾으려 한다면, 그리고 지금 현재가 내 삶의 최선임을 확인하고자 한다면, 부정과 긍정을 넘은 무유정법으로써 정법안장正法眼藏하여 이근원통耳根圓通하기를 빌어마지 않는다.

다음은 당唐 고종高宗의 황후였으나 690년 국호를 주周로 바꿔 황제가 된 측천무후(則天武后, 624~705)가 15년간 통치하다 출가하면서 읊은 것으로 알려진 『금강경』(돈황석굴본) 첫 장에 나오는 개경게開經偈이다.

無上甚深微妙法한대　百千萬劫難遭遇어늘

我今聞見得受持하얀　願解如來眞實義이지

위없이 높고 깊은 미묘한 가르침은

백천만겁이 지나도 만나기 어렵거늘

내 이제 듣고 보아 얻어 지녔사오니

원하옵건대 여래의 진실한 뜻 알아지이다

佛紀 2562(2018)年 10月 上澣

徐 在 鴻 관수근배

金剛經五家解序說

金剛經五家解序說

有一物於此하니 絶名相이나 貫古今하고 處一塵하대 圍六合이로다 內含衆妙하고 外應群機하야 主於三才하고 王於萬法하니 蕩蕩乎其無比이요 巍巍乎其無倫이라 不曰神乎아 昭昭於俯仰之間하고 隱隱於視聽之際하니 不曰玄乎아 先天地而無其始하고 後天地而無其終하니 空耶有耶아 吾未知其所以로다

여기 한 물건이 있으니, 이름과 모양은 끊어졌으나 古今을 꿰뚫었고, 한 티끌에 머물되 우주를 에워쌈이로다. 안으로 온갖 미묘함을 머금고 밖으로 온갖 根機에 대응하여, 하늘과 땅과 사람의 주인이 되고 만법의 왕이 되니 넓고 넓어서 비할 바 없음이요, 높고 높아서 짝함이 없음이로다. 어찌 神異하지 않다 하리오! 굽어보고 우러러봄에 밝고 밝으며, 보고 들음에 희미하고 은밀하니, 어찌 玄玄하다 아니하리오. 天地보다 먼저이나 비롯함이 없고, 천지보다 뒤에 있으나 그 마침이 없으니, 空이라 할 것인가 有라고 할 것인가! 나는 아직도 그 까닭을 알지 못하노라.

我迦文ㅣ得這一着子하야 普觀衆生인댄 同稟而迷하니 歎曰ㅣ奇哉라 向生死海中하얀 駕無底船하고 吹無孔笛하니 妙音動地하고 法海漫天이라 於是에 聾騃盡醒하고 枯槁悉潤하여 大地含生ㅣ各得其所하니라

우리 석가모니부처님이 이 하나를 얻으시어, 중생이 다 같이 타고났으나 모르고 있음을 두루 살피사 탄식하실새 '기이하구나!'라고 하였도다. 生死의 바다 가운데를 향하여 바닥 없는 배를 타고 구멍 없는 피리를 부니, 神妙한 소리가 땅을 진동하고 法海가 하늘에 가득하였음이라. 이에 귀먹고 어리석은 자들 다 깨어나고, 메마른 나무들이 모두 물기를 머금었으니, 大地의 생명들이 이를 품고 각기 그 자리를 얻었음이라.

今般若經者는 妙音之所流이오 法海之所自者也ㅣ라 以金剛之堅利로 剗我人之稠林하고 照慧日於重昏하야 開惑霧於三空이라 使之出斷常坑하여 登眞實際하고 敷萬行花이니 成一乘果니라 言言利刃當陽하고 句句水灑不着하야 流出無邊法門海하얀 孕育無限人天師하사 若ㅣ大鑑能ㅣ圭峰密ㅣ冶夫川ㅣ傳與鏡此五大士者는 皆人天之所尊이오 法海之所歸者也ㅣ라

이제 『般若經』이라는 신묘한 소리가 흘러온 바이니, 진리의 바다가 여기서부터 시작된 것이로다. 金剛의 굳고 날카로움으로 '나'라는 존재

와 '너'라는 존재에 대한 번뇌의 숲을 베어 내고, 지혜의 햇살로 첩첩의 어둠을 비추어 미혹의 안개에서 三空[我·法·俱空]을 열게 하였도다. 그로 하여금 斷見과 常見의 구덩이에서 벗어나 참된 경계에 올라서 육도 만행의 꽃을 피워 一乘의 열매를 맺게 함이로다. 말과 말은 예리한 칼날같이 햇빛에 번뜩이고, 句節과 구절은 물로 씻은 듯이 한 티끌도 붙어 있지 않아, 끝없는 法門의 바다로 흘러내려 한량없는 人天의 스승을 길러 내시사, 六祖慧能과 圭峰宗密, 冶父道川과 傅大士, 그리고 宗鏡 등 이 다섯 대사는 모두 하늘과 사람이 존중한 바요, 법해로 돌아감이로다.

各具通方正眼하야 直傳諸佛密印하고 各出廣長舌相하매 開演最上宗乘하니 一一威振河嶽이오 輝騰古今이로다 遂使當世에 盲者得見하고 聾者得聞하며 啞者能言하고 跛者能行토다 旣而亦爲普覺將來에 各自依經著解하사 以傳天下後世하시니 豈是彫文喪德이오 可謂錦上添華인저 何止重輝佛日이며 亦乃光揚祖道로다

각기 두루 미치는 正眼을 갖추어 모든 부처의 은밀한 가르침을 바르게 전하며, 각기 長廣舌의 모습을 드러내어 최상의 가르침을 열어 펼치니, 낱낱의 위엄이 山河에 떨쳐 그 빛남이 古今에 올랐도다. 마침내 세상에 눈먼 자는 보게 하고, 귀 어둔 자 듣게 하며, 벙어리는 말하게 하고, 절름발이는 걷게 하였도다. 이미 그러하였고, 앞으로도 널리 깨달

음이 미치도록 각기 經에 의지하여 해석을 기록하사, 後世에 전하시니 어찌 글을 더하여 德을 잃었다 하리오! 외려 금상첨화라 할 것인저. 어찌 부처님의 광채를 빛냄에만 그치겠는가! 祖師의 도道까지 드날리게 함이로다.

我曹ㅣ生于千載之下에 得遇難遇之寶하야 手接目睹이니 幸莫大焉이라 以此에 可以揚佛祖之餘輝하고 以此에 可以延君國之洪祚로다 然이나 此編集ㅣ出於何人之手이나 而不現其名乎아 吾는 喜其爲一佛五祖師之心하야 令一轉而便見也ㅣ라 所嗟ㅣ雖有彈絃之妙指이나 未遇賞音之嘉聰이라 由是에 誤聽峨峨인댄 作洋洋者多矣ㅣ라 又於經疏에 以僞濫眞하야 乳非城外者頗多니라 豈非以去聖愈遠하야 歷傳多手而致然歟인가

우리 曹溪門徒들이 천년 이후에 태어나서 만나기 어려운 보배를 만나 손으로 만지고 눈으로 볼 수 있으니, 그 다행함이 어찌 크다 아니하리오. 이로써 불조의 빛남을 남김없이 드날리고, 이로써 나라와 임금의 洪福을 뻗치게 함이로다. 그러나 이 『五家解』의 편집이 누구의 손으로부터 나왔으며 어찌 그 이름을 드러내지 않았음인가! 이에 내가 한 부처님과 다섯 조사의 마음을 한번 되돌려 문득 깨닫게 되니 이를 기뻐함이라. 애석한 바, 비록 거문고 줄을 타는 신묘한 손가락은 있으나, 그 소리를 賞讚하는 밝은 귀를 만나지 못했음이라. 이로 말미암아 높은 산을 연상하는 曲을 넓은 바다를 연상하는 곡으로 잘못 듣는 이

가 많았도다. 또한 經의 註疏에는 그릇됨이 참됨에 흘러들어와 城 밖의 牛乳가 아닌 것이 자못 많았으니 이것은 聖人이 가신 지 오래되어 여러 손을 거치면서 그렇게 된 것이 아니겠는가!

夫聖言之所以傳之於後之世也는 唯文不能說이오 空義不獨傳이라 文義相資하야 方成妙唱하얀 作天下古今之龜鑑하고 開世與出世之眼目이라 若義有淆訛하고 文有錯誤이면 則非唯不能開人眼目하얀 亦令誤解하야 碍正知見이라 蓋不爲文字所惑하고 能體聖人之意者는 誠難得也ㅣ라 然이나 若心淸慮靜하고 緣文究義하야 依義尋文이면 則文義之舛錯者는 不隱微毫하니 了然昭著하매 如世病脈이 不能逃於善醫之手하니라

대저 성인의 말씀을 후세에 전함에 있어 오직 글만 갖추어 놓음도 아니요, 근거 없이 뜻만 홀로 전하는 것도 아니로다. 글과 뜻이 바탕이 되어야 비로소 神妙한 노래를 이루어 古今의 귀감이 되고, 세간과 출세간의 안목을 열어 줌이라. 만약 뜻이 잘못돼 있고 글에 착오가 있으면, 사람의 안목을 열어 주지 못할 뿐 아니라 잘못 알게 하여 바른 知見을 가로막게 함이로다. 대개 文字에 미혹되지 않고 능히 聖人의 뜻을 체득하기는 참으로 어렵도다. 그러나 마음을 맑게 하고 생각을 고요히 하여 글을 만나면 뜻을 窮究하고, 뜻에 의지하여 글을 찾아간다면 글과 뜻의 어지러운 섞임이 터럭만큼도 없이 드러나게 되니 마치 세상의 질병이 훌륭한 醫生의 손에서 달아날 수 없음과 같도다.

予雖非善醫之儔하나 幸粗識文義하야 略辨眞僞故로 今之經之疏之中之或脫或衍或倒或誤者는 簡而出之하야 參之諸本하고 質之諸師하야 以正之하니라 然이나 他本所據外는 未嘗一字一句도 妄自加損於其間토다 凡有所疑는 他本無所據處하야 據義以決하야 附之卷尾而已로다 若見盤根錯節之處하고 而抱拙拱手하야 不游刃於其間이면 則豈爲通人達士之所可乎아 是以로 不揆不才하고 解其結通其碍하야 正未正齊未齊하야 永貽來學하노라

내 비록 좋은 의생은 아니나, 다행히 글과 뜻을 대강 알아서 진위를 분별할 수 있으므로, 지금 이 經의 註疏 가운데 혹 빠졌거나, 혹 넘치거나, 또는 잘못되거나 그르친 것들을 간추려 여러 다른 책들을 참고하고, 여러 스승께 질문하여 바르게 하였도다. 그러나 다른 책에 의거한 것 외에는 일찍이 한 글자 한 구절도 더하거나 빠뜨리지 않았도다. 무릇 의심스러운 곳에 다른 책을 근거하지 않은 것은, 뜻에 의거하여 결정함으로써 책 뒤에 붙일 따름이로다. 만약 뿌리가 얽혀 마디가 뒤섞인 것을 보고도 팔짱을 낀 채, 그 사이를 덜어 내지 않는다면, 어찌 通人達士라 하리오. 이에 재주 없음을 헤아리지 않고, 그 얽힌 것을 풀어 막힌 것을 통하게 하고, 바르지 못함을 바르게 하며 正齊되지 못함을 가지런히 하여 장차 다가올 後學에게 전하노라.

誰知王舍一輪月이오 萬古光明長不滅인댄
呵呵他日具眼者하얀 見之當發大咲矣ㅣ라

누가 알겠는가! 왕사성 둥근달이
만고에 꺼지지 않는 밝은 빛임을
껄— 껄—, 어느 날 눈 밝은 이가
이를 본다면 마땅히 크게 웃으리라

永樂 乙未(1415年) 六月
涵虛堂衲守伊 盥手焚香謹書

涵虛堂守伊 衲子가 손 씻고 향 사르며 序하노라

차례

金剛經 講解 下

부록

일러두기

1. 역자는 책명을 『금강경 강해金剛經講解』라고 하고, 부제를 '金剛經五家解를 중심으로'라고 하였다. 원문에 대한 해석은 【字解】에서는 여러 연구자들의 공통된 견해에 따랐고, 역자의 견해는 【講解】로 제한하였다. 하지만 선행연구자들의 해석이 미진한 부분에는 『오가해』에서 발췌하여 보완하였다.

2. 이 책은 구마라집이 한역한 『초조고려본初雕高麗本』과 강희18년(1682) 울산 운흥사에서 펴낸 『금강경오가해金剛經五家解』, 그리고 1900년 왕원록王圓籙이 발견한 『당인사돈황석실금강경진적唐人寫敦煌石室金剛經眞蹟』을 주요 텍스트로 하여 오 · 탈자誤脫字와 피자避字, 고자古字 등을 보정하였다.

3. 원문은 양梁나라 소명태자昭明太子가 32분으로 분절한 것에 따랐고, 원문 아래 한글로 음을 달아 읽기 쉽게 하였다. 그리고 문장의 절연과 구결 · 현토는 백성욱 박사가 감수한 『금강경』과 유탁일 교수의 『불가약체구결총록佛家略體口訣總錄』을 참고하였다.

4. 원문의 해석상 경의 앞부분은 주요어에 대한 독자의 이해를 돕기 위해 단문短文으로 풀이하였고, 뒤로 갈수록 장문長文으로 풀이하였다. 또한 독자의 이해를 돕기 위해 붓다의 전생설화前生說話와 일화逸話를 인용하였다.

5. 본문의 주요어에서 범어(Sanskrit)와 팔리어(Pali) 및 중국어에 대한 표기는 우리 한자음에 따랐다.(예, 舍衛國-사위국, 須菩提-수보리) 그리고 각주에서 책명은 『 』, 논문은 「 」, 인용문은 " ", 주요어는 ' ' 로 표기하고, 각주의 주註인 세주細註는 *로 표기하였다.

6. 본문에서 선행연구자들 사이에 견해가 다른 학설 내지 인물의 생몰연대와 지명 등은 현재 공통적으로 통용되는 관례에 따랐으며, 본문에 앞서 함허 득통선사의 『금강경오가해 서설』을 서문으로 대신하였다.

金剛經 講解

上

●●

제1 法會가 열린 緣由

法會因由分 第一
법회인유분 제일

如是我聞하사오니 **一時**에 **佛**이 **在舍衛國**ㅣ**祇樹給孤獨園**하
여시아문 일시 불 재사위국 기수급고독원

사 **與大比丘衆**ㅣ**千二百五十人**으로 **俱**하시다 **爾時**에 **世尊**이
여대비구중 천이백오십인 구 이시 세존

食時에 **着衣持鉢**하시고 **入舍衛大城**하사 **乞食**하실새 **於其城中**
식시 착의지발 입사위대성 걸식 어기성중

에 **次第乞已**하시고 **還至本處**하사 **飯食訖**하시고 **收衣鉢**하시고
차제걸이 환지본처 반사흘 수의발

洗足已하시고 **敷座而坐**하시다 〈原文71字〉
세족이 부좌이좌

【字解】

이와 같이 나는 들었다. 어느 때 석가모니부처님이 사위국 기수급고독원에서 큰 비구 1250여 명과 함께 머물렀다. 그때 세존께서 식사 시간이 되어 가사를 걸친 후, 발우를 지니고 사위국의 큰 성城으로 들어가 밥을 빌었다. 성 안에서 한 집 한 집 차례로 밥을 빈 다음, 다시 본

디 자리로 돌아와 식사를 마치신 후, 가사袈裟와 발우鉢盂를 거두고 발을 씻었다. 그리고 자리를 펴 앉으셨다.

【講解】

● **如是我聞**

『금강경』은 앞서 말한 바와 같이 석가모니부처와 그 10대 제자의 한 사람인 수보리존자須菩提尊者의 문답 내용이다. 요즘 말로 표현하면 '붓다와 수보리의 대화'이다. 이 경 앞부분에 "이와 같이 나는 들었다"라고 한 것은 붓다의 입멸 이후, 붓다의 측근 시봉侍奉이었던 아난阿難이 500여 아라한阿羅漢 앞에서 자신이 들은 내용들을 구술口述할 때 "나는 이와 같이 들었다"라는 말로 시작하여 유래된 것이다.

이에 따라 팔만대장경의 첫 장 첫 구절은 대개 이와 같이 '여시아문'으로 시작된다. 여기서 '여시如是'는 『금강경』의 내용을 가리키는 것으로 붓다가 생전에 설한 것을 화자話者인 아난존자 개인의 독단이나 편견이 아님을 논증하기 위한 것이다.

이러한 '여시아문'에 대해 규봉 종밀(圭峰宗密, 780~841) 선사는 『금강경오가해金剛經五家解』(이하 『오가해』)에서 "석가모니붓다가 열반할 무렵 아난이 네 가지 섬김에 대해 묻자, 붓다가 낱낱이 답하기를 '내가 멸도한 뒤, 첫째는 사념처四念處에 의지하여 머물 것이며, 둘째는 계戒로써 스승을 삼을 것이며, 셋째는 옳지 않은 비구比丘는 침묵으로 물리칠 것이며, 넷째는 모든 경經의 첫머리에 「이와 같이 나는 들었다. 어느 때 붓다는 모처某處에서 대중 약간 명과 함께 머물렀다」고 밝혀야 한다'[1]라고 했기 때문"이라 하였다.

따라서 『금강경』뿐 아니라 경전 대부분의 서두는 모두 '여시아문'으로 시작되고 있다. 단 이 경을 한역한 구마라집은 『금강경』을 비롯한 모든 경전에서 '여시아문'이라고 하였으나, 구마라집보다 약 150년 앞선 강승개康僧鎧는 조위曹魏 가평4년(嘉平, AD.252)에 『불설무량수경佛說無量壽經』을 한역하면서 '나는 들었다. 이와 같이[我聞如是]'라고 하여 '아문'과 '여시'를 도치倒置하였다.[2]

● **舍衛國 祇樹給孤獨園**

사위국은 인도의 가비라국迦毗羅國 서북쪽에 위치한 교살라국憍薩羅國의 수도인 사위대성舍衛大城을 말한다. 그런데 이 경을 결집할 때, 교살라국과의 구별을 위해 성의 이름을 사위국舍衛國으로 기록하였다. 현재 곤다Gonda주의 사헤트마헤트Sāhetmāhet가 과거 사위성이다. 이때는 바사닉(波斯匿, Prasenajit)왕조와 유리(瑠璃, Virudhaka)왕조 시기로 성 남쪽에는 붓다가 오래 머물러 알려진 기원정사祇園精舍가 있다. 또 기수祇樹는 사위국 기타태자祇陀太子의 숲을 말하고, 급고독원給孤獨園은 수달다(須達多, Sudatta)장자가 '외로운 사람들을 위해 붓다에게 바친 동산'이라는

---

1 "佛臨滅度 阿難請問四事 佛一一答 我滅度後 一依四念處住 二以戒爲師 三默擯惡性比丘 四一切經首 皆云如是我聞 一時 佛在某處 與衆若干等"『金剛經五家解』「法會因由分第一」'圭峰'.

2 智昇 著, 『開元釋敎錄』 제14 『大正藏』 55권, p.625.

뜻으로 이름하였다.

● 大比丘

비구(比丘, bhikkhu)는 집을 떠나 걸식하며 수행하는 남자 스님으로 여승은 비구니比丘尼라 한다. 즉 '위로는 지혜와 자성自性을 구하고, 아래로는 중생을 교화하는 사람[上求菩提 下化衆生]'이다. 여기서 '큰 비구 1250인'은 비구 중에서도 수행과 덕망이 높은 사람[大德僧]을 가리키며 곧 붓다의 뛰어난 제자들을 말한다.

● 世尊

세존은 범어로는 'loka-nātha'이고, 의역으로는 '세상에서 존경받는 사람'을 뜻한다. 하지만 범어에서 'loka'는 공간空間, 여지餘地, 세계世界 등의 뜻이고, 'nātha'는 원조援助, 조력助力의 뜻으로, 합성되어 '세상에 도움을 주는 사람'이라는 뜻이 된다. 이에 따라 불전佛典에는 붓다의 열 가지 호칭[3] 가운데 하나로 사용되고 있다.

● 食時 着衣持鉢

이 말은 붓다가 '공양할 때가 되어 법의法衣를 걸치고 발우鉢盂를 들

---

3 여래如來, 응공應供, 정등각자正等覺者, 명행족明行足, 선서善逝, 세간해世間解, 무상사無上士, 조어장부調御丈夫, 천인사天人師, 세존世尊. *'여래라는 것은 온 바도 없고, 또한 가는 바도 없으므로 이름하여 여래라고 한다[如來者 無所從來 亦無所去 故名如來]'(『금강경』 제29「위의적정분」)

었다'는 것이다. 교단 초기에는 붓다를 비롯한 비구 · 비구니들이 오전 11시쯤 하루 한 끼[一日一食]만 공양한 것으로 전해진다. 그런데 본문에는 1250인의 큰 비구들과 동행한 것인지의 여부가 분명치 않다. 만일 착의지발한 많은 비구들과 동행한 것이라면 국왕의 행차 이상으로 장엄을 이루게 되지만, 현실적으론 불가능한 일이므로 붓다의 상수제자들만 동행하고 그 외의 대중은 각기 흩어져 밥을 빈 것으로 보인다. 왜냐하면 오늘날 스리랑카나 태국 · 미얀마 · 캄보디아 등 남방불교권에는 지금도 맨발로 착의지발한 비구 · 비구니들이 전통적인 탁발의식을 지키고 있기 때문이다.

'착의'에서 '의'란 가사(袈裟, kasāya)를 일컫는다. 가사는 청靑 · 황黃 · 적赤 · 백白 · 흑黑 등의 정색正色을 피하고, 여러 색이 섞인 잡색雜色이거나 낡아 흐려진 괴색壞色과 부정색不正色을 꿰매어 걸친 것이다. 요컨대 모든 욕됨을 참고 견뎌 낸다는 뜻으로 인욕의忍辱衣라고도 하여, 옛날에는 단월檀越[4]에게 얻은 낡은 옷이나 죽은 사람의 옷을 주워 꿰매 걸쳤다. 보통 다섯 조각의 천을 모아 여러 겹으로 꿰맨 후, 양 끝에는 끈을 달아 통하게 하였다. 이러한 가사는 의식이나 행사의 크고 작음에 따라 3~4가지가 있다.[5]

---

4 단월(檀越, dnanpati)은 '지극히 어진 사람'을 가리키는 인칭대명사이다. 하지만 한역漢譯하면서 단檀은 보시布施의 뜻으로 파생되고, 월越은 보시의 공덕으로서 빈궁과 무지를 뛰어넘는다는 뜻이 되었다. 이러한 의미의 단월이 근대에는 보시의 뜻으로 대체되고 있지만 아직도 불교문화권의 전통사찰에서는 중요한 의미로 사용되고 있다.

5 오조가사五條袈裟는 일상에서 착용하는 것으로 상의上衣, 중가의中價衣, 안타회安陀會라 하고, 칠조가사七條袈裟는 마을로 탁발托鉢하러 나설 때나 궁중행사 때 착용하는 정장正

● 於其城中 次第乞已

사위대성에 들어가 성 안에서 밥을 빌 때, 그 대상을 빈부나 귀천에 차별 두지 않고 한 집 한 집 차례대로 일곱 집에서 한 술씩 빌었다. 즉 어제는 A집에서 G의 집까지 빌었다면, 오늘은 H집에서 N의 집까지 빌어 모든 집이 빈궁貧窮과 무지無智에서 벗어날 수 있도록 기원한 붓다의 지혜와 자비의 실천이다.

● 飯食訖 收衣鉢 洗足已

"밥을 빌어 기원정사로 돌아온 붓다가 공양을 마친 후 가사와 발우를 거두고 발을 씻었다"는 구절에서 의발衣鉢은 가사와 발우를 말한다. 즉 수행자가 지녀야 할 것은 한 벌의 옷과 한 개의 발우[一衣一鉢]로 숲에서 살게 되면 의식주衣食住는 절로 해결되므로 절제와 무소유를 말한다. 그런 후 발을 깨끗이 씻는 것은 당시에는 맨발로 다녔으므로 밖에서 돌아오면 반드시 손발을 씻는 일상사日常事를 나타낸 것이다.

하지만 종이[紙張]가 없어 패엽貝葉에 기록하는 열악한 상황에서도 이 같은 평범한 일상사를 기록한 것은, 『금강경』을 설하기 전에 수행자의 검소한 생활이 구도의 첫걸음이라는 것을 암묵적으로 나타낸 것이다. '먹을 식食'을 동사인 '먹일 사'[以食與人飯]로 음사音寫한 것은, 도장道場을 '도량'으로 발음하는 불가佛家의 전통적 표기이다.

裝으로서 승가리(僧伽梨, saṃnghāti)라 한다. 9조 내지 25조 가사는 예불할 때와 경전을 강설할 때의 예복으로서 대의大衣나 중의重衣, 울다라승uttara-āsaṅga이라고 한다.

● **敷座而坐**

이상과 같이 『금강경』 제1 「법회인유분」은 "붓다가 사위대성에서 밥을 빌어 기원정사로 돌아와 공양供養을 마친 후, 의발을 거두고 손발을 씻은 다음 자리를 펴고 앉으셨다"라며 붓다의 일거수일투족을 마치 동영상을 비추듯 당시의 상황과 정황을 자세히 설명하고 있다. 이러한 상황 묘사는 『금강경』뿐 아니라 여타의 경전에도 서술되어 있지만, 의식주의 일상생활까지 구체적으로 설명한 것은 『금강경』 외에는 찾아보기 어렵다.

그리고 이 글의 마지막에 "자리를 펴 두 발바닥을 하늘로 향해 포개, 허리를 곧추세워 앉으셨다[敷座而坐]"라고 기록한 것은, 붓다의 의식세계가 우주자연과 하나가 된 금강삼매金剛三昧의 모습을 말한다. 이 같은 붓다의 정중동靜中動을 지켜본 대중들은 천인天人[6] 아수라阿修羅[7]와 함께 이미 적멸에 이르게 되는 것이다. 그래서 역대 선사들은 "『금강경』은 붓다의 최상법문인 것으로 제1 「법회인유분」의 부좌이좌에서 제32 「응화비진분」의 여여부동如如不動까지 모든 가르침을 제1분의 무설설無說說로 끝냈다"며 각별한 의미를 부여하고 있다.

이러한 붓다의 금강삼매를 묘사한 팔리어(巴利語, Pali) 경전 자구字句를 현재 구미歐美 영어권에서는 다음과 같이 소개하고 있다.

---

6 천인天人 : 천상계天上界에 사는 사람. 욕계欲界・색계色界의 천상계에 살고 있는 모든 하늘의 유정有情을 말한다. 천중天衆이라고도 한다.

7 아수라阿修羅 : '살아 있다' '영靈적인' '신神적인' '심령心靈' '악마惡魔' 등의 뜻이 있다. 무단無端, 무주無住, 비천非天으로도 번역한다. 용모가 추악하고 항상 제석천帝釋天과 싸우는 귀신이다. 십계十界 가운데 하나이고, 육도六度와 팔부중八部衆 가운데 하나이다.

Crossing his legs, holding his body upright, and turning his reflection upon himself. Then many Bhikkhus approached to where Bhagavat was, saluted his feet with their heads, turned three times round him to the right, and sat down on one side.[8]

붓다는 두 다리를 포개 앉아 허리를 곧추세운 채, 대중을 향하여 주의 깊게 응시하면서 삼매三昧에 들었다. 그때 많은 수행자들이 붓다 앞으로 다가와 머리를 붓다의 발에 대는 접족례接足禮를 마친 후, 오른쪽으로 세 번 돈 다음 차례대로 자리에 앉았다.

8 海東 德修 譯, 『LA 金剛經』(LA 불오선원), p.23.

제2 수보리가 法을 청함

善現起請分 第二
선현기청분 제이

時에 長老須菩提ㅣ 在大衆中하야 卽從座起하고 偏袒右肩
시 장로수보리 재대중중 즉종좌기 편단우견

하고 右膝着地하고 合掌恭敬하야 而白佛言하대 希有世尊
우슬착지 합장공경 이백불언 희유세존

하 如來 善ㅣ護念諸菩薩하시며 善ㅣ付囑諸菩薩하닛가 世尊
여래 선 호념제보살 선 부촉제보살 세존

하 善男子善女人이 發阿耨多羅三藐三菩提心인댄 應ㅣ云何
선남자선여인 발아녹다라삼막삼보리심 응 운하

住며 云何降伏其心이닛고 佛言하사대 善哉善哉라 須菩提여
주 운하항복기심 불언 선재선재 수보리

如汝所說하야 如來 善ㅣ護念諸菩薩하시며 善ㅣ付囑諸菩薩
여여소설 여래 선 호념제보살 선 부촉제보살

하니라 汝今諦聽하라 當爲汝說하리니 善男子善女人이 發阿耨
여금제청 당위여설 선남자선여인 발아녹

多羅三藐三菩提心인댄 應ㅣ如是住며 如是降伏其心이니라
다라삼막삼보리심 응 여시주 여시항복기심

唯然이니다 世尊하 願樂欲聞하나이다 〈原文147字〉
유연 세존 원락욕문

【字解】

이때 장로 수보리가 대중 가운데서 일어나, 오른쪽 어깨의 옷을 고쳐 메고 오른쪽 무릎을 땅에 꿇어 합장공경하면서 붓다에게 여쭙기를 "희유하신 세존이시여! 여래께서는 모든 보살들을 잘 살피시고, 또 모든 보살들에게 불법을 잘 부촉하고 있습니다. 세존이시여! 선남자선여인이 '더없이 높고 평등한 바른 깨달음[無上正等覺]의 마음을 일으키고자 할 때' 마땅히 어떻게 머물러야 하며, 또 어떻게 그 마음을 항복받아야 합니까?"라고 물었다. 붓다가 말했다. "옳거니 옳도다, 수보리여! 그대가 말한 바와 같이 여래는 모든 보살들을 살피시고 또한 모든 보살들에게 불법을 부촉하고 있느니라. 그러므로 지금부터 잘 들을지어다. 내가 마땅히 그대들을 위하여 설할지니라. 선남자선여인이 무상정등각의 마음을 일으키려면 마땅히 이와 같이 머물러야 하고, 이와 같이 마음을 항복받아야 할 것이니라" 이에 수보리가 "예, 그렇게 하겠습니다. 세존이시여! 바라옵건대 즐거이 듣고자 합니다"라고 하였다.

【講解】

● **長老須菩提**

장로(āyusmant)는 존자尊者 또는 구수俱壽라고 의역하며 학식과 덕망이 높고 경륜을 지닌 원로수행자를 말한다. 수보리subhūti는 선현善現·선길善吉·공생空生이라고도 풀이한다.[9] 또한 수보리는 석가모니부처의

9 선현善現 또는 공생空生이라 함은 수보리가 재물이 많은 집안에서 태어났으나, 태어나는 순

10대 제자 가운데 모든 현상계의 공적空寂을 깨달은 해공제일解空第一의 존자이다. 따라서 제2 「선현기청분」은 수보리존자(이하 수보리)가 대중 가운데서 일어나 붓다에게 질문하는 대고자對告者로서 『금강경』 본론의 시작이다. 다시 말해 앞 장의 제1 「법회인유분」이 『금강경』을 설한 때와 장소, 그리고 청중에 대한 상황 설명이었다면, 제2 「선현기청분」은 붓다와 수보리의 문답이 전개되는 인간의 관계로서 이른바 시간과 공간과 인간의 삼간관계三間關係가 펼쳐지는 것이다.

요컨대 인간은 태어나 '사물事物'을 인식하기 시작하면서부터 의문을 갖게 된다. 그리고 그 해답을 찾아가면서 삶을 마치게 되므로 '삶은 질문의 연속'이라고도 한다. 하지만 성인이 되면 이러한 질문은 몇 가지 유형으로 나뉘게 된다. 예컨대 어릴 적 걸음마를 떼면서 '몰라서 묻는 질문'이 있는가 하면, 성인이 되어 '알면서 묻는 질문'이 있다. 이같이 알면서 묻는 질문에는 첫째 '내가 알고 있는 것에 대해 확신하기 위한 질문'이 있고, 둘째 '상대가 정확히 알고 있는가를 확인하고자 묻는 것'이 있으며, 셋째 '나는 알고 있으나 다른 사람을 위하여 질문하는 것'도 있다. 또 넷째 '상대가 잘못 인식하고 있는 것을 부정하기 위한 것'이 있고, 다섯째 '상대의 인식에 공감하는 질문'도 있다.

여기서 수보리가 1250인의 대중 가운데 처음으로 붓다에게 물은 것은 '선남자선여인이 더없이 높고 평등한 바른 깨달음의 마음을 일으

간 집안의 모든 재산을 잃었으므로 공생이라 하였고, 또 얼마 지나지 않아 다시 재산이 일어났으므로 선현으로 불리게 되었다고 한다.

키려면, 마땅히 어떻게 머물러야(살아가야) 하며, 어떻게 그 마음을 항복 받아야 합니까?'이다. 이러한 수보리의 질문은 『금강경』 전체에서 모두 27가지의 의문[二十七段疑]을 제기한다. 그렇다면 수보리의 '27단의'는 어떤 유형의 질문인가? 이와 같은 질문의 요지要旨를 이해하기 위해 우리는 다음의 개념어와 주요어에 대해 살펴볼 필요가 있다.

● 善護念諸菩薩 善付囑諸菩薩

선호념과 선부촉, 그리고 보살에 관해 육조 혜능(六祖慧能, 638~713) 선사는 『오가해』에서 다음과 같이 해석하였다. "선호념이란, 모든 수행자는 반야지般若智로써 자기의 몸과 마음을 보호해야 하며, 애증愛憎으로 일어난 망령된 마음이 외경外境의 육진六塵에 물들어 생사의 괴로움에 떨어지지 않게 한다. 또 자기 마음 가운데 생각들을 항상 바르게 하여 삿됨이 일어나지 않게 함으로써 내 마음의 여래[自性如來]를 스스로 보호한다[善護念]는 것이다. 또 선부촉이라는 말은, 청정한 앞생각을 뒷생각까지 청정하게 지켜 끊어질 틈이 없으니, 마침내 이고득락離苦得樂한다는 것이다. 여래는 중생과 함께 대중에 따라 맞추어 가르치니, 항상 이를 행하게 된다. 그래서 바로 청하여 맡았다[善付囑]는 것이다. 보살菩薩은 범어인데 당唐나라 말로는 도심道心[10]을 지닌 중생이며, 또한 유정有情을 깨닫는 것이다. 따라서 도심道心이라는 것은 항상 공경스러

10 도심道心이라는 용어는 유가儒家의 핵심 명제로서 주周나라 때부터 쓰여 왔다. 즉 "사람의 마음은 위태롭고 진리의 마음은 은미하니, 오로지 한결같이 하여 진실로 그 중심을 잡아야 한다[人心惟危 道心惟微 惟精惟一 允執厥中]" 『古文尙書』「大禹謨」

운 마음으로 미물微物까지도 널리 사랑하고 공경하며, 가벼이 여기거나 업신여기지 않기 때문에 '모든 보살'이라 이른 것이다"[11]

● 善男子善女人

선남자선여인에 대해서도 혜능은 "선남자란 곧고 넓은 마음[平坦心]이며 또한 올바른 마음[正定心]이니, 능히 일체의 공덕을 성취하여 머무는 곳마다 걸림이 없는 사람이다. 선여인이란 올바른 지혜의 마음[定慧心]을 갖춘 사람으로, 이러한 지혜로운 마음으로 말미암아 일체의 유위有爲와 무위無爲의 공덕이 드러난다"[12]라고 하였다. 즉 넓고도 올바른 마음과 지혜를 갖춰, 가는 곳마다 덕행德行을 널리 펴서 걸림 없는 사람을 일컫는 것이다.

● 阿耨多羅三藐三菩提

'아뇩다라삼막삼보리'는 범어 'anuttarā samyak-sambodhi'를 음역音譯한 것이다. 이 말을 육조 혜능은 『오가해』에서 "아阿는 없음[無]을 말하고, 뇩다라耨多羅는 높음[上]이며, 삼三은 바름[正]이고, 막藐은 두루

11 "言善護念者 令諸學人 以般若智 護念自身心 不令妄起憎愛 染外六塵 墮生死苦海 於自心中 念念常正 不令邪起 自性如來 自善護念 言善付囑者 前念淸淨 付囑後念淸淨 無有間斷 究竟解脫 如來委曲誨示衆生 及在會之衆 當常行此 故云善付囑也 菩薩是梵語 唐言道心衆生 亦云覺有情 道心者 常行恭敬 乃至蠢動含靈 普敬愛之 無輕慢心 故名菩薩"『金剛經五家解』「善現起請分第二」'六祖'.

12 "善男子者 平坦心也 亦是正定心也 能成就一切功德 所住無碍也 善女人者 是正慧心也 由正慧心 能出一切有爲無爲功德也" 上揭書, '六祖'.

[徧]이며, 보리菩提는 앎[知 · 智]을 말한다. 여기서 '없음'은 '때 묻고 물듦이 없음'이요, '높음'은 '삼계三界에 능히 비할 데가 없이 높은 것'이며, '바름'은 '바로 보는 것[正見]'이요, '두루'는 '일체지一切智'이며, '앎'은 '일체 유정有情이 모두 불성佛性을 지녔으므로 수행하면 모두 성불에 이르게 됨을 안다'는 것이다. 따라서 깨달음[佛]이란, 바로 위없이 청정한 반야바라밀般若波羅蜜인 것이다. 만약 이 법으로 선남자선여인이 수행하고자 하면 마땅히 '위없는 지혜의 길[菩提道]'을 알아야 하고, 마땅히 위없는 청정한 반야바라밀법을 체득하여 이것으로써 그 마음을 항복시켜야 할 것이다"[13]라고 하였다. 이에 역자는 아뇩다라삼막삼보리를 한역하여 '무상정등각無上正等覺(이하 동)'으로 표기하였다.

● **應云何住 云何降伏其心**

"(무상정등각을 일으키려면) 마땅히 어떻게 머물러야 하며, 또한 어떻게 그 마음을 다스려야 합니까?"

'응운하주 운하항복기심'은 이 경에서 수보리가 붓다에게 물은 최초의 질문이다. 즉 "발보리심한 출 · 재가자는 어떻게 수행하면서 승 · 속僧俗 간에 살아가야 하고, 또 어떻게 갖가지의 일어나는 마음을 다스려야 하는가?"라고 물은 것이다. 이 물음은 제2 「선현기청분」의 핵심이면

13 "阿之言無 耨多羅之言上 三之言正 藐之言徧 菩提之言知 無者 無諸垢染 上者 三界無能比 正者 正見也 徧者 一切智也 知者 知一切有情 皆有佛性 但能修行 盡得成佛 佛者 卽是無上清淨般若波羅蜜也 是以一切善男子善女人 若欲修行 應知無上菩提道 應知無上淸靜般若波羅蜜多法 以此降伏其心"『金剛經五家解』「善現起請分第二」'六祖'.

서 또한 『금강경』 전체의 주요 명제命題인 것으로, 이 경 전체가 이 주제로써 수보리와 붓다의 문답이 이어지게 된다.

이 같은 물음에 대해 함허 득통(含虛得通, 1376~1433) 선사는 "모든 법은 텅 비고 원융圓融하여 가히 머무를[住] 법이 없고, 마음은 고요히 적멸寂滅에 들었으니 가히 다스릴[降] 마음이 없다. 지금 이 머물고 다스린다는 두 가지 물음은 도대체 어느 곳으로부터 나왔는가"[14]라면서 "머무를 법도 없고 다스릴 마음도 없는데, 어디에 머물고 어떻게 다스린단 말인가"며 반어적으로 설명하였다.

하지만 "어떻게 그 마음을 머물게 하며, 또 어떻게 그 마음을 항복받아야 하는가?"라는 이 물음이 우리에게 선뜻 와 닿지 않는 까닭은 무엇인가? 흔히 불교는 마음을 닦는 '마음공부'라고 한다. 그래서 모든 대승경전의 가르침은 『화엄경』에서 말한 '일체유심조一切唯心造'라는 한마디로 귀결한다. 그러나 '마음'이라는 말은 일상에서 누구나 사용하고 있지만, 경문에 입각한 '마음의 일어남'과 '마음의 머묾', 그리고 '그 마음의 작용'을 물었을 땐 한마디로 대답하긴 어려운 것이다.

이것을 양梁나라의 쌍림 부대사(雙林傅大士, 497~570)는 "희유하고 희유하신 부처님이시여! / 오묘한 이치로 열반에 이르신 이여! / 어떻게 항복하고 머문다 함인가! / 항복하고 머문다 함은 참으로 어렵구나 /

14 "法法虛融 無法可住 心心寂滅 無心可降 今此住降二問 從甚處出來" 『金剛經五家解』 「善現起請分第二」 '說誼'.

이 두 위의威儀[住 · 降]는 법 중에서도 묘한 것이니 / 삼승三乘의 가르침은 지극히 너그럽구나 / '옳도다 이제 자세히 들어라' 하심은 / 육적六賊의 외양간으로부터 벗어남이라"[15]고 하였다.

부대사는 '발보리심한 선남자선여인이 어떻게 머물고, 어떻게 그 마음을 항복할 것인가는 붓다의 가르침 중에서 가장 어려운 것인데, 그것을 이제 듣게 되었으니 육근六根에서 벗어나 자유롭게 되었다'라고 찬탄했을 뿐, 그 마음의 '머묾[住]'과 '다스림[降伏]'에 대해서는 언급하지 않았다. 그러나 붓다가 제3「대승정종분」에서부터 제32「응화비진분」까지 자세히 설명하고 있으므로 '응운하주'와 '운하항복기심'의 해석은 다음 장으로 미루고자 한다.

● **佛言 善哉善哉**

"붓다가 말했다. 옳거니 옳거니!"라는 뜻이다. '선재善哉'란 현대 중국어로는 '아주 좋다', '매우 훌륭하다'는 의미의 '정고고(頂呱呱, dǐngguōguō)와 같은 뜻이다.

● **唯然世尊 願樂欲聞**

"그렇습니다. 세존이시여! 바라옵건대 즐거이 듣고자 합니다"는 이 경 제2「선현기청분」의 마지막 구절이다.

---

15 "希有希有佛 妙理極泥洹 云何降伏住 降伏住爲難 二儀法中妙 三乘敎喩寬 善哉今諦聽 六根免遮欄"『金剛經五家解』「善現起請分第二」'傅大士'.

이 부분을 규봉 선사는 "유唯는 순종한다는 말이니 예禮로써 대함을 '유'라 하고, 거칠게 대함을 '아阿'라 한다. 『십지경十地經』에 이르되 목이 말라야 찬물을 찾는 것과 같고, 배가 고파야 맛있는 음식을 생각하는 것과 같으며, 병이 들어야 좋은 약을 찾는 것과 같고, 벌이 벌집에 매달리는 것과 같이 우리 또한 이와 같이 감로법甘露法을 듣고자 함이다"[16]라고 설명하였다.

또 『오가해』를 우리말로 해석한 무비(無比, 1943~현재) 스님은 "반야般若는 흔히 공空으로 설명되기도 한다. 공의 이치를 가장 잘 알고 있는 수보리가 평소 의심스럽거나 확신하고 싶었던 점을 붓다에게 물은 것이다. 즉 발보리심한 사람이 어떻게 살아가야 하며, 또 어떻게 그 마음을 다스려야 하는가? 다시 말해 '반야의 삶은 무엇이며 깨달음을 이룬 붓다의 삶은 무엇인가?'라는 문제이다. 하지만 이 같은 반야지혜가 밖에서 찾아지고 얻어지는 것인가? 무엇보다 수보리(우리) 자신 속에 있는 것이며 그러한 반야의 길도 우리 자신에게 있는 것이거늘, 어찌 밖을 향해 찾아야 하며, 남에게 물어야 하는가! 붓다는 이러한 사실을 제1 「법회인유분」의 걸식을 통해서 보여 주었고, 자리를 펴 앉으심으로써 보여 주었다. 인간의 본래면목本來面目을, 그리고 반야의 참모습을…"[17] 이라고 주석하였다.

---

16 "唯者 順從之辭 禮對曰唯 野對曰阿 十地經 云如渴思冷水 如飢思美食 如病思良藥 如衆蜂依蜜 我等亦如是 願聞甘露法"『金剛經五家解』「善現起請分第二」'圭峰'.

17 無比 釋解, 『金剛經五家解』, 佛光出版社, p.127.

이상으로 제2 「선현기청분」에 대한 해석은 선행연구자들의 해석과 큰 차이가 없었다. 하지만 이 장章에서 다시 고찰해야 할 부분은 '선남자선여인'과 '발아뇩다라삼막삼보리심'이다. 요컨대 제2 「선현기청분」은 붓다와 수보리의 문답이 처음으로 전개되는 서장序章인 동시에 『금강경』의 핵심 명제로서 '선남자선여인'은 전체 서술에서 열한 차례 언급되고 '아뇩다라삼막삼보리'는 스물여덟 차례 반복된다.

따라서 역자는 범어 '아뇩다라삼막삼보리'를 『오가해』의 해석에 따라 무상정등각無上正等覺으로 한역하였고, 수보리의 첫 질문에서 언급한 '발아뇩다라삼막삼보리심'은 우리말로 '더없이 높고 평등한 바른 깨달음의 마음을 일으켰을 때'라고 풀이하였다. 그런데 '아뇩다라삼막삼보리심'에 대한 전후의 서술이 다르거나 심心 자가 빠진 경우, 해석상의 차이가 드러나면서 연구자들 간의 논란이 되고 있다.

즉 '선남자선여인이 더없이 높고 평등한 바른 깨달음의 마음을 일으켰을 때'라고 해석하면 현재형이 되고, '선남자선여인이~마음을 일으킨 후'라고 하면 완료형이 되며, '선남자선여인이~마음을 일으키려면'이라 하면 미래형이 된다. 그러므로 자세히 살피지 않으면 주어[선남자선여인]와 술어[아뇩다라삼막삼보리] 사이에 해석상 오류가 발생하게 된다.[18]

18 『금강경』에서 '발아뇩다라삼막삼보리심' 내지 '득아뇩다라삼막삼보리심' 등 전후의 서술에 따라 의미가 달라지거나 해석상의 차이가 나는 부분은 다음과 같다. '發阿耨~菩提心'은 2장에서 2번, 14장에서 1번, 17장에서 1번으로 네 차례이고, '發阿耨~菩提心者'는 17장에서 2번, 27장에서 2번, 31장에서 1번으로 다섯 차례이다. 그리고 '得阿耨~菩提心耶'는 7장에서 1번, '名阿耨~菩提'는 7장에서 1번이다. '阿耨多羅~菩提法'은 8장에서 1번, 15장에서 1번으로 두 차례이며, '得阿耨~菩提'는 16장에서 1번, 17장에서 7번, 22장에서 1번, 23

또한 『금강경』의 여러 이역본異譯本과의 혼란도 없지 않다.[19] 이에 역자가 구마라집의 한역본을 모본으로 한 『고려대장경본』(1011년 顯宗勅命의 初雕本)과 동명同名의 『당인사돈황석굴본唐人寫敦煌石窟本』을 대조해 본 결과, 무려 30여 곳의 오 · 탈자와 오류가 있었다. 그 내용은 다음과 같다.

제1 「법회인유분」 첫 구절 '여대비구與大比丘'에서 '丘'를 '언덕 구邱'로 오기하였고, 제2 「선현기청분」 '선현기청善現起請'에서 '起'를 '열 계啓'로 하였고, '우슬착지右膝着地'에서 '착'을 동의어인 '저著'로 적었다. 또 '응운하주'를 착종錯綜하여 '운하응주'라 하였고, 마지막 구절인 '원락욕문'에서는 '願'을 '갖출 찬頙'으로 잘못 적었다. 그리고 제3 「대승정종분」 '약비유상비무상'에서 '약비유상약비무상'이라 하여 가운데 '약'자를 한 자 더 첨가하였고, 수보리의 '須'를 여러 차례 오기하였다. 또 제4 「묘행무주분」 마지막 구절인 '보살단응여소교주'에서 '보살' 두 자를 빠뜨렸다. 그리고 제6 「정신희유분」에서 '이차위실'을 '이차장구'로

장에서 1번, 27장에서 2번으로 무려 열두 차례이다. 또 '得阿耨~菩提不'은 17장에서 1번이고, '得阿耨~菩提者'는 17장에서 1번, 그 외 '是名阿耨~菩提'는 22장에 1번, 23장에 1번으로 두 차례이며, 또 '我於阿耨~菩提'는 22장에서 1번 나온다.

19 光緖26년(1900), 돈황 막고굴莫高窟 제17호굴에서 밀봉된 대승불전필사본 2만여 점이 왕원록王圓籙과 조수 양楊씨에 의해 발견되었다. 이 가운데 완본 『금강경』을 범어 원전과 티벳번역본, 그리고 고려대장경과 중국 · 일본의 대장경류인 『房山石經』 『磧砂大藏經』 『永樂北藏』 『乾隆大藏經』 『大正新脩大藏經』을 대조 · 연구하였다. 이들의 언어 및 대장경류별 대조에 의하면 돈황사본에 다음과 같은 상당한 오류가 있다. ① 단어와 문장 생략 ② 단어 첨삭 ③ 유사 한자의 오기 ④ 단어의 도치와 착종 ⑤ 단어의 중복필사 ⑥ 탈 · 오자 등이다. 이 같은 예로 보아 돈황사본은 신앙과 기원을 위해 필사하였고, 필사 시기는 대부분 『北宋蜀版大藏經』의 개판971 이전에 필사한 것으로 추정된다. (최종남, 「梵 · 藏 · 敦煌本 『金剛經』 대조 연구」, p.247.)

바꿨으며, '이어무량'의 '이已'를 '사巳'로 적었고, '즉착아인'에서 '착'은 계속 동의어인 '저'로 썼다. 또 제8 「의법출생분」에서는 '삼천대천세계'에서 '세계'를 '세존'이라 하였고, 제9 「일상무상분」에서는 '실무왕래'의 '실實'을 동의어인 '식寔'으로 하면서 17장 이후에는 '실'과 '식'을 병기하였으며, '세존즉불설'은 '즉則' 자 위에 '아니 불不' 자를 덧씌워 놓은 뒤 삭제하였다. 이 외에도 오 · 탈자가 여러 곳에 있다.

이러한 『금강경돈황석굴본』의 오 · 탈자와 오류는 경의 앞부분과 뒷부분의 필적이 다른 것으로 보아, 당시 한 사람의 사경寫經이 아니라 여러 사람이 번갈아 쓴 것으로 보인다. 따라서 『돈황석굴본』 이후 약 200~300여 년 지나 판각한 『고려대장경본』은 어떤 이역본보다 교감校勘이 충실한 판본板本이라 할 수 있다.

끝으로 제2 「선현기청분」의 마지막 구절인 '원락욕문願樂欲聞'과 제9 「일상무상분」의 '시락아란나행是樂阿蘭那行', 그리고 제15 「지경공덕분」의 '약락소법자若樂小法者'에 수식되어 있는 '락樂'에 대해서이다. 이 구절의 '樂'을 종래에는 '락'으로 적고 읽었으나, 1990년대 중반부터 '원요욕문'으로 표기하면서 '원락욕문'과 '시락아란나행' 등을 오류라고 지적하는 연구자들이 있다. 여기서 역자는 구차하더라도 '원락욕문'의 바른 의미를 적고 이 장을 마치고자 한다.

예컨대 '樂'에 대해 현재 우리는 세 가지로 독음한다. 즉 '음악音樂'으로 읽을 때는 '노래 악'이라 하고, '극락極樂'이라 할 때는 '즐거울 락'이라 하며, '요산요수樂山樂水'라 할 때는 '좋아할 요'라고 한다. 따라서

'樂'을 '락'으로 읽을 때는 동사형 형용사인 '즐거움'과 '기쁨'이 되고, '악'으로 읽을 때는 명사인 '음악'과 '국악'이라 한다. 또 '요'라는 발음은 『논어 · 옹야』 편에 나오는 '지자요수 인자요산知者樂水 仁者樂山'이라는 주자朱子의 주석 외는 '요'라는 발음은 찾아보기 어렵다. 하지만 위의 두 해석이 의미상 큰 차이도 없을뿐더러 무리도 없다. 그래서 역자는 한자의 본의와 음운의 변천에 대해 살펴보고자 한다.

'樂'은 큰북[白] 양쪽에 실[糸]을 꿰어 이를 받친 나무받침대[木]의 모양을 형상화한 글자로 본디 음악의 뜻을 나타내었고, '즐기다'와 '좋아하다'는 파생되었다. 허신許愼의 『설문해자』에는 "오성팔음의 총칭이다[五聲八音總名也]"라고 하였다. 그리고 현대 중국어에서 '즐거울 락'에 해당하는 발음은 '러lè'이고, '음악 악'에 해당하는 발음은 '유에yuè'로서 두 가지 독음만 있다.

그런데 에도江戶시대 유학자 오규 소라이荻生徂徠의 제자인 다자이 슌다이(太宰春台, 1680~1747)는 "'樂'을 옛날에는 '악'과 '락'의 두 음만 사용하였으나, 당송唐宋 이후에 '좋아할 요'라는 발음이 생겼다. 하지만 '요'는 '악'과 '락'의 파생어로서, '락'이라고 읽으면 의미가 깊어지지만 '요'라고 읽으면 의미가 가벼워진다"라고 하였다. 이에 다산 정약용(1762~1836)이 동의하면서 '樂'을 '좋아하다'라고도 해석할 수 있으나, 발음은 '락'으로 읽어야 한다고 하였다.[20]

혹 유가儒家에서 말하는 '희로애락애오구喜怒哀樂愛惡懼'나 범부들이 추

---

20 太宰春台 著, 『論語古訓』, 茶山 著, 『論語古今註』

구하는 쾌락快樂과 차별하기 위해 '락'보다 '요'를 고집한다면, 다시 생각해 보아야 할 것이다. 왜냐하면 사바세계의 부대낌 속에서도 깊은 심층에서 올라오는 열락悅樂과 선열禪悅 등은 범부와 중생은 물론 모든 성현들도 추구하는 상락아정常樂我淨이므로 유위법이나 무위법에서도 큰 차이가 없는 것이다.

제3 大乘의 발현

大乘正宗分 第三
대승정종분 제삼

佛告須菩提하사대 諸菩薩摩訶薩이 應如是降伏其心이니
불고수보리 제보살마하살 응여시항복기심

所有一切衆生之類 若ㅣ卵生 若ㅣ胎生 若ㅣ濕生 若ㅣ化生
소유일체중생지류 약 난생 약 태생 약 습생 약 화생

若ㅣ有色 若ㅣ無色 若ㅣ有想 若ㅣ無想 若ㅣ非有想非無想을
약 유색 약 무색 약 유상 약 무상 약 비유상비무상

我皆令入無餘涅槃하야 而滅度之하리다 如是滅度無量無數
아개영입무여열반 이멸도지 여시멸도무량무수

無邊衆生하대 實無衆生이 得滅度者니라 何以故오 須菩提여
무변중생 실무중생 득멸도자 하이고 수보리

若菩薩이 有我相人相衆生相壽者相이면 則非菩薩이니라
약보살 유아상인상중생상수자상 즉비보살

〈原文113字〉

【字解】

부처님이 수보리에게 이르시기를 "모든 보살과 마하살은 마땅히 이와 같이 그 마음을 항복받아야 하느니라. 이 세상에 존재하는 모든 생명현상은 알[卵]에서 나거나 어미 배 속[胎]에서 나거나, 습기[濕]에서 생겨나거나 변화[化]하여 생겨나는 것이나, 혹은 형상이 있는 것[有色]이거나 형상이 없는 것[無色]이거나, 또는 생각이 있는 것[有想]이거나 생각이 없는 것[無想]이거나, 또 생각이 있지도 않고 없지도 않은 것[非有想非無想] 등을 가리지 않고 내가 모두 남김없이 열반涅槃에 들게 하여 고통의 세계에서 벗어나게 할 것이니라. 그런데 이와 같이 헤아릴 수 없을 만큼 많은 중생을 고통에서 벗어나게 하였음에도 불구하고, 실제로 고통에서 벗어난 중생은 하나도 없느니라. 무슨 까닭인가? 수보리여! 만약 보살이 '나라는 상[我相]'과 '너라는 상[人相]' 그리고 '모든 생명은 열등劣等하다는 상[衆生相]'과 '나만은 영원했으면 하는 상[壽者相]'을 지니고 있다면 그것은 보살菩薩이 아니기 때문이니라"

【講解】

● **佛告須菩提 諸菩薩摩訶薩 應如是降伏其心**

붓다가 수보리존자에게 말했다. "모든 보살과 마하살이 (무상정등각을 일으키려면) 마땅히 이와 같이 그 마음을 항복받아야 하느니라"

붓다는 이 장에서 수보리의 물음에 대한 실제적인 답을 전개함으로써 제3 「대승정종분」[21]은 『금강경』의 교설 가운데 본론의 시작이 된다.

21 『금강경』 전체 경문에서 '大乘'이라는 개념어는 찾아볼 수 없다. 하지만 중국 梁나라의 昭明太子가 이 경을 32분절로 截然하면서 이 장의 中題를 「大乘正宗分」이라 하여 처음으로 大乘이라는 용어를 나타내었다. 따라서 이 경은 붓다의 原音에 속하는 근본불교의 경전이

이에 따라 제2 「선현기청분」에서 수보리가 언급한 '제보살'에 더하여 '마하살'까지 논급하고 있다. 그렇다면 '보살菩薩'과 '마하살摩訶薩'은 어떤 의미의 인물이며, 그들의 역할은 무엇인가?

이 '보살과 마하살의 항복기심'에 대해 혜능 선사는 "앞생각이 청정하고 뒷생각 또한 청정함을 보살이라 하며, 생각에 물러섬이 없고 비록 티끌 세상에 있으나 마음이 항상 청정함을 마하살이라 한다. 또 자비의 마음으로 자신이 가진 것을 기꺼이 내놓아 갖가지 방편으로 중생을 이끌어 교화함을 보살이라 하고, 교화함[能]에 있어서나 받음[所]에 있어서나 마음에 집착이 없음을 마하살이라 하니, 일체 중생을 공경하는 그것이 바로 그 마음을 항복받는 것이다"[22]고 하였다.

보살의 본디 말은 보리살타(菩提薩埵, Bodhisattva) 또는 보리색다菩提索多, 모지살항박冒地薩怛縛이라고도 한다. 이를 의역意譯하면 불과佛果를 증득하기 위해 수행하는 사람, 또는 중생구제의 서원을 세워 '위로는 붓다의 지혜를 구하고 아래로는 모든 중생을 진리의 세계로 이끌면서 자리이타自利利他를 실천하는 사람'을 말한다. 그러므로 51위位의 수행단계를 거쳐 불과를 증득하고 성불하는 것을 목적으로 하여 대승사상을 실천하는 출·재가의 모든 사람을 줄여서 '보살'이라 한다. 또 마하살은 마하살타(摩訶薩埵, Mahāsattva)의 준말로 '마하'는 '크다'는 뜻이

었으나 제2결집 이후 大·小乘部로 나뉘면서 대승불교의 대표적 경전이 되었음을 알 수 있다.

22 "前念清淨 後念清淨 名爲菩薩 念念不退 雖在塵勞 心常清淨 名摩訶薩 又慈悲喜捨 種種方便 化導衆生 名爲菩薩 能化所化 心無取着 名摩訶薩 恭敬一切衆生 即是降伏其心"『金剛經五家解』「大乘正宗分第三」'六祖'.

므로 '큰 보살' '대승보살'로서 마음 씀이 크고 넓으며, 혜안이 높아 붓다 다음의 경지에 이른 사람을 말한다.

● **若卵生 若胎生 若濕生 若化生 若有色 若無色 若有想 若無想 若非有想非無想 我皆令入 無餘涅槃 而滅度之**

"알로서 생겨나거나[卵生] 어미 배 속에서 태어나거나[胎生], 습기에 의해 생겨나거나[濕生] 변화하여 생겨나는[化生] 것이 있고, 형상이 있거나 없거나, 또는 생각이 있거나 없거나, 또는 생각이 있는 것도 아니요 생각이 없는 것도 아닌 모든 생명체들을 내가 모두 남김없이 열반에 들게 하여 일체의 고통에서 벗어나게 하리라"

이 구절은 존재하는 모든 생명체의 생명현상으로서 과거에 지은 선·악의 행위에 따라 목숨 받은 아홉 가지 형태의 구류중생九類衆生을 말한다. 먼저 사생四生은 태·란·습·화(胎卵濕化)라는 네 과정으로 생겨나는 생명체로서, 태로 태어나는 태생胎生과 알로 태어나는 난생卵生, 습한 곳에서 생겨나는 습생濕生과 변화나 탈바꿈으로 생겨나는 화생化生을 말한다. 그리고 유색有色과 무색無色은 형상의 있고 없음에 따른 분류로서 유색은 모양과 빛깔을 지닌 생명들로 욕계欲界와 색계色界에 머무는 것을 가리키며, 무색은 모양과 빛깔이 없는 신명神命들로 무색계無色界에 머무는 생명현상들을 가리킨다. 나머지 부류인 유상有想과 무상無想, 비유상비무상非有想非無想은 인식작용의 유무에 따른 분류이다. 따라서 유상은 인식작용을 지닌 중생으로 무상천無想天과 비상비비상

처천非想非非想處天[23]을 제외한 나머지에 머무는 중생이고, 무상은 인식작용이 없는 중생으로서 색계의 세 번째 하늘인 무상유정천無想有情天에 머무는 중생이다. 그리고 비유상비무상은 인식작용이 있는 것도 아니고 없는 것도 아닌 중생으로서 비상비비상처천에 속하는 신명神命 등을 말한다.[24]

하지만 이들 생명체가 스스로의 의지로 생겨나는 것은 하나도 없다. 모두가 낳고 낳는 이치[生生之理]도 모른 채 인연 따라 생겨나, 낳고 낳는 인습因習에 합류하여 가없는 중생계를 이루다가 인연이 소멸하면 사라지는 것이다. 이렇게 인연에 의해 일어났다 사라지는 연기법緣起法을 깨달은 붓다는 이들의 고통을 덜어 주기 위해 중생 속으로 뛰어들게 된 것이다. 그래서 붓다를 '삼계三界[25]의 고해苦海에 길을 밝히는 사생四生의 자부慈父'라고 찬탄한 것이다.

그리고 붓다 당시에 쓰인 비불교적인 용어들은 신생교단에 지나지 않았던 불교가 바라문교나 자이나교 등 외도의 언어와 관습을 빌려와

---

23 무색계의 제4천으로 비유상비무상처非有想非無想處라고도 한다. 여기에 머무는 사람은 하계下界와 같은 거친 생각이 없으므로 비상非想 또는 비유상非有想이다. 그러나 세밀한 생각이 없지는 않으므로 비비상非非想 또는 비무상非無想이라 한다. 즉 非有想이므로 외도外道들은 진열반처眞涅槃處라 하고, 非無想이므로 불가佛家에서는 이것 역시 생사生死하는 곳이라 한다.

24 법상 지음, 『금강경과 마음공부』, pp.59~60.

25 삼계三界란, 사생四生의 중생이 살고 있는 세계로서 욕계 · 색계 · 무색계(欲界 · 色界 · 無色界)로 나눈다. 欲界는 식욕 · 음욕 · 수면욕 등이 가득한 세계로서 지옥 · 아귀 · 축생 · 아수라 · 인간의 육욕천六欲天을 말한다. 色界는 욕계의 위, 무색계의 아래에 있는 세계로 욕계와 같은 탐욕은 없으나, 물질적인 것에서 완전히 벗어나지 못해 무색계같이 정신적인 것이 아닌 중간의 물적物的 세계를 말한다. 無色界는 색계 위에 있으며 물질적인 것에서 완전히 벗어난 정신적인 세계를 말한다.

새로운 의미를 부여해 사용함으로써 불교용어로 정착하게 된 것이라고 한다.

이러한 일체중생을 혜능 선사는 다음과 같이 분류하였다. "난생卵生이란 미혹한 성품이고, 태생胎生이란 되풀이하는 성품이며, 습생濕生은 삿됨을 좇는 성품이고, 화생化生이란 좋아하는 것만 보는 성품이다. 이같이 미혹하기 때문에 많은 업業을 짓게 되고, 되풀이하기 때문에 유전流轉하게 되며, 삿됨을 좇기 때문에 마음이 안정되지 못하고, 보고 싶은 것만 보기 때문에 헤어나지 못한다. 마음을 일으켜 마음을 닦지만 옳고 그름을 망령되이 보고, 안으로 무상無相의 도리에 맞지 않은 것을 유색有色이라 한다. 안으로는 마음을 지키지만 공경과 공양을 행하지 않고, 곧은 마음이 부처라 하여 복과 지혜를 닦지 않는 것을 무색無色이라 이름한다. 중도中道를 깨치지 못하고, 눈에 보이거나 귀에 들리는 것을 마음의 형상[心象]이라 생각하여 법상法相에 집착하니, 입으론 부처의 행을 말하나 마음으론 행하지 않는 것을 유상有想이라 한다. 미혹한 사람이 좌선하여 망념은 없애지만, 자비희사의 지혜방편은 배우지 않아 마치 목석과 같이 아무런 작용이 없는 것을 무상無想이라 한다. 이 같은 두 가지 법상[有想 · 無想]에 집착하지 않으므로 약비유상若非有想이라 하고, 마음에 있는 이치를 구하므로 약비무상若非無想이라 한다. 번뇌는 만 가지가 다르다 하나 이것은 모두 때 묻은 마음이요, 몸의 형상은 헤아릴 수 없으므로 모두 중생이라 이름한다"[26]고 하였다.

26 "卵生者迷性也 胎生者習性也 濕生者 隨邪性也 化生者 見趣性也 迷故 造諸業 習故 常流

이 장에서 처음 나오는 '약若' 자는 열 자이고, 이 경 전체에 나타나는 '약' 자는 모두 66자이다.[27] '약'은 한자어로는 명사로 쓰이나, 우리말로 풀이해서 '만약' '만일' '혹시' 등으로 쓰일 때는 명사형 부사가 된다. 예컨대 '만약 비가 온다면' '혹 그러한 경우' 등의 뜻으로 어떠한 조건을 전제하는 수식이다. 영어로는 'what if' 'maybe' 등 대체로 창의성이나 혁신력이 뛰어난 사람들이 자주 사용하게 되는데, 이와 같은 전제조건이나 질문은 새로운 아이디어가 넘치는 신세계로 이끄는 비밀통로[What if? is a secret tunnel into the new world of new ideas]가 되기 때문이다. 따라서 이 경에서 문답한 붓다와 수보리, 그리고 이 경을 결집할 때의 아난과 이 경을 한역한 구마라집 등의 현성들은 모두 인간의 의식세계를 체달한 후 중생을 보다 나은 인류사회로 이끌기 위해 '약若'이라는 전제조건을 내세운 것으로 보인다.

여기서 열반涅槃은 범어 'nirvāṇa'의 음역이며, '멸滅'은 적멸寂滅, 원적圓寂, 적요寂窈라고 번역한다. 즉 일체의 미혹迷惑과 번뇌에서 벗어나, 나고 죽음을 초월한 불생불멸의 경지를 체득한 불교의 최고 이상을 말한

轉 隨邪 心不定 見趣 多淪墮 起心修心 妄見是非 內不契無相之理 名爲有色 內心守直 不行恭敬供養 但見直心是佛 不修福慧 名爲無色 不了中道 眼見耳聞 心想思惟 愛着法相 口說佛行 心不依行 名爲有想 迷人坐禪 一向除妄 不學慈悲喜捨智慧方便 猶如木石 無有作用 名爲無想 不着二法想故 名若非有想 求理心在故 名若非無想 煩惱萬差 皆是垢心 身形無數 摠名衆生"『金剛經五家解』「大乘正宗分第三」'六祖'.

27 '약若'자는 『金剛經』 高麗本의 경우 제3장-10자, 4장-1, 5장-1, 6장-2, 8장-2, 9장-1, 11장-2, 12장-2, 13장-2, 14장-6, 15장-4, 16장-4, 17장-7, 19장-2, 21장-1 등 모두 66자가 나온다. *'若'의 字義 : '좇을 약' '너 약' '같을 약' '만일 약' '및 약' '어조사 약' '반야般若 야' '란야蘭若 야'

것이다. 이러한 열반에는 두 가지가 있다. 일체의 미혹과 번뇌를 여의고 생사열반의 원인을 체득한 사람이 과거의 인과로 받은 육신을 멸하지 못하고 있는 것을 유여열반(有餘涅槃, sopadhiśesa-nirvāṇa)이라 하고, 그 육신까지도 여의어 영원한 진리에 들어 범아일여梵我一如가 된 것을 무여열반(無餘涅槃, anupadiśesa-nirvāṇa)이라고 한다.

● **如是滅度無量無數無邊衆生 實無衆生 得滅度者**

"이와 같이 헤아릴 수 없이 많고 많은 가없는 중생을 제도하려 하나, 실제로 멸도를 체득한 중생은 한 사람도 없다"

붓다는 이러한 구류중생九類衆生을 모두 무여열반에 들게 하여 모든 중생을 적적요요寂寂寥寥한 안락세계로 이끌겠다고 말한다. 하지만 이렇게 말한 붓다는 다시 '이와 같이 한량없고 끝없이 많은 중생을 구하려 해도 실제로 멸도를 얻은 사람은 한 사람도 없다'며 부정하고 있다. 다시 말해 붓다는 제2 「선현기청분」에서 수보리의 질문을 받고 '어떻게 이런 훌륭한 질문을 하였는가![善哉善哉]'라고 칭찬하면서 '선남자선여인이 무상정등각의 마음을 일으켰을 때, 마땅히 그 마음을 어떻게 머물고 어떻게 다스릴지 그 방법을 가르쳐 주겠다'라며 적극적인 모습을 보였다. 그러나 바로 다음 제3 「대승정종분」에서는 청천벽력같이 냉철한 어조로 돌아서서 독자들에게 충격을 안겨 준다. 그런 다음 '왜 그런가?'라며 그 까닭을 설명한다.

이것을 육조 혜능은 "일체의 미혹한 사람이라도 자성을 깨닫게 되면, 부처는 스스로의 상相도 보이지 않고, 스스로의 지혜도 없음을 비로소 알게 되니, 어찌 중생을 제도했다 하겠는가! 다만 범부가 자기 본심을 보지 못하고 부처의 뜻을 알지 못해, 모든 상에 집착하여 무위의 이치에 도달하지 못하고 아인我人을 없애지 못하므로, 중생이라 이름하는 것이다. 만약 이 병을 여의게 되면 실제로 중생이 멸도를 얻었다는 것은 없는 것이다. 그래서 망심이 없는 곳이 바로 보리菩提이고, 생사열반이 본디 평등하여 없는 것인데 어찌 멸도가 있다고 말하는가!"[28]라며 역설적으로 말한 것이다.

● **何以故須菩提 若菩薩 有我相人相衆生相壽者相 則非菩薩**

"이것은 무슨 까닭인가? 수보리여! 만약 보살이 아상 · 인상 · 중생상 · 수자상을 지니고 있으면 보살이 아니기 때문이다"

붓다는 자신의 교설에 충격을 받았거나 이해하지 못하는 청중을 위해 그 까닭을 설명하고자 '하이고何以故'를 『금강경』 전체에서 38차례 반복한다. 그러면서 제4 「묘행무주분」부터 자신의 설명을 이해시키기 위해, 또는 그 교설의 당위성을 위해 수보리에게 '그대 생각은 어떠한가!'라고 묻는 '어의운하於意云何'는 30여 차례 반복한다.

즉 붓다는 '멸도를 얻을 중생이 없다'는 것은 아인사상我人四相 때문

---

28 "一切迷人 悟得自性 始知佛不見自相 不有自智 何曾度衆生 秖爲凡夫 不見自本心 不識佛意 執著諸相 不達無爲之理 我人不除 是名衆生 若離此病 實無衆生 得滅度者 故言 妄心無處卽菩提 生死涅槃本平等 又何滅度之有"『金剛經五家解』「大乘正宗分第三」'六祖'.

이라고 밝히고, 이러한 상相을 지니고 있으면 보살이 아니라고 단언斷言한다. 그런 후 붓다는 '보살이 아니면 무상정등각을 이룰 수 없으므로 마땅히 보살이 되어야 하고, 보살이 되려면 먼저 아인사상을 항복받아야 한다'라며 연역적演繹的 논증으로 설명한다. 그렇다면 아상·인상·중생상·수자상이란 무엇인가?

이 사상四相에 대해 혜능 선사는 다음과 같이 말한다. "중생과 불성은 본디 다르지 않지만, 사상四相으로 연유하여 무여열반에 들지 못한다. 사상이 있으면 중생이요, 사상이 없으면 부처이다. 그러므로 미혹하면 부처도 중생이고, 깨달으면 중생도 바로 부처이다. 예컨대 어리석은 사람이 재물과 학문, 문벌에 따라 남을 업신여기는 것을 아상我相이라 한다. 비록 인의예지신仁義禮智信[29]을 행하나 뜻이 높다는 자부심으

29 仁義禮智信은 儒家에서 인간의 本然之性을 單音辭로 나타낸 조선의 國學이자 건국이념으로서 오늘날까지 각 교과서와 연구논문에 빠짐없이 언급되는 개념이다. 그런데 『오가해』에서 혜능 선사가 이 말을 언급함에 따라 그 眞僞와 함께 '仁禮義智信'의 바른 순서를 살펴보고자 한다. 첫째, 이 글은 유가의 언행불일치를 비난하는 글이지만, 과문컨대 唐宋代의 韓愈(768~824)와 朱熹(1130~1200)의 문생들, 그리고 조선조의 鄭道傳(?~1398) 등이 불교를 간혹 폄훼하더라도 佛家에서는 대응하지 않았다. 그런데 이 장에서 '인의예지신'을 두 차례나 거론하여 儒家를 비난한 것에 대한 事實與否이다. 왜냐하면 혜능은 隋唐 이전, 북인도의 역경승들이 한역한 경전을 바탕으로 教宗의 論師들이 논란을 벌일 때, 禪宗의 6조로서 玄奘(622~664)과 함께 중국불교의 사상적 토대를 이룬 종장으로서 俗儒들의 행태를 비난할 입장이 아니었다는 점이다. 둘째, 『오가해』를 처음 편찬한 조선초 含虛 선사의 의도라고도 볼 수도 있지만, 함허의 행장을 감안하면 그도 아니다. 왜냐하면 함허스님은 태조의 漢陽遷都에 참여한 無學自超(1327~1405) 대사의 법을 이어받아 世宗의 신임을 받은 인물로서 유가에 대립할 입장이 아니었다. 그리고 이 책은 함허가 편찬한 후, 24년이 지난 1457년 世祖의 칙명으로 洪濬·信眉 등 저명한 유학자들이 교정하여 會編하였기 때문이다. 하지만 가장 중요한 부분은 性理學의 태동기였던 麗末鮮初의 문헌에는 '仁

로 남에게 공손하지 않으면서 '나는 인의예지신을 잘 알고 행한다'라는 것이 인상人相이다. 또 좋은 일은 자기 몫으로 돌리고 좋지 않은 일은 남에게 돌리는 것이 중생상衆生相이고, 어떤 경계에 대하여 취사분별하는 것을 수자상壽者相이라 하니, 이를 일러 범부의 사상이라 한다.

禮義智'로 기록돼 있다는 점이다. 물론『오가해』를 편찬한 宋代의 판각본과 세조 때의 初雕本이 발견되면 밝혀지겠지만, 역자가 소장하고 있는 康熙20년(1682), 울산 雲興寺에서 판각할 때, 板刻都監의 의도가 개입된 것으로 보인다. 셋째, '인의예지'는 孟子(BC.372~289)의 '四端說'에서 '惻隱之心 仁之端也 羞惡之心 義之端也 辭讓之心 禮之端也 是非之心 智之端也'(『孟子 · 盡心章』)라고 한 것을 남송의 朱子가 성리학性理學의 체계를 세우고자 四書에 주석을 달면서 '인의예지'로 교착하여 서술한 것이다. 즉「大學章句 · 序」에 雲峯胡氏는 다음과 같이 주석한다. "朱子가 四書를 풀이할 때, '仁은 마음의 德이요, 사랑의 이치다', '義는 마음의 制裁요, 일의 마땅함이다', '禮는 天理의 節文이자 儀則이다'라며 모두 體와 用을 겸하였다. (…) 智는 마음의 신명으로 衆理를 묘용하여 만물을 주재하는 까닭이다'라고 하였다." 그러나 '인례의지신'은 '元亨利貞'에 병행하는 孔子의 四德으로서『易經 · 乾卦』에 나오는 말이다. [元者 善之長也 亨者 嘉之會也 利者 義之和也 貞者 事之幹也 君子 體仁足以長人 嘉會足以合禮 利物足以和義 貞固足以幹事 君子行此四德者 故曰 乾元亨利貞] 그런데 맹자는 '仁' 다음에 禮와 義의 순서를 바꿔 '인의예지'라 하였고, 荀子(BC.298~238)는 공자의 '禮學'을 주창하면서 자사 · 맹자 · 묵자 등 12명의 학설을 부정하였다(『荀子 · 非十二子』). 이를 후대 학자들이 인간의 본성을 논할 때, '맹자의 性善說'과 '순자의 性惡說'로 분류하면서 '인례의지'의 순서가 착종된 것이다. 그리고 '信'은 漢代의 董仲舒(BC.178~104)가 법치주의를 강조하여 하늘의 陰陽五行과 사람의 五常之道로서 '禮'를 강조하며 '信'을 더한 것이다. 즉 "『춘추』에 현명한 사람을 등용시켜 천하의 법칙으로 삼았다. 禮는 믿음[信]이니 禮에 답하지 않으면 아니 되고, 베풂에 보답하지 않으면 아니 되는 것이 하늘의 법칙이다(春秋賢而擧也 以爲天下法 曰禮而信 禮無不答 施無不報 天之數也)"라고 하여 인간의 보편적 가치로 五常이 강조되었다.(『春秋繁露 · 제1楚莊王』上) 요컨대 동중서는 인간의 본성에 대해 하늘에 음양이 있듯, 인간에게도 '어짊'과 '탐욕'이 있다며 맹자의 '성선설'과 순자의 '성악설'을 조화시키려 하였다. 이러한 '인례의지신'은 麗末鮮初 정도전이 한양도성을 쌓을 때, 동쪽문루에는 '興仁之門', 남쪽문루에는 '崇禮門', 서쪽문루에는 '敦義門', 북쪽에는 '肅靖門(弘智門)'을 세우면서 하늘의 운행질서인 天道를 제시하였다. 그리고 중앙에는 '普信閣'을 설치하여 인간이 지녀야 할 五常인 '仁禮義智信'을 내걸어 중국과는 다른 조선조의 건국이념으로 표방한 것이다. 이 같은 五常은 한국인의 보편적 가치로 오늘날 세계적으로도 부족함이 없는 Glo-quality라 할 수 있다.(拙稿「仁禮義智는 한국인의 正體性」禮茶文化研究 2015) pp.77~91(제4분 참조)

요컨대 수행인 또한 사상四相을 지니고 있으니 마음에 인식의 주체와 대상[能所][30] 인 나[我]와 너[汝]가 있어 중생을 가벼이 여기는 것을 아상이라 하고, 자신의 지계持戒를 믿고 파계破戒한 사람을 업신여기는 것을 인상이라 한다. 그리고 삼악도의 고통을 싫어하여 천상에 태어나기를 바라는 것이 중생상이요, 마음으로 오래 살기를 염원하여 부지런히 복업을 닦으면서 그 집착을 놓지 못하는 것이 수자상이다. 그러므로 사상을 지니고 있으면 중생이요, 사상을 떨치면 바로 부처이다"[31]

하지만 오늘날 아인사상에 대한 연구자들의 해석이 각기 다르므로, 종래의 선가적禪家的 해석만으론 독자들의 기대에 미칠 수가 없다. 따라서 우리는 먼저 '상相'[32]에 대한 이해와 함께 '원시불교(근본불교)' 때의 초기경전인 범어 원본 『금강경』을 살펴보아야 할 것이다. 그런데 현재 구

---

30 능소能所 : ① 能과 所를 말한다. 能은 능동으로 동작하는 것이요, 所는 동작을 받는 것을 이른다. ② 능지能知(아는 자)와 소지所知(알려진 것)를 줄인 것으로, 인식의 주체와 인식의 대상을 가리킨다. 불교학자들이 먼저 응용하였으며, 所知가 能知에 종속된다고 생각하였다. 즉 인식대상은 인식주체에 융합되어 사라지므로 객관세계의 존재가 부정된다고 생각했다. 그러나 明末의 유학자 왕부지(王夫之, 1619~1692)는 '能이란 바로 기己이고, 所란 바로 물物이다. … 所는 안[內]이 없기 때문에 마음이 太虛와 같이 비었으므로, 感이 있으면 모든 것에 應하게 된다. 所를 소멸시켜 能에 들어가게 하지만, 能을 일러 所라고 한다(『尙書引義』「召誥無逸」)' 라며 반박하였다.

31 "衆生佛性 本無有異 緣有四相 不入無餘涅槃 有四相 卽是衆生 無四相 卽是佛 迷卽佛是衆生 吾卽衆生是佛 迷人恃有財寶學問族姓 輕慢一切人 名我相 雖行仁義禮智信 而意高自負 不行普敬 言我解行 仁義禮智信 不合敬爾 名人相 好事歸己 惡事他人 名衆生相 對境取捨分別 名壽者相 是謂凡夫四相 修行人亦有四相 心有能所 輕慢衆生 名我相 自恃持戒 輕破戒者 名人相 厭三惡塗苦 願生諸天 是衆生相 心愛長年 而勤修福業 諸執不忘 是壽者相 有四相 卽是衆生 無四相 卽是佛", 『金剛經五家解』「大乘正宗分第三」'六祖'.

32 상(相, 梵 lakṣaṇa, saṃjñā) : ① 외경外境에 드러나 마음에서 상상想像이 되는 사물의 본디 모양. ② 추론推論을 위한 실마리나 증거 또는 논리학에서의 定義. ③ 특질이나 성질, 양상樣相, 상태狀態, 경지境地 등을 뜻한다.

마라집이 한역한 『금강경』에는 아상 · 인상 · 중생상 · 수자상의 순서로 되어 있으나, 범어원전에는 ātman(아상) · sattva(중생상) · jīva(수자상) · pudgala(인상)의 순서로 되어 있다. 즉 아상 · 중생상 · 수자상 · 인상으로 표기하여 두 번째와 네 번째가 교착되어 있다. 하지만 구마라집이 한역할 때는 범어와 한자의 음율, 그리고 글자 수數를 감안하여 '아상' 다음에 '인상'을 당겨 왔을 뿐, 붓다가 설한 본디 의미를 달리한 것은 아니므로 이에 대해선 더 이상 논급할 필요가 없는 것이다.

그러나 아인사상에 대한 명확한 해석을 위해 산스크리트 원전과 현장(玄奘, 622~664)의 번역을 대조하여 새롭게 해석한 각묵 스님의 『금강경역해』에 나오는 아인사상을 간추리면 다음과 같다.

> 첫째, 아상의 원문인 'ātman'은 고대 인도경전 『우파니샤드』[33]의 중심사상인 브라흐만(brahman, 梵)의 아트만(ātman, 我)에 대한 부정이다. 이것을 바꿔 말하면 붓다가 이 아트만을 부정하기 위한 무아론無我論과 같은 의미로 이해할 수 있다. (···) 즉 브라흐만에 빠져 있는 사람들에게 아트만[自我]에 집착을 가져서는 안 된다고 설

33 『우파니샤드Upaniṣad』는 베다문헌의 일부로 철학서이다. 베다 가운데 슈르티Śruti 부분의 최종부이기 때문에 베단타Vedānta라고도 한다. 우파니샤드에는 브라흐마나에 나타난 제식지상주의祭式至上主義는 감추고, 전반적으로 제사에 대한 고행과 명상, 遊行과 그 실천에 의해 얻어지는 지혜 등을 나타낸다. 이것은 오히려 제사를 깊게 하면서 그것을 넘어선 새로운 形而上學을 만들어 내려는 思索의 하나로서 '너는 이것이다(tat tvam asi)'라고 하는 브라흐만(brahman, 梵)과 아트만(ātman, 我)의 동일성인 梵我一如說을 드러내게 된다. 후세 베단타학자 상카라Śaṇkara는 이 梵我一如說을 체계화하여 不二一元論으로 우파니샤드를 해석하였다.

한 것이 바로 아상타파我相打破의 교설이 된 것이다.

둘째, 중생상의 원문인 'sattva'는 '존재하는 모든 것' 또는 '살아 있는 모든 것'이란 뜻으로 깨달음을 성취하지 못한 모든 중생을 의미한다. 중생상은 불교교단의 수행자들이 중생과 보살이라는 이원론적 분별심에 빠져 '나는 살아 있는 생명체로서 죽어 있는 것과 다르다'는 분별심을 깨우치게 하는 부분이다. 이것은 위로는 깨달은 이와 비교하면서 나는 아직 깨닫지 못한 중생이라는 상에 빠져 보살과 중생을 나누는 분별심을 가져서는 안 된다는 것이고, 아래로는 나는 살아 있는 생명체로서 생명이 없는 돌과 흙보다 우월하다는 분별심에 빠져서는 안 된다는 것으로 이해할 수 있다. 요컨대 당시 시대상에 비추어 보살과 중생을 나누고, 생명의 있고 없음을 나누는 이원론적 집착에서 벗어나라는 중생타파衆生打破의 교설이다.

셋째, 수자상의 원문인 'jīva'는 '목숨' '생명' '영혼'이라는 말로서 자이나교(Jaina敎)[34]에서 '생사를 초월한 존재' '순수영혼'이라고 하는 자이나교의 교의를 부정하기 위한 것이다. 즉 지바jīva는 생사

34 자이나교(Jaina敎, 耆那敎)는 인도의 보편적인 종교 가운데 하나로, BC.6~5세기경 불교와 거의 같은 시기에 발생했다. 開祖는 六師의 한 사람인 니간타 나아타푸타Nigantha Nātaputta이다. 이 교는 특히 아힘사(ahimsā, 不殺生)를 원리로 하여 斷食이나 瞑想 등으로 엄격한 고행과 금욕을 실천하는 것으로 알려져 있다. 불교와 마찬가지로 反베다 · 反바라문의 사상적 토양에서 출현하였지만, 인도를 벗어나 다른 지역으로 전파되지 못했다. BC.1세기경 실천상의 차이로 인해 백의파(白衣派, Śvetambra)와 공의파(空衣派, Digambara)로 나뉘어 백의파는 서인도를, 공의파는 남 · 중앙인도를 중심으로 교단을 유지하고 있다.

를 초월하고 시간을 초월한 순수영혼이 실체로서 존재한다고 하는 상相에서 벗어나야 한다는 의미이다. 다시 말해 시간과 생사를 초월하는 영원한 생명이 있다는 자이나교의 순수영혼설에 빠져 집착하게 되면, 참된 보살이 될 수 없다는 이른바 수자타파壽者打破의 교설이다.

넷째, 인상의 원문인 'pudgala'는 '개체' '인간' 등을 뜻하는 개념으로 쓰이나, 부파불교의 하나인 독자부犢子部에서는 윤회輪廻의 주체를 뜻하는 말로서 유위법과 무위법의 중간자적 존재라고 상정한다. 여기서는 이러한 생사를 초월한 윤회의 주체인 뿌드갈라pudgala가 존재한다는 상相도 가지지 말라는 가르침이다. 초기불교의 교설을 보면 윤회를 한다면서 그 주체로서의 실체를 부정하고 있음을 볼 수 있다. 즉 업業의 결과는 있으나 '업을 짓는 자는 없다'며 윤회의 주체를 상정하지 않는다. 이러한 '윤회'와 '무아'에 대해서는 학계의 논란이 진행 중이다. 이것은 붓다의 열반 이후, 독자부에서 윤회와 무아의 모순을 고민하다가 '윤회를 하려면 실체적인 존재가 있어야 하지 않는가?'라는 의문에서 '뿌드갈라'라는 윤회의 주체를 상정想定하기에 이른 것으로 추정된다. 이 부분에서 인상의 설명과는 조금 벗어나 있지만, 무아와 윤회를 다시 설명하지 않을 수 없다. 독자부에서 말하는 윤회의 주체를 상정하는 것이 모순이듯이, 윤회의 주체인 뿌드갈라를 상정하게 되면 『금강경』

에서 말한 그것은 곧 보살이 아니기[則非菩薩] 때문이다.[35]

이상과 같이 아상 · 중생상 · 수자상 · 인상을 언급한 것은 모든 실존적 존재로서의 '나'를 상정하지 말라는 역설로서, 거의 같은 개념과 같은 뜻으로 쓰고 있음을 알 수 있다. 즉 '나'라는 존재와 본질은 본디 그 실체가 없이 연기緣起에 따라 오고 가는 '무아無我'의 존재요 '공적空寂'한 것이므로, 자아의 관념을 만들어 집착해서는 안 된다는 것이다. 다만 이 네 가지 상을 강조한 것은 당시의 시대상으로 비추어 볼 때 부파나 종교별로 이름만 다를 뿐, 더 많은 '실존적 자아관념'이 있었으나, 그 중에서도 아인사상이 가장 널리 퍼져 있었던 관념이므로 이 네 가지 상을 열거하고 있을 뿐이다.

실제로 현장玄奘의 번역에는 사상四相뿐 아니라 구상九相을 열거하여 아홉 가지 상이 있음을 나타내고 있다. 그러나 이 같은 모든 상은 '실존적 자아관념'과 '실존적 나'를 내세우지 말라는 무아의 설법이요, 공空과 연기緣起의 설법이다. 다시 말해 이러한 상相은 '나'라는 아집我執과 '내 것'이라는 아소집我所執, '내가 옳다'는 편견과 독선으로 나와 너를 분별하고, 중생과 보살, 인간과 자연, 생사와 열반을 분별하여 번뇌를 일으키기 때문이다. 따라서 사상四相을 타파하는 것이 수행의 첫 걸음이고, 아공我空, 법공法空, 구공俱空을 깨닫는 것이 불교의 요의了義이자 『금강경』의 핵심이며 제3 「대승정종분」의 요지이다.

35 각묵 스님 주해 「금강경 역해」, pp.76~85

제4 머묾 없는 妙行

妙行無住分 第四
묘행무주분 제사

復次須菩提여 **菩薩**은 **於法**에 **應無所住**하야 **行於布施**
부차수보리 보살 어법 응무소주 행어보시

니 **所謂不住色布施**며 **不住聲香味觸法布施**니라 **須菩提**
소위부주색보시 부주성향미촉법보시 수보리

여 **菩薩**은 **應**ㅣ **如是布施**하야 **不住於相**이니 **何以故**오 **若**ㅣ
보살 응 여시보시 부주어상 하이고 약

菩薩이 **不住相布施**이면 **其福德**은 **不可思量**하리라 **須菩提**여
보살 부주상보시 기복덕 불가사량 수보리

於意云何오 **東方虛空**을 **可思量不**아 **不也**니다 **世尊**하 **須菩提**
어의운하 동방허공 가사량부 불야 세존 수보리

여 **南西北方四維上下虛空**은 **可思量不**아 **不也**니다 **世尊**하
남서북방사유상하허공 가사량부 불야 세존

須菩提여 **菩薩**의 **無住相布施福德**이 **亦復如是**하야 **不可思量**
수보리 보살 무주상보시복덕 역부여시 불가사량

이니라 **須菩提**여 **菩薩**은 **但應如所教住**니라 〈原文136字〉
수보리 보살 단응여소교주

【字解】

"또한 수보리여! 보살은 법에 따라 마땅히 머무는 바 없는 보시를 행할 것이니, 이른바 형색[色]에 머물지 않고 보시해야 하며, 소리[聲]·냄새[香]·맛[味]·느낌[觸]·요량[法] 등 육진六塵에 얽매이지 않고 보시를 해야 하느니라. 수보리여! 보살은 마땅히 이와 같이 보시하여 형상에 머물지 않아야 하나니, 이것은 무슨 까닭인가? 만약 보살이 형상에 머물지 않고 보시하게 되면 그 복덕은 헤아릴 수 없느니라. 수보리여! 그대 생각은 어떠한가. 동쪽의 허공을 헤아릴 수 있겠는가?" "헤아릴 수 없습니다. 세존이시여!" "수보리여! 그렇다면 남서북방과 사유상하허공은 헤아릴 수 있겠는가?" "헤아릴 수 없습니다. 세존이시여!" "수보리여! 보살이 형상에 머물지 않고 보시하는 복덕 또한 이와 같아서 가히 생각으론 헤아릴 수 없는 것이니라. 수보리여! 보살은 다만 내가 가르친 바와 같이 마땅히 머물러야 하느니라"

【講解】

● **復次須菩提 菩薩 於法應無所住 行於布施**

붓다가 말했다. "또한 수보리여! 보살은 무상정등각의 진리에서 마땅히 머무는 바 없이, 또는 얽매임 없이 베풀어야 하는 것이다"

부차復次는 '또' '다시'라는 뜻으로 앞의 말을 이어 뒷말을 일으키려고 하는 부사이다. 따라서 '또한 수보리여!'라고 한 것은 제3「대승정종분」에서 '보살이 아상·인상·중생상·수자상을 지니고 있으면 보살이 아니다'라고 한 말을 이어서 풀어 나가려는 것이다.

이 '부차'라는 말에서 우리는 붓다가 수보리의 첫 물음에 기다렸다는 듯이 장광설長廣舌로써 한 단계 한 단계씩 청중들의 의식을 이끌어 가고 있음을 알 수 있다. 즉 수보리가 '선남자선여인이 무상정등각을 일으켰을 때, 그 마음을 어떻게 머물러야 하며, 또 어떻게 항복받아야 하는가'를 물었다. 이에 붓다는 구류중생을 남김없이 멸도에 이르게 하겠다면서 또한 '한 중생도 구제할 수 없다[實無衆生 得滅度者]'고 하였다. 그리고 그 까닭은 아인사상을 지니고 있으면 보살이 아니기 때문이라는 것이다. 이러한 붓다의 말을 요약하면 '선남자선여인이 무상정등각의 마음을 일으켜 그 머무는 바와 그 마음을 항복받으려면 먼저 보살이 되어야 한다'고 단언하는 것이다.

그렇다면 보살은 어떠한 경지를 말하며, 또 어떻게 닦고 실천해야 하는가? 여기서 붓다는 '보살은 베풀되 베푼다는 마음 없이 베풀어야 한다'고 말한다. 베풂, 즉 보시란 말은 보살의 실천덕목인 육바라밀(六波羅蜜, 보시 · 지계 · 인욕 · 정진 · 선정 · 지혜)에서도 제일 먼저 나오는 개념이다. 그리고 이 장의 첫머리에서도 '보살은 법에 따라 마땅히 머무는 바 없이 보시를 행해야 한다'며 모든 법다운 수행에서 남에게 베푸는 것이 가장 기본이 되고, 가장 바탕이 된다고 역설하고 있다.

따라서 보시는 승속僧俗을 불문하고 사람의 관계에서 서로 배려하고 베풀며, 자신이 가지고 있는 것[財物, 法]을 내어놓는 것이다. 이러한 보시는 곳간의 재물을 희사하는 재보시財布施와 생명의 진리를 일깨우는 법보시法布施, 그리고 생로병사에 불안해하는 사람들에게 그 두려움을 없애 주는 무외보시無畏布施 등이 있다.

이 가운데 재시財施는 마음이 있으면 누구나 실행할 수 있는 것으로 부모 자식 간은 물론, 모든 인간관계에서 빠질 수 없는 요소이다. 특히 부모 자식 간의 관계는 과거의 인因에 의해 금생에 부모 몸을 빌려[緣] 태어나 서로 보살피고 봉양하는 것으로서, 유가儒家에서는 아버지를 하늘[天], 어머니를 땅[地]으로 비유한다[父死曰天崩이요 母死曰地崩이라]. 그리고 법보시는 모든 중생이 오근육식五根六識의 외경에서 벗어나 존재와 본질에 대한 깨달음을 이룰 수 있도록 인도하는 것으로서, 곳간의 재물보다 더 소중한 지혜와 자비의 실천인 것이다. 또 무외보시는 긴장의 연속인 현실에 매달리다 늙고 병들어 죽는 것을 불안해하는 사람들을 정법안장正法眼藏과 이근원통耳根圓通으로 안심입명安心立命하게 하는 것이다. 그렇다면 붓다가 강조하는 '머묾 없는 보시'는 실제로 어떤 정황을 말하는가?

● **所謂不住色布施 不住聲香味觸法布施**

머묾 없는 보시는 이른바 형상形相에 머물지 않는 보시이며, 소리[聲]와 냄새[香] · 미감[味] · 촉감[觸] · 요량[法]에 매이지 않고 베푸는 것이다.

즉 베풀되, 육근(六根, 눈 · 귀 · 코 · 혀 · 몸 · 뜻)을 거쳐 내 몸으로 들어와 내 마음을 현혹시키고, 나의 본성[佛性]을 흐리게 하여, 옳고 그름과 미추美醜 등의 분별심으로 번뇌를 일으키는 육진·육적(六塵六賊)[36]에 휘둘리지 않는 베풂이어야 한다는 것이다. 다시 말해 붓다는 선남자선여인들이 (일으키기도 어려운) 무상정등각의 마음을 일으켰을 때, 그 마음을 어떻게 머물게 하며 또 어떻게 불퇴전의 보리심으로 나아가야 하는가, 라는 수보리의 물음에 아인사상을 여의고 보살이 되어야 한다고 단언하였다. 그런 다음 보살이 되려면 먼저 베풀어야 하는데 그 베풂이 육근에 꺼둘려 외경에 현혹되지 않는 베풂, 즉 대가를 바라거나 또는 남에게 과시하려는 구차스러운 베풂이 아니라, '베푼다는 생각도 없이 베풀어야 한다[無住相布施]'는 것이다. 여기서 붓다는 청중들을 자신의 외경에서 점차 의식과 무의식의 심층세계로 이끌고 있는 것이다.

● **須菩提 菩薩 應如是布施 不住於相 何以故 若菩薩 不住相布施 其福德 不可思量**

그러므로 "수보리여! 보살은 마땅히 이와 같이 보시하여 형상에 머물지 않아야 한다. 무슨 까닭인가. 만약 보살이 형상에 머물지 않고 (속박으로부터 부자유한 사람들에게) 보시한다면, 그 복덕은 헤아릴 수 없기 때문이니라"

36 六塵은 육경六境인 色·聲·香·味·觸·法을 말한다. 이 육경은 六根인 眼·耳·鼻·舌·身·意를 통하여 몸속에 들어가 우리들의 마음을 더럽히고 본성을 흐리게 하므로 티끌[塵]이라 하고, 이렇게 번뇌를 일으켜 중생이 證果에 이를 수 있는 공덕을 빼앗아 가므로 불가에서는 도적盜賊이라고도 한다.

붓다는 앞서 말한 바와 같이 육근·육진에 물들지 않는 보시를 하되 아인사상에도 머물지 않아야 한다며 거듭 수보리에게 다짐 받고 있다. 즉 붓다는 '나'라는 아상과 '너'라고 분별하는 인상, '우리는 어리석다'는 중생상과, 겉으론 제행무상諸行無常이라며 손사래치지만 속으론 오래 살기를 바라는 수자상에 머물지 않는 보시를 해야 된다는 것이다. 다시 말해 육근·육진에 찌들고 아인사상에 얽매인 구차스러운 보시가 아니라 무상정등각의 보시를 하게 되면 그 복덕은 헤아릴 수 없다며, 이 경에서 처음으로 '복福'과 '덕德'을 말하고 있다. 그리고 다음 문장에서 그 복덕의 크기에 대해 말한다.

이 '부주상보시不住相布施'에 대해 혜능 선사는 "응당 상相이 없는 마음으로 보시한다는 것은 능히 보시한다는 마음도 없고, 베푸는 바 그 사물도 보지 않으며, 받는 사람도 분별하지 않는 이것을 상에 머물지 않는 보시라 한다"[37]라며 무능시無能施와 무소시無所施, 무수시無受施를 강조하였다.

● **須菩提 於意云何 東方虛空 可思量不 不也世尊 須菩提 南西北方 四維上下虛空 可思量不 不也世尊**

그렇다면 "수보리여! 그대 생각은 어떠한가. 동쪽 하늘의 허공이 얼마나 큰 것인지 헤아릴 수 있겠는가?" 수보리가 답하기를 "헤아릴 수

---

37 "應如無常心布施者 爲無能施之心 不見所施之物 不分別受施之人 是不住相布施也"『金剛經五家解』「妙行無住分第四」'六祖'.

없습니다. 세존이시여!"라고 하였다.

여기서 붓다는 보살이 형상에 머물지 않고 (어리석음으로 인해 스스로 속박 당한 不自由한 사람들에게) 무상정등각의 진리를 베풀었을 때, 그 복덕을 동쪽의 허공에 비유하면서 그 성격과 크기에 대해 물은 것이다. 이에 수보리는 헤아릴 수 없다며 구체적으로 설명해 주기를 바라며 말끝을 흐린다. 붓다가 다시 "수보리여! 그러면 남쪽 하늘의 허공과 서쪽·북쪽, 그리고 사유상하四維上下의 허공은 헤아릴 수 있겠는가?"라고 묻자, 수보리는 그것 또한 헤아릴 수 없다고 말한다.

- **須菩提 菩薩無住相布施福德 亦復如是 不可思量 須菩提 菩薩 但應如所教住**

이에 붓다가 말했다. "수보리여! 보살의 형상에 머물지 않는 보시 복덕도 이와 같아서 헤아릴 수 없을 만큼 큰 것이다. 그러므로 수보리여! 보살은 오로지 내가 가르쳐 준 대로 머물러야 한다"

붓다는 이 부분의 마지막에서 "오로지 내가 가르친 바와 같이 머물러야 한다[但應如所教住]"라며 2분과 3분에서 제기된 물음에 답하고 있다. 이러한 가르침을 요약하면 '머물되 머문다는 마음 없이 머물러야 하며, 베풀되 베푼다는 생각 없이 베푸는 보살이 되어야 한다'는 것이다. 여기서 우리는 '이렇게 대가 없이 베푸는 보살이 몇이나 되겠는가?'라고 회의할 수도 있다. 왜냐하면 우리는 자신의 생존을 위해 눈만 뜨면 육욕천六欲天[38]의 세계에서 분초分秒를 다퉈 가며 경쟁과 긴장으로 살아가기 때문이다. 이러한 오늘날의 현실에서 진리를 향한 마음을 일으키기도 어려운데 하물며 '보리심을 지닌다는 생각도 없이 지녀야 하고, 또한 그 실천 행위로서 베푼다는 생각조차 없이 베풀어야 보살이 된다'라는 가르침이 가능한 것인가?

그러나 세속에 얽혀 진리를 외면하는 사람도 많지만, 불가의 문턱을 넘어 보지 않은 사람도 의외로 자신의 재산을 사회에 환원하거나, 또는 남이 이해할 수 없는 아픔을 겪고 있는 사람을 위해 묵묵히 보살도를 실천하는 사람도 많다. 이를테면 오늘날의 아너 소사이어티 Honor Society와 같은 것으로 이들의 사회환원은 자랑도 않지만, 그렇다고 애써 숨기지도 않는 이성적이면서 합리적인 것이다. 이 같은 보살도를 행하는 사람을 볼 때마다 역자는 '나는 이러한 형상에 머물지 않는 보시를 행한 적이 있는가?'라며 자주 반문한다.

그것은 바로 '나'라는 아상我相 때문이었다. 즉 '나'라고 알고 있는 잘못된 가아假我를 스스로 무너뜨리지 않는 한, 우리는 선지식이 가까이 있어도 알지 못하고 보살이 눈앞에 있어도 보지 못한다. 왜 그런가? 우리는 오랜 세월[累劫] 동안 가아假我에 길들여져 온갖 탐착과 오물만

38 육욕천六欲天은 범부가 가지고 있는 여섯 가지 욕망으로서 ① 색욕色欲 ② 형모욕形貌欲 ③ 위의자태욕威儀姿態欲 ④ 언어음성욕言語音聲欲 ⑤ 세활욕細滑欲 ⑥ 인상욕人相欲을 말한다. 따라서 육욕천은 욕계欲界에 속하는 여섯 겹의 하늘을 말하는데, 육욕, 육천이라고도 한다.

쏟아 내는 고깃덩이를 자아自我라고 내세우며, 또 그것이 세속의 잣대가 되면서 진아眞我와 멀어진 것이다.

이러한 잘못된 가아假我의 근원은 바로 아상이다. 그러나 이 아상만 무너뜨리면 인상·중생상·수자상은 쉽게 무너진다. 다시 말해 불법佛法이 어렵고 난해하다는 것은 바로 이 아상을 스스로 여의기가 어렵다는 것을 말한다. 따라서 아상만 극복하게 되면, 마치 한 산을 넘고 나면 그 산행에 탄력이 붙어 나머지 봉우리들도 쉽게 넘어갈 수 있듯 모든 상을 여읠 수 있다는 것이 붓다의 가르침이다. 요컨대 붓다는 이 같은 아상의 극복을 놓고 '왜 실행하지 못하느냐'며 우리 앞에 맨발로 나선 것이다.

그래서 붓다는 제3분에서 모든 중생을 멸도에 이르게 할 수 있지만, 아인사상을 가지고 있으면 보살이 아니므로 한 중생도 구제할 수 없다고 하였다. 그러나 이 장에서는 만약 아인사상을 여읜 보살이 무주상보시를 했을 때, 그 복덕은 동방의 허공과 같고 남서북방의 허공과 같이 헤아릴 수 없을 만큼 크다고 말한다. 그렇다면 헤아릴 수 없을 만큼 큰 보살의 복덕이란 어떤 것인가?

이에 대해 4세기 북인도의 역경승이었던 월칭(月稱, Candra Kiriti)은 "대승불교를 이해하기 위해 먼저 보살의 개념을 이해하지 않고서는 깨달음을 이룰 수 없다"면서 "이러한 보살의 대자대비가 생사유전生死流轉과 유정무상有情無常한 모든 법의 그 불가득성[空性]한 근거로 인해서 일어나는 지혜와 자비심으로 그 불가득不可得한 깨달음을 이룰 수 있다"고 하였다.[39] 이러한 보살의 정의와 복덕을 붓다는 제시만 했을 뿐, 누가 손에 쥐여 주는 것이 아니며 또한 참선·간경으로 이루어지는 것도 아니다. 오로지 무주상보시 복덕의 공덕이 있어야 아상을 여읠 수 있고, 아상을 벗어나야 선지식을 만나 그들의 지혜와 자비로 그 불가득성한 깨달음을 이룰 수 있다는 것이다. 이러한 깨달음의 복덕을 붓다는 허공과 같아서 가히 헤아릴 수 없다[不可思量]고 말한 것이다.

이 같은 '불가사량'에 대해 혜능은 다음과 같이 말한다. "세계 가운데 큰 것에는 허공만 한 것이 없고, 일체 성품 가운데 큰 것에는 불성佛性만 한 것이 없다. 왜냐하면 무릇 형상이 있는 것은 크다 할 수 없으나, 허공은 형상이 없으므로 크다고 하며, 일체의 성품들은 모두 헤아릴 수 있으므로 크다 하지 못하지만, 불성은 헤아릴 수 없기 때문에 매우 크다고 하는 것이다. (…) 자성은 본디부터 공적空寂하고 서로 원융圓融하여 분별이 없기 때문에 여래는 분별을 내지 않는 그것을 깊이 찬탄하였다"[40]고 주석하였다.

39 小川 一乘 著,『小川一乘佛教思想論集』권3「中觀思想論」, PP.14~21.(法藏館, 2004)

40 "世界中大者 莫過虛空 一切性中大者 莫過佛性 何以故 凡有形相者 不得名爲大 虛空無形相故 得名爲大 一切諸性 皆有限量 不得名爲大 佛性無限量 故名爲大 … 自性本來空寂混融無分別 故如來 深讚不生分別也"『金剛經五家解』「妙行無住分第四」'六祖'.

●●

제5 如來의 참모습을 보다

如理實見分 第五
여리실견분 제오

須菩提여 於意云何오 可以身相으로 見ㅣ如來不아 不也니다
수보리 어의운하 가이신상 견 여래부 불야

世尊하 不可以身相으로 得見如來니 何以故오 如來所說身相
세존 불가이신상 득견여래 하이고 여래소설신상

이 卽非身相이니다 佛告須菩提하사대 凡所有相어늘 皆是虛妄
즉비신상 불고수보리 범소유상 개시허망

이니 若見諸相非相이면 卽見如來니라 <原文64字>
약견제상비상 즉견여래

【字解】

"수보리여! 그대 생각은 어떠한가. 몸의 형상으로 여래를 볼 수 있겠는가?" 수보리가 말했다. "아닙니다. 세존이시여! 몸의 형상으로는 여래를 볼 수 없습니다. 왜냐하면 여래께서 말씀하신 몸의 형상은 곧 법신法身이 아니기 때문입니다" 붓다가 수보리에게 이르기를 "무릇 형상을 가진 것은 모두가 허망한 것이니, 만약 모든 형상이 형상 아님을 안다면 여래를 보게 되느니라"

【講解】

● **須菩提 於意云何 可以身相 見如來不**

붓다가 수보리에게 "수보리여! 그대 생각은 어떠한가. 몸의 형상으로 여래를 볼 수 있겠는가?"라고 물었다.

여기서 붓다는 자신과 마주하고 있는 수보리에게 자신을 지칭하는 여래라는 3인칭으로 '몸의 형상으로써 부처를 볼 수 있겠느냐'고 물었다. 여래란 앞서 말한 바와 같이 '진리를 일깨우기 위해 이 세상에 나투신 부처'를 일컫는다. 따라서 붓다 자신도 여래라는 3인칭으로 수보리에게 물은 것이다.

● **不也世尊 不可以身相 得見如來 何以故 如來所說身相 卽非身相**

이에 수보리가 답하기를 "아닙니다. 세존이시여! 몸의 형상으로는 여래를 볼 수 없습니다. 왜냐하면 여래가 말하는 몸의 형상은 곧 법신法身의 형상이 아니기 때문입니다"라며 자신이 이해하고 있는 바를 그대로 대답하였다.

즉 붓다는 앞에서 수보리에게 '내 육신이 나의 참모습인가?' 또는 '그대에게 보이는 내 육신이 참다운 법신인가?'를 물은 것이다. 예컨대 깨달음을 이룬 붓다가 세상에 나툰 몸의 모습은 32상 80종호라고 하며, 이러한 형상의 부처를 색신여래色身如來라고 한다. 따라서 중생은 이러한 색신여래만 볼 수 있을 뿐, 법신은 보지 못한다. 그래서 수보리는

'여래가 말한 몸의 형상은 곧 법신의 형상이 아니다'고 말한 것이다.

이러한 색신과 법신에 대해 혜능 선사는 "색신은 곧 상相이 있음이요, 법신은 상이 없음이다. 색신이란 사대(四大, 地水火風)가 화합하여 부모가 낳았으니 육안으로 볼 수 있다. 그러나 법신은 형상의 구분이 없어 청황적백靑黃赤白이 따로 있지 않고, 일체 형상과 모양이 없으므로 육안으론 볼 수 없으며, 혜안이라야 볼 수 있다. 그러므로 범부는 다만 색신여래만 볼 수 있을 뿐, 법신여래는 보지 못한다. 법신이란 그 헤아림이 허공과 같은 것이다"[41]라고 하였다.

● **佛告須菩提 凡所有相 皆是虛妄 若見諸相非相 卽見如來**

이에 붓다는 저으기 안도하면서 지금까지 설한 내용을 사구게四句偈로 다음과 같이 읊었다.

凡所有相이어든　　皆是虛妄이니
若見諸相非相이면　卽見如來니라

무릇 형상을 지닌 것은 모두가 허망한 것이어늘
만약 모든 상이 상 아님을 알면 여래를 볼 수 있느니라

---

41 "色身卽有相 法身卽無相 色身者 四大和合 父母所生 肉眼所見 法身者 無有形段 非有靑黃赤白 無一切相貌 非肉眼能見 慧眼乃能見之 凡夫 但見色身如來 不見法身如來 法身量等虛空"『金剛經五家解』「如理實見分第五」'六祖'.

사구게四句偈란 글자 그대로 설법의 주요 부분을 청중들에게 다시 환기시키기 위해 네 구절로 읊은 게송이다.[42] 이 사구게에서 붓다는 '상相이란 겉모습에 나타나 마음에 그려 내는 상상이므로 몸의 형상뿐 아니라 모든 사물의 형상 또한 허망한 것인데, 아인사상이야 말할 나위가 없다'며 진여眞如의 실상을 말하는 것이다.

이 사구게에 대해 선행연구자들은 1구인 범소유상凡所有相은 '일체의 드러난 것[有相]'을 말하므로 유문有門이라 하였고, 2구인 개시허망皆是虛妄은 '일체의 드러난 형상을 부정하는 공상空相'을 나타내었으므로 공문空門이라 하였다. 그리고 3구인 약견제상비상若見諸相非相은 '일체 나타난 형상이 상 아님'을 뜻하는 역유공문亦有空門이라 하였고, 4구인 즉견여래卽見如來는 '있음도 아니고 없음도 아닌 도리'를 보이는 비유비공문非有非空門이라 하였다. 다시 말해 '형상으로 나타난 일체의 모든 것과 모든 현상은 모두 허망한 것이므로, 만약 그 형상이 형상 아님을 알면 곧 여래를 보게 된다'고 한 것이다.

따라서 붓다는 '여래를 본 사람은 곧 자기 자신과 마주하여 존재의 본질을 내다볼 수 있다'는 것을 사구게를 통해 그 방법으로 제시하였다. 즉 형상이 있는 모든 것은 질량이 변화를 일으켜 어느 순간 없어져 버리므로 그 변화를 보고 변화 속의 본질을 꿰뚫을 수 있다면, 이러한 형상形相과 비상非相도 극복할 수 있으며, 상이 상 아님을 알면 여래의

42 唐代 이전에는 經文과 詩文의 구분 없이 읊고 기록하였으나, 初唐 때부터 경문과 시문이 나뉘고, 偈頌과 文章이 구분되었다. 그러나 佛家에선 唐代 이전에는 깨달음의 了義를 나타낼 때 四句偈 형식을 취했으나 이후 '禪詩' 내지 '悟道頌'이라고 하였다.

법신인 진아眞我를 보게 된다는 것이다.

요컨대 붓다의 교설을 이해하려고 하면, 앞서 말한 바와 같이 공空과 무無에 대한 긍정과 부정의 이해이다. 흔히 공은 비었음을 말하지만, 불가의 본디 뜻은 '텅 빈 충만의 세계'로서 진실로 비웠을 때 드러나는 진공묘유眞空妙有의 세계이다. 이러한 공의 세계는 무無를 품고 유有를 드러내어 끊임없이 생성과 파괴를 되풀이하는 무한생명無限生命으로서 무한의식세계無限意識世界에 접근하는 것이다.

그 다음은 유有와 무無에 대한 이해이다. 즉 '있음'은 '없음'에 의거하여 나타나고, '없음'은 '있음'에 의해 드러나게 된다. 그러므로 부정은 부정을 위한 부정일 수 없고, 긍정은 긍정을 위한 긍정일 수 없는 것이다. 따라서 무아無我와 무심無心이란, '나'라는 존재 자체를 없애라는 말이 아니라, 생존에 필요한 자아自我는 두고 불필요하게 망상을 부리는 가아假我를 구분하여 다스려야 한다는 것이다.

여기서 양梁나라의 부대사는 "여래가 몸의 형상을 나투신 것은 세간의 정情을 따른 것이요 / 사람들이 단견斷見을 드러낼까 두려워 방편으로 허명을 내세웠도다 / 32상도 거짓이요, 80종호 또한 헛소리로다 / 몸이 있다 함은 깨달음의 실체覺體가 아니요 / 모습相 없는 그것이 참다운 형상이로다"[43]라면서 개시허망皆是虛妄을 설명하였다.

---

43 "如來擧身相 爲順世間情 恐人生斷見 權且立虛名 假言三十二 八十也空聲 有身非覺體 無相乃眞形" 『金剛經五家解』「如理實見分第五」'傅大士'.

또 송대宋代의 야부冶父 선사는 "산은 산이요 물은 물인데, 부처가 어디 있는가! / 어떤 모습 있어 찾는다면 모두가 망령이요 / 형상 없어 못 본다면 치우친 소견에 떨어짐이니 / 당당하고 밀밀한데 어찌 틈이 있음인가 / 한줄기 뻗친 차가운 빛 허공이 훤하도다"[44]라며 현상 그대로를 볼 뿐, 무엇을 다시 찾으려 하지 말라고 하였다.

이에 함허 선사는 "만약 하나같이 불신佛身이 상相이 없다 한다면 / 모양 외에 반드시 불신이 있어야 하거늘 / 지금 산을 보면 바로 산이요, 물을 보면 바로 물인데 / 부처는 어디에 있음인가?"[45]라면서도 "눈 앞에 법이 없으니 눈 닿는 곳마다 모두가 여여如如하구나 / 다만 이같이 알게 되면 바로 부처를 보게 되는 것이다"[46]라며 즉견여래卽見如來에 대해 설명하였다.

이와 같은 붓다의 사구게는 당·송대唐宋代의 선사들이 자신이 깨달은 바를 시詩로 나타낸 오도송悟道頌으로서 지금까지 선가의 지적 전통으로 이어 오고 있다. 따라서 붓다는 『금강경』 전체에서 사구게를 네 차례 읊었고, 그 첫 번째의 사구게가 바로 제5분의 이 게송이다.

가이신상可以身相에서 가이可以는 '옳을 가可'와 '써 이以'로서 '가히' 또는 '옳다'는 뜻이고, 상相은 '서로 상相'이지만 불가에서는 '형상 상

44 "山是山水是水 佛在甚麽處 有相有求俱是妄 無形無見墮偏枯 堂堂密密何曾間 一道寒光爍太虛"『金剛經五家解』「如理實見分第五」'冶父'.

45 "若一向佛身 無相 相外必有佛身 卽今見山 卽是山 見水卽是水 佛在甚麽處"上揭書 '說誼'.

46 "目前無法 觸目皆如 但知如是 卽爲見佛"『金剛經五家解』「如理實見分第五」'說誼'.

相'으로 사용하므로 여기서는 '몸의 형상으로써~는가'가 된다. 또 견여래부見如來不에서 '아니 불'은 도치倒置되어 '의문사 부'로 발음되는데, 일반적으로 '不'은 뒤의 글자가 모음일 때는 '불'이라 발음하고, 첫 음이 'ㄷ'과 'ㅈ'으로 시작할 때는 '부'라 발음한다.[예: 불생불멸不生不滅 불구부정不垢不淨]

또한 약견제상若見諸相에서 약若은 '만약 약' 또는 '같을 약'의 뜻으로 쓰이고, 견見은 '드러날 현', '나타날 견' 등이지만 여기서는 '볼 견'으로 발음하고 해석은 '알다'인 것이다. 또 제諸는 문장의 앞에서는 '모든 제諸'로 발음하고 해석하지만, 문장의 가운데서는 '지어之於'의 뜻인 '저諸'로 '어디~에서'가 되며, 문장의 끝에서는 '지호之乎' 내지 '지하之何'로서 '어찌 저'와 '어기사語氣辭 저'로 발음하고 해석한다.

제6 올바른 믿음은 希有하다

正信希有分 第六
정신희유분 제육

須菩提白佛言하대 世尊하 頗有衆生이 得聞如是言說章句
수보리백불언 세존 파유중생 득문여시언설장구

하고 生ㅣ實信不잇가 佛告須菩提하사대 莫作是說하라 如
생 실신부 불고수보리 막작시설 여

來滅後後五百歲에 有ㅣ持戒修福者 於此章句에 能生信
래멸후후오백세 유 지계수복자 어차장구 능생신

心하야 以此爲實하면 當知是人은 不於一佛二佛三四五佛
심 이차위실 당지시인 불어일불이불삼사오불

而種善根이라 已於無量千萬佛所에 種諸善根하고 聞是章
이종선근 이어무량천만불소 종제선근 문시장

句하고 乃至一念이나 生ㅣ淨信者니라 須菩提여 如來悉知
구 내지일념 생 정신자 수보리 여래실지

悉見是諸衆生이 得ㅣ如是無量福德이니라 何以故오 是諸
실견시제중생 득 여시무량복덕 하이고 시제

衆生이 無復我相人相衆生相壽者相이며 無法相이며 亦無非
중생 무부아상인상중생상수자상 무법상 역무비

法相이니라 何以故오 是諸衆生이 若心取相이면 則爲着我人
법상 하이고 시제중생 약심취상 즉위착아인

衆生壽者며 若取法相이라도 卽着我人衆生壽者니 何以故오
중생수자 약취법상 즉착아인중생수자 하이고

若取非法相인댄 卽着我人衆生壽者니라 是故로 不應取法이
약취비법상 즉착아인중생수자 시고 불응취법

며 不應取非法이니 以是義故로 如來常說하사대 汝等比丘는
불응취비법 이시의고 여래상설 여등비구

知我說法을 如筏喩者니 法尙應捨온 何況非法이라 〈原文235字〉
지아설법 여벌유자 법상응사 하황비법

【字解】

수보리가 붓다에게 여쭈었다. "세존이시여! 자못 중생들이 이러한 붓다의 말씀이나 경전의 글귀를 듣고, 참다운 믿음을 일으킬 사람이 몇이나 있겠습니까?" 붓다가 수보리에게 말했다. "그런 걱정은 하지 말라. 여래가 이 세상을 떠난 뒤, 후오백세에 이르러서도 (正法이 衰退하여도) 계를 지키고 복을 닦는 사람이 있을 것이니, 이러한 경전의 글귀를 진실로 여겨 믿음을 일으키게 될 것이니라. 그대는 마땅히 알라. 그 사람은 한 부처나 두 부처, 셋 · 넷 · 다섯 부처에게만 귀의하여 선근善根을 심은 것이 아니라, 이미 헤아릴 수 없는 천만의 부처님 회상에서 많은 선근을 심어 놓았으므로, 이 글귀를 듣고는 한 생각으로 깨끗한 믿음의 마음을 일으킬 것이니라. 수보리여! 여래는 이러한 모든 중생이 이같이 헤아릴 수 없는 복덕을 얻게 됨을 모두 알고 내다보고 있느니라. 무슨 까닭인가! 이러한 모든 중생이 다시는 아상 · 인상 · 중생상 · 수자상이 없으며, 법상法相도 없고, 또한 법 아닌 상도 없기 때문이니라. 왜 그런가 하면, 이 모든 중생이 만약 마음에 형상을 취하게 되면 아인중생수자상我人衆生壽者相에 집착하게 되고, 만약 법상을 취하더라도 아인중생수자상에 집착하게 되는 것이니라. 이는 무슨 까닭인가! 만약 법 아닌 상을 취하더라도 곧 아인중생수자상에 집착하게 되므로, 마땅히 법의 상도 취하지 않아야 하고, 법 아닌 상도 취하지 않아야 하느니라. 이러한 뜻으로 내가 항상 말하기를 '그대들 비구는 나의 설법이 강을 건너는 떼배[筏舟]와 같다는 비유를 알아야 하느니라' 법도 버려야 하거늘 하물며 법 아님에 있었으랴"

【講解】

● **須菩提白佛言 世尊 頗有衆生 得聞如是言說章句 生實信不**

수보리가 붓다에게 말했다. "세존이시여! (세존이 멸하신 후) 자못 중생들이 이와 같은 붓다의 말씀(否定과 肯定의 同語反復)과 경전의 글귀를 듣고, 이에 진실한 믿음의 마음을 일으킬 사람이 몇이나 되겠습니까?"

이것은 수보리의 두 번째 물음으로, 붓다가 앞장의 사구게에서 말한 "무릇 형상을 지닌 것은 모두 허망한 것이니 만약 모든 형상이 형상 아님을 알게 되면 여래如來를 볼 수 있다"는 형이상形而上 가운데서도 형이상적인 최상법문最上法門을 붓다의 입멸入滅 이후에는 몇 사람이나 알아듣겠느냐는 의미다. 여기서 우리는 수보리가 붓다에게 한 첫 질문과 이에 대한 붓다의 대답을 다시 정리해야 다음 페이지로 넘어갈 수 있다. 즉 '선남자선여인이 무상정등각의 마음을 일으켰을 때, 그 마음을 어떻게 머물러야 하며, 어떻게 항복받아야 하는가?'라는 수보리의 물음에 붓다는 '머무는 바 없이 머물러야 하며, 또한 이 세상에 존재하는 것은 모두 항복받아 열반적정에 이르게 하겠다'고 하였다. 하지만 아인사상을 지니고 있는 한, 한 사람도 제도할 수 없다면서 수보리를 비롯한 모든 청중들에게 충격을 안겨 주었다.

역자가 초발심 때 이 대목에서 받은 충격을 그대로 옮긴다면 '붓다는 수보리의 물음을 마치 헌신짝 내치듯' 한 것이다. 그리고 이에 대한 방안으로 '보살'이 되어야 한다고 전제한다. 즉 선남자선여인이 보살이 되려면 많은 인욕으로 복덕을 쌓아야 하는데, 그 가운데서도 가장 먼저 '보시'를 강조한 것이다. 보시란, '나의 시간과 재물을 도움이 필요한 사람들을 위해 나누어 베푸는 것'이다. 우리는 각자도생各者圖生을 위해 끝없는 욕망을 추구하고 있지만, 붓다는 그 욕망을 버리고 이웃을 위해 자신이 가진 것을 나누어야 한다고 말한다. 그러면서 이 쉽지 않은 베풂에 대해 또 하나의 단서를 달고 있다. '베풀되 베푼다는 생각이 없는 베풂'이어야 한다는 이른바 '무주상보시無住相布施'를 제시하였다. 이 같은 '무주상보시'가 되어야만 아인사상我人四相을 여읜 보살이 될 수 있고, 보살이 되어야 '무상정등각'을 이룰 수 있다는 것이다.

이와 같은 붓다의 가르침을 선뜻 이해하지 못하는 청중들에게 붓다는 이 경에서 처음으로 복덕이라는 카드를 꺼낸다. 이러한 보시공덕은 '사방 내지 사유상하의 허공만큼 크고도 크다'라고 한 것이다.

보시를 간략히 설명하면 '베풂'이다. 그리고 그 베풂에는 돈과 재물이 우선이다. 이러한 돈과 재물은 모든 사람이 추구하는 생존 수단으로서 동서고금 어디를 봐도 이를 추구하지 않은 적이 없으며, 수많은 왕조와 교단의 흥망성쇠 또한 이 돈과 재물 때문이다. 그래서 '돈과 재물은 잘 쓰면 천사가 되지만, 잘못 쓰면 재앙이 된다'고 하였다. 하지만 역사는 천사의 기록보다 재앙의 기록이 많이 차지하기 때문에 우리는 이 '보시'의 구절에서 또 한 번 머뭇하는 것이다.

그러나 '위로는 지혜를 구하고 아래로는 중생을 교화'하는 보살이 되려면 먼저 '나'라는 '아상'과 내 것이라는 '아소집'을 버려야 하지만, 이 아상과 아집을 버리기가 여간 어려운 일이 아니다. 설령 자신은 여의었다 하더라도 그것은 남에게 보여 주기 위한 가식假飾이고, 또한 참으로 여의었다 하더라도 조금이라도 방심放心하게 되면 아상과 아집이 튀어나와 자기도 모르는 사이에 자신을 속이는 기심欺心으로 나아가기 마련이다. 즉 '누군가 지켜보지 않거나' 또는 '남 모를 때 한 번쯤' 하는 자기기만自己欺瞞이다. 그러나 이같이 여의기 어려운 '나'와 '내 것'을 남에게 베푼다는 생각 없이 베풀었을 때 지혜와 자비의 종자가 내 안에서 생겨나, 내가 우주자연과 하나가 되는 실마리를 싹 틔우게 되는 것이다. 따라서 붓다가 말한 충만의 실마리는 '베풀되 베푼다는 생각 없이 베푸는 보살'에게만 주어지는 복덕이라고 하였다.

이 같은 수보리의 물음에 함허 선사는 다음과 같이 말한다. "위의 문답은 무주無住와 무상無相의 뜻을 밝혀 증득하는 것이다. 이러한 무주 · 무상의 뜻은 매우 깊고 알기 어려워 사람의 정서에 가깝지 않으므로, 성인에 이르기는 더욱 아득하여 혹 믿지 못할까 해서 물은 것이다. 하지만 이것은 중생의 일상에서 벗어남이 없고, 또한 과거 · 현재 ·

미래에도 두루 미치게 된다. 이로 말미암아 비록 말세라곤 하나 수승한 근기가 있다면 반드시 신심을 내어, 이 무주 · 무상의 뜻으로 실다움을 삼는다. 무상은 텅 비어 현묘한 도道이고, 무주는 집착이 없는 참된 근본이니, 만약 진종眞宗과 묘도妙道라면 법신보다 높은 것이다"[47]

● **佛告須菩提 莫作是說 如來滅後後五百歲 有持戒修福者 於此章句 能生信心 以此爲實 當知是人 不於一佛二佛三四五佛而種善根 已於無量千萬佛所 種諸善根 聞是章句 乃至一念 生淨信者**

붓다가 수보리에게 말했다. "그런 걱정은 하지 말라. 여래가 이 세상을 떠난 뒤 후오백세에 이르러 정법이 쇠퇴했을 때라도 이 같은 가르침을 지니고[持戒] 복을 짓는[作福] 사람이 있을 것이다. 이러한 경전의 글귀에서 능히 믿음을 일으켜 그것을 진실로 믿게 될 것이다. 그러므로 그대는 마땅히 알아야 한다. 이러한 믿음을 일으킨 사람은 한 부처나 두 부처, 셋 · 넷 · 다섯 부처에게 귀의하여 선근을 심은 것이 아니라, 이미 헤아릴 수 없이 많은 천만 부처의 처소에서 모두 선근을 심어 놓았기 때문에 이 글귀를 듣고 오로지 한 생각으로 깨끗한 믿음을 일으킬 것이니라"

---

47 "上來問答 之明得無住無相之義 若是無住無相之義 甚深難解 不近人情 去聖愈遠 容有不信 故問也 然 此固不外乎衆生日用 亦乃該通過現未來 由是 雖是末世 如有勝機 必當生信以此無住無相之義 以爲實然也 無相 是虛玄妙道 無住 是無着眞宗 若是眞宗妙道 直是法身向上"『金剛經五家解』「正信希有分第六」'說誼'.

이 구절에서 붓다는 앞 장에서보다는 다소 느긋함을 보인다. 그것은 수보리존자가 붓다의 참뜻을 알고는 '이렇게 소중한 가르침이 후오백세까지 전해질 수 있겠느냐'고 하는 수보리의 반문 속에서 긍정성을 읽어 내었기 때문이다. 하지만 여기서 우리가 주목해야 할 것은 '후오백세'이다. 붓다가 돌아가신 뒤의 일을 기록한 『대집경大集經』에는 붓다의 입멸 후, 다섯 번의 오백년을 가정하여 오백년마다 불교가 조금씩 쇠퇴해 간다고 하였다. 즉 첫 번째 오백년에는 해탈이 굳어지고[解脫堅固], 두 번째 오백년에는 선정이 굳어지고[禪定堅固], 세 번째 오백년에는 다문이 굳어지고[多聞堅固], 네 번째 오백년에는 절[寺]과 탑[塔]을 세우는 일이 굳어지고[塔寺堅固], 다섯 번째 오백년에는 다툼이 굳어진다[鬪爭堅固]고 하였다.

다시 말해 첫 오백년은 정법시正法時로서 정법이 펴져 가르침[教]과 수행[行]으로 증과證果가 드러나는 시기이고, 다음의 오백년은 상법시像法時로서 정법시와 비슷하나 증과가 없는 시기이다. 그 이후는 말법시末法時로 가르침은 있으나 수행과 증과가 없는 시기라는 것이다. 이에 정법시와 상법시를 각각 일천년으로 보는 견해도 있으나 혹자는 정법 오백년, 상법 일천년, 말법 일만년이라는 설도 제기한다. 하지만 이 구절에서 말하는 '후오백년'은 제2 상법시로서 교단이 문란하게 변한다는 설과 또는 다툼이 깊어지는 말법시를 가리킨다는 설도 있다.

이러한 신심信心에 대해 혜능 선사는 "신심이란, 반야바라밀이 일체 번뇌를 능히 제거할 수 있음을 믿고, 반야바라밀이 일체의 세간 공덕을 성취할 수 있음을 믿으며, 반야바라밀이 일체 제불을 나타나게 함을 믿는 것이다. 또 자기 안에 있는 불성이 본래 청정하여 오염됨이 없으니 모든 불성과 함께 평등하여 둘 아님을 믿고, 육도중생이 본래 상이 없음을 믿으며, 일체중생이 모두 성불할 수 있음을 믿는, 이것을 깨끗한 믿음의 마음[淨信心]이라 한다"[48]고 하였다.

● **須菩提 如來悉知悉見是諸衆生 得如是無量福德 何以故 是諸衆生 無復我相人相衆生相壽者相 無法相 亦無非法相 何以故 是諸衆生 若心取相 則爲着我人衆生壽者 若取法相 卽着我人衆生壽者**

붓다가 수보리에게 말했다. "수보리여! 여래는 그런 깨끗한 믿음을 일으킨 중생들이 헤아릴 수 없을 만큼의 복덕을 얻게 됨을 다 알고 모두 꿰뚫어 보고 있느니라. 왜냐하면 이러한 모든 중생은 아상·인상·중생상·수자상을 다시 지니지 않으며 법의 상[法相]도 없고, 또한 법 아닌 상[非法相]도 없기 때문이다. 왜 그런가 하면 이 모든 중생이 만약 마음에 상相을 취하게 되면 바로 아인사상에 집착하게 되고, 법의 상을 취해도 아인사상에 집착하기 때문이다"

즉 깨끗한 믿음을 일으킨 선남자선여인은 충만한 복덕을 지녔으므로 그런 사람은 다시 아상과 아소집에 빠져 구차한 삶을 살지 않는다

48 "信心者 信般若波羅蜜 能除一切煩惱 信般若波羅蜜 能成就一切出世功德 信般若波羅蜜 能出生一切諸佛 信自身中佛性 本來淸淨 無有汚染 與諸佛性 平等無二 信六度衆生 本來無相 信一切衆生 盡能成佛 是名淨信心也"『金剛經五家解』「正信希有分第六」'六祖'.

는 것을 여래는 훤히 내다본다는 것이다. 또한 그러한 선남자선여인은 붓다의 가르침을 지녔다는 상도 없으며, 붓다의 가르침이 아니라는 상도 갖지 않는다. 다시 말해 법상이 없으므로 이름과 상을 떠나 문자에 매이지 않으며, 법상 아닌 것이 없으므로 모든 현상이 다 반야바라밀이고 붓다의 가르침이라는 것이다.

여기서 혜능 선사는 사상四相이 없음에 대해 다음과 같이 말한다. “만약 어떤 사람이 깊은 가르침을 듣고 일심으로 받들어 지니면, 반야바라밀의 상과 집착이 없음[無相無着]을 행하여, 마침내 아인중생수자의 사상이 없어진다. 나[我]라는 상相이 없으면 수상행식이 없음이고, 너[人]라는 인상人相이 없으면 사대四大가 실제로 있는 것이 아니니 마침내 지수화풍으로 돌아감이요, 중생이 없다는 것은 생멸의 마음이 없음이고, 수자가 없다는 것은 내 몸이 본래 없음인데 어찌 목숨이 있다 하겠는가! 사상四相이 이미 없으므로 법안法眼이 밝아지고, 유무에 집착하지 않으므로 양변을 멀리 떠나며, 자기 마음의 여래를 스스로 깨달아 자각하므로 영원히 번뇌의 헛된 생각[塵勞妄念]을 여의어 저절로 복을 얻음이 끝이 없구나. 무법상無法相이란 이름을 떠나고 상을 떠나서 문자에 매이지 않음이고, 역무비법상亦無非法相이란 반야바라밀법이 없음을 말하여 얻는 것이 아니다. 만약 반야바라밀법이 없다고 한다면 바로 이 법을 비방하는 것이다”[49]

49 “若有人 聞上乘法 一心受持 卽能行般若波羅蜜無相無着之行 了無我人衆生壽者四相 無我者 無受想行識也 無人者 了四大不實 終歸地水火風也 無衆生者 無生滅心也 無壽者者 我身本無 寧有壽者 四相旣無 卽法眼明徹 不着有無 遠離二邊 自心如來 自悟自覺 永離塵勞

또 야부 선사는 "법상이여! 비법상이여! / 주먹을 펴니 다시 손바닥이로구나 / 뜬구름이 푸른 하늘에 흩어지니 / 만리 하늘이 온통 푸른 빛이로구나"[50]라며 법상과 비법상이 하나의 모양이므로 둘 다 취할 바가 없다고 하였다. 즉 중생이 만약 마음에 상을 취하거나, 또는 붓다의 가르침이라는 상을 갖는다면, 또다시 아인사상에 집착하게 된다는 것이다.

그러나 붓다가 확신하고 있는 것은 선남자선여인이 우주자연과 하나[梵我一如]가 되는 깨달음의 길을 알고 난 후에는 만사만물이 모두 법상 아닌 것이 없음을 깨닫게 되므로 어떠한 외경에도 흔들림 없이 정진하게 된다는 것을 자신의 수행으로 믿고 있는 것이다. 그런 후 그 까닭을 설명한다.

● **何以故 若取非法相 卽着我人衆生壽者 是故 不應取法 不應取非法 以是義故 如來常說 汝等比丘 知我說法 如筏喩者 法常應捨 何況非法**

"무슨 까닭인가! 만약 법 아닌 상을 취하더라도 곧 아인·중생·수자상에 집착할 것이므로, 마땅히 법의 상도 취하지 말 것이며 법 아닌 상도 취하지 말아야 하느니라. 이러한 마음의 미묘한 작용이 있기 때문에 여래가 항상 말하기를 '너희들 비구는 내가 설한 법이 강을 건너

妄念 自然得福無邊 無法相者 離名絶相 不拘文字也 亦無非法相者 不得言無般若波羅蜜法 若言無般若波羅蜜法 卽是謗法"『金剛經五家解』「正信希有分第六」'六祖'.

50 "法相非法相 開拳復成掌 浮雲散碧空 萬里天一樣"『金剛經五家解』「正信希有分第六」'冶父'.

는 떼배와 같다고 비유한 이유를 알아야 한다' 법도 마땅히 버려야 하거늘 하물며 법 아님에 있었으랴!"

여기서 붓다는 자신의 교설을 처음으로 '떼배'에 비유하고 있다. 즉 '강을 건넜으면 배를 버려야 하듯이 여래의 가르침도 버려야 하거늘 하물며 법 아님에 있었으랴'라며 자신의 가르침도 버리라고 단호하게 말한다. 이러한 붓다의 교설은 불교 이외 여타의 성현聖賢들 말씀에서는 찾아보기 어렵다. 그리고 팔만장경 가운데서도 『금강경』 이외에 이러한 단언은 흔치 않다.

이것을 함허 선사는 "법을 취함[取法]은 다만 법이 바로 법 아님을 알지 못하기 때문이요, 법 아님을 취함[取非法]도 다만 비법이 바로 법임을 알지 못하기 때문이다. 일진법계一眞法界는 옳고 그름도 없으며, 이같이 없다는 것 또한 없는 것이다"[51]라며 법계法界에는 오직 하나의 진리만 있기 때문이라고 말하였다.

이렇게 취하지 말아야 함[不取]을 부대사는 "강을 건널 때는 모름지기 뗏목을 사용하고 / 언덕에 이르러서는 마땅히 쓰지 않음이라 / 인人과 법法에는 내[我]가 없음을 알아 / 이치를 깨달았으니 어찌 방편[筌]을 힘들게 하리오 / 중도中道에도 빠질 수 있거늘 / 누가 양변이 있음을 논하겠는가 / 있고 없음에서 하나를 취하게 되면 / 곧 마음 밭을 더럽힘

51 "取法 只由不知法卽非法 取非法 只由不知非法卽法 一眞法界 無是無非 此無亦無"『金剛經五家解』「正信希有分第六」'說誼'.

이라"[52]라고 하였다. 요컨대 무상정등각無上正等覺을 이루려면 좌우左右, 중도中道, 유무有無를 모두 다 버려야 한다는 것이다.

52 "渡河須用筏 到岸不須船 人法知無我 悟理詎勞筌 中流仍被溺 誰論在二邊 有無如取一 卽被汚心田" 上揭書, '傅大士'.

제7 얻음도 없고, 말함도 없다

無得無說分 第七
무득무설분 제칠

須菩提여 於意云何오 如來ㅣ得阿耨多羅三藐三菩提耶
수보리 어의운하 여래 득아뇩다라삼막삼보리야

아 如來ㅣ有所說法耶아 須菩提言하대 如我解佛所說義로는
여래 유소설법야 수보리언 여아해불소설의

無有定法을 名阿耨多羅三藐三菩提며 亦無有定法을 如來
무유정법 명아뇩다라삼막삼보리 역무유정법 여래

可說이니 何以故오 如來所說法은 皆不可取며 不可說이며 非
가설 하이고 여래소설법 개불가취 불가설 비

法이며 非ㅣ非法이니다 所以者何오 一切賢聖이 皆以無爲法에
법 비 비법 소이자하 일체현성 개이무위법

而有差別이니다 〈原文98字〉
이유차별

【字解】

"수보리여! 그대 생각은 어떠한가. 여래가 아뇩다라삼막삼보리를 체득했다고 보는가, 또는 여래가 가르친 법이 있다고 보는가?" 이에 수보리가 말했다. "붓다께서 설하신 뜻을 제가 알기로는 일정한 법이 있지

않은 것을 무상정등각이라 이름하였으며, 또한 일정한 법이 없는 것을 여래께서 설하신 것입니다. 무슨 까닭이냐 하면, 여래께서 설하신 법은 모두 파악할 수 없을 뿐만 아니라, 말할 수도 없으며, 또한 법이 아니며 법 아님도 아니기 때문입니다. 왜냐하면 모든 성현이 모두 무위법으로써 차별을 두었기 때문입니다"

【講解】

● **須菩提 於意云何 如來得阿耨多羅三藐三菩提耶 如來有所說法耶**

붓다가 수보리에게 물었다. "수보리여! 그대 생각은 어떠한가? 내가 무상정등각을 이루었다고 보는가, 또 내가 그 깨달은 바의 교설을 설했다고 보는가?"

붓다가 수보리에게 이 같은 질문을 한 것에 대해 우리는 다시 고개를 갸웃하게 된다. 왜냐하면 6장까지는 선남자선여인이 무상정등각을 이루기 위해서는 먼저 아인사상을 여의어 보살이 되어야 하고, 보살은 그러한 무주상보시의 공덕으로 깨달음의 길로 들어설 수 있다고 하였다. 그런데 이 장에서는 수보리를 비롯한 많은 제자들에게 '그대들은 내가 깨달음을 이룬 부처라고 생각하는가, 또는 내가 그러한 깨침에 대해 말했다고 생각하는가?'라며 반문하는 것이다.

싯다르타 태자는 29세에 생로병사의 일대사 인연을 규명하기 위해 왕궁을 나와 6년의 고행 끝에 사람의 몸과 마음을 이루는 오온五蘊이 모두 비었음[空]을 비추어 보고[寂照] 무상정등각을 이루었다. 그런 후,

그 깨달은 바를 일체중생에게 전하기 위해 49년간 몸소 실천하면서 때론 뭉뚱그려 설하거나[橫也說], 때론 상하본말을 가려 현상의 본질을 설명[竪也說]하였다. 그래서 많은 제자들이 그의 가르침을 따르고자 기원정사에 모여 '위없이 바르고 평등한 깨우침'을 듣고 있는 자리에서 '그대들은 내가 부처라고 생각하는가, 또는 내가 그대들에게 그러한 가르침을 설했다고 생각하는가?'라고 되묻는 것이다. 이에 청중들은 '자신의 지나온 행적과 지금까지 설한 교설을 무엇 때문에 역설적으로 확인하고자 하는가?'라며 의구심을 가졌을 것이다.

● **須菩提言 如我解佛所說義 無有定法 名阿耨多羅三藐三菩提 亦無有定法 如來可說**

이에 수보리가 말했다. "제가 붓다의 설하신 뜻을 이해하기로는 (무상정등각의) 법에는 정해진 것이 없으므로 아뇩다라삼막삼보리라 이름하였고, 또한 여래께서도 '정해진 법이 없음'을 설하신 것입니다"

이 글의 주어는 '무상정등각'과 '무유정법'이다. 그렇다면 '어찌 무상정등각에는 정해진 법法이 없다는 것인가?' 즉 무상정등각에는 정해진 법이 없으므로 이름하여 무상정등각이며, 여래 또한 정해진 바 없는 법을 설한 것이다. 다시 말해 붓다는 외경에서 일어나는 사물의 현상을 설한 것이 아니라, 의식의 근원인 무의식의 심층세계에 대해 물었으며, 수보리는 이것이 심층세계의 물음임을 알고 답한 것이다. 그런 다음 자신의 답변에 대해 다시 보충하여 설명하고 있다.

이러한 '무유정법'에 관해 『무문관』 제3칙에는 다음과 같은 일화逸話가 있다.

> 성당盛唐 때의 구지 화상俱胝和尙은 누군가가 도道에 대해 물으면, 다만 엄지손가락만 내보일 뿐이었다. 어느 날 구지 화상이 없을 때, 방문객이 동자승에게 물었다. "스님께선 어떤 법요를 설하시던고?" 그러자 동자 역시 구지 화상을 흉내 내어 엄지손가락을 들어 보였다. 뒷날 이 말을 들은 구지 화상은 자신의 물음에 동자가 손가락을 들자, 단번에 칼로 베어 버렸다. 동자가 아파 울면서 달아날 때, 화상이 다시 불렀다. 동자가 머리를 돌리자 화상이 자신의 엄지손가락을 들어 보였다. 이때 동자는 홀연히 그 뜻을 알아차렸다.[53]

구지 화상은 누가 무엇을 물어 와도 엄지손가락만 들어 내보였다. 그래서 이름도 구지였다. 이를 지켜본 동자승 역시 누군가가 스승의 가르침에 대해 물으면 똑같이 엄지손가락을 들어 보였다. 이 얘기를 들은 구지 화상이 어느 날 동자승을 불러 '무엇이 부처인고[如何是佛]'라고 묻자, 동자는 화상이 하던 대로 엄지손가락을 들었다. 그때 구지 화상은 칼로 그 손가락을 잘라 버렸다. 아파서 달아나는 동자승을 불러

53 "俱胝和尙 凡有詰問 唯擧一指 後有童子 因外人問 和尙說何法要 童子亦竪指頭 胝聞遂以刀斷其指 童子負痛號哭而去 胝復召之 童子廻首 胝去竪起指 童子忽然領悟"『無門關』 제3칙「俱胝竪指」.

세워 다시 물었다. '무엇을 부처라 하는고?' 동자는 종래 버릇처럼 엄지손가락을 들었으나 엄지손가락이 없음을 보고 불현듯 그 의문[空性]이 열리게 되었다는 것이다. 이 일화는 스승을 흉내 내는 것을 경책한 것이지만, 그 속엣말은 흉내를 통해서도 깨달음에 이를 수 있다는 이른바 '무유정법'을 시사한 글이다.

이에 대해 육조 혜능은 "아뇩다라는 밖으로부터 얻는 것이 아니라, 다만 마음에 나라는 것[我所]이 없는 그것이 바로 이것이다. 병에 따라 약을 처방하듯 마땅함에 따라 설하니, 어찌 정해진 법이 있다 하겠는가! 여래가 설한 위없는 바른 법은 마음에는 본래 얻음이 없으나, 그렇다고 얻지 못했다 말하지도 못한다. 다만 중생들의 소견所見이 같지 않으므로 여래가 그 근기根幾에 따라 각기 방편으로 열어 주고 이끌어서 그들로 하여금 모든 집착을 여의게 하는 것이다"[54]고 하였다.

● **何以故 如來所說法 皆不可取 不可說 非法 非非法 所以者何 一切賢聖 皆以無爲法 而有差別**

"왜냐하면 여래께서 설하신 법은 모두 취할 수도 없고, 말할 수도 없으며, 법도 아니고 법 아님도 아니기 때문입니다. 그 까닭은 모든 현성이 모두 무위법無爲法으로써 차등을 두어 구별하였기 때문입니다"

54 "阿耨多羅 非從外得 但心無我所 卽是也 祇緣對病設藥 隨宜爲說 何有定法乎 如來說 無上正法 心本無得 亦不言不得 但爲衆生 所見不同 如來 應彼根性 種種方便 開誘化導 俾其離諸執着" 『金剛經五家解』「無得無說分第七」'六祖'.

무위법은 인위적인 것이 아닌 자연법칙으로 이 말의 상대어는 유위법이다. 따라서 유위법이란, 하고자 하는 인因과 그 결과로서 드러나는 연緣의 현상을 말하며, 무위법은 하고자 함이 없는 본질의 현상이다. 다시 말해 무상정등각의 깨달음은 보고 듣는 현상 그대로를 법으로 삼았기 때문에 인위적으로 제어制御하여 취하거나 말할 수 있는 것이 아니다. 따라서 모든 현성賢聖들은 이러한 무위법으로 차등을 두어 구별하였다고 한 것이다.

'붓다의 자비는 평등하고 차별이 없다'고 한다. 그런데 현성이란 어떤 사람을 가리키며, 또 이러한 현성들이 무위법으로 차별을 두었다는 것은 무엇인가?

현성은 현자(賢者, āryā)와 성자(聖者, pandita)를 말한다. 현자란 '신의가 두터운' '자기 종족에 관련하여 존경받는' '고귀하다' 등의 뜻이 있다. 음역으로는 아리이阿梨夷라고 한다. 또 현자는 지극한 존경과 숭배를 받는 사람이다. 계급의 차이가 현저한 고대 인도의 종교에 나타나며 봉건적 위계질서(hierarchy)에 속한다. 그런데 성자(聖子, ātma-ja)는 지극히 성스러운 석존釋尊을 가리킨다.

이 같은 현성을 유가적으로 해석하면, 성인聖人과 현인賢人으로 나눌 수 있다. 공자는 이에 대해 『역경易經』 '중천건괘(☰)'와 「계사전」에서 "성인이 세상에 나와 만물이 작용함을 보매, 하늘을 근본으로 하는 자는 위로 친하고, 땅을 근본으로 하는 자는 아래로 친하니, 각기 그 유형을 따른다"[55]고 하였다. 그리고 현인에 대해서는 "오래갈 수 있음은 현인의 덕이요, 위대할 수 있음은 현인의 업적이다"[56]고 하였다. 하지만 묵자(墨子, BC.490~403頃)는 「겸애편」에서 "성인은 천하를 다스리는 사람이다[聖人 以治天下爲事者也]"라며 중국사상사에서 최초로 통치자를 성인으로 정의하였다.

따라서 현성을 성인으로 해석한다면 석존 시대의 공자와 노자에 비유할 수 있고, 이 경을 한역한 시기인 서기 400년 전후는 불멸 이후 약 900년이 되는 시기이다. 이때의 현인이라면 5대 10국의 시대로서 유·불·도 삼가三家와 백가百家의 현인은 헤아릴 수 없다. 그런데 이 장의 마지막에서 "모든 현성들이 무위법으로써 차등을 두었다"는 것은 세간에서는 유위법으로 신분의 차별을 두지만, 불가에서는 무위법, 즉 무상정등각에 따라 부처와 보살, 성문과 연각, 방장과 조실로 차등을 두었다는 것이다.

이것을 함허 선사는 "일체 현성이 증득한 법은 모두 무위로써 차등을 두고 나누었으니, 이 차등이 바로 무위인 것이다. 중간과 양변을 멀리 벗어난 이것이 바로 한 맛의 무위법인 것으로 성문聲聞에 있어서는 사제(四諦, 苦集滅道)이고, 연각緣覺에 있어서는 12인연이라 하며, 보살에 있어서는 육바라밀이라 한다. 이 육도·12인연과 사성제는 일일이 취할 것도 없고, 설할 수도 없는 것이다"[57]며 무위법에 따른 차등과 구별

55 "聖人 作而萬物覩 本乎天者親上 本乎地者親下 則各從其類也"『易經』 제1「重天乾卦」'九五彖辭'.
56 "可久則賢人之德 可大則賢人之業"『易經』「繫辭傳」上 '제1장'.
57 "一切賢聖所證法 皆以無爲 有差別 而此差別 卽無爲 逈出中間與二邊 伊麽則一味無爲法

은 있을 수 있으나 일일이 취할 바는 없다고 하였다.

이 같은 무유정법無有定法과 무위법無爲法을 북송의 영명 연수(永明延壽, 904~975) 선사는 다음과 같이 말한다.

"모든 부처의 깨달음에는 정해진 법이 없기 때문에 '최상의 깨달음'이라고 일컫는다. 사람의 병病이 같지 않듯, 가르침의 약藥도 다르다. 의생醫生은 가루약만 쓰지 않으며, 하늘은 항상 맑지 않다. 따라서 어떤 이는 법문을 듣고 깨닫는가 하면, 어떤 이는 좌선으로 깨닫고, 어떤 이는 경문을 외워서 깨달으며, 또 어떤 이는 계戒를 지켜 진리를 증득한다. 이와 같이 모든 부처의 큰 뜻은 오로지 중생을 제도하기 위해 본뜻을 품고 있다. 만약 제도할 수 없는 사람은 진실한 법을 설해도 불법에 들지 못하고, 제도할 수 있는 사람은 거짓 법을 설해도 저 언덕에 이를 수 있다. 그러므로 붓다가 말하기를 '만약 거짓으로 제도될 수 있는 사람이라면, 나 또한 거짓말을 하리라'고 단언하였다. 보살이 육도만행을 닦는 것은 마치 시신尸身을 타고 바다를 건넘과 같고, 옥에 갇힌 수인이 측간廁間 속을 지나 탈옥하는 것과 같이 끝내는 하나의 법이 정해짐이 없다. 정해진 법이 없다는 것은 거짓을 배척하여 진실을 도모하거나, 이것을 버리고 저것을 취하여 스스로를 포승줄로 묶는 것과 같은 것이다. 의혹에 갇힌 생각으로 헤아리는 소견이 없지 않아, 큰

在聲聞則名四諦 在緣覺則名因緣 在菩薩則名六度 六度因緣與四諦 一一無取不可說"『金剛經五家解』「無得無說分第七」'說誼'.

실수를 부르게 된다"[58]

주지하듯, 인류사의 시작은 차별로 시작되어 차별로 이어져 왔다. 그리고 미래 또한 이 차별에서 벗어날 수 없을 것이다. 인종의 차별과 문벌의 차이, 가진 자와 가지지 못한 자의 차별로 파생된 인간관계는 천태만상으로 벌어진다. 그래서 이 차이와 차별에 회심의 미소를 짓는 사람이 있는가 하면, 상처 받고 아파하다 원한과 증오로 변하여 서로가 서로를 망치는 다툼과 전쟁으로 드러난다.

따라서 정의사회란, 누구에게나 평등한 기회와 절차가 주어지고, 그 주어진 기회에 따라 정당한 노력과 경쟁이 되어야 이루어지는 것이다. 그리고 이러한 비판적 사고와 합리적 판단으로 국가사회에 참여하는 것이 바로 정의사회의 요체가 된다. 그렇다면 과연 정의사회만으로 차등과 차별이 극복되고 평등해질 수 있는 것인가?

---

58 "諸佛無有定法故 號阿耨菩提 機病不同 法藥有異 醫不專散 天不長晴 或有聞法悟者 或有坐禪悟者 或有念經得度 或有受戒證眞 諸佛大意 以可度爲懷 說不可度者 說眞實法 亦不得入 若可度者 說虛妄法 亦得超彼 故佛言 若以虛妄得度者 我亦妄語 菩薩 修六度萬行 如乘死屍過海 亦如囚禁 廁孔得脫 終不定一法 是定一法非 乃至斥妄謨眞 捨此取彼 並是執縛自繩 疑網所籠 情見不忘 致玆大失" 永明 延壽 著,『受菩薩戒法序』下.

●●

제8 불법은 空性에서 나오다

依法出生分 第八
의 법 출 생 분 제 팔

須菩提여 於意云何오 若人이 滿三千大千世界七寶로 以用布
수 보 리 어 의 운 하 약 인 만 삼 천 대 천 세 계 칠 보 이 용 보

施하면 是人은 所得福德이 寧爲多不아 須菩提言하대 甚多니
시 시 인 소 득 복 덕 영 위 다 부 수 보 리 언 심 다

다 世尊하 何以故오 是福德이 卽非福德性일새 是故로 如來說
세 존 하 이 고 시 복 덕 즉 비 복 덕 성 시 고 여 래 설

福德多니이다 若復有人이 於此經中에 受持乃至四句偈等하야
복 덕 다 약 부 유 인 어 차 경 중 수 지 내 지 사 구 게 등

爲他人說하면 其福이 勝彼니 何以故오 須菩提여 一切諸佛과
위 타 인 설 기 복 승 피 하 이 고 수 보 리 일 체 제 불

及諸佛ㅣ 阿耨多羅三藐三菩提法이 皆從此經出이니라 須菩
급 제 불 아 뇩 다 라 삼 먁 삼 보 리 법 개 종 차 경 출 수 보

提여 所爲佛法者는 卽非佛法이니라 〈原文123字〉
리 소 위 불 법 자 즉 비 불 법

【字解】

"수보리여! 그대 생각은 어떠한가. 만약 어떤 사람이 삼천대천세계

三千大千世界에 가득한 칠보七寶로써 보시한다면 이 사람의 복덕이 정녕 많다고 하겠는가?" 수보리가 말했다. "매우 많습니다. 세존이시여! 왜냐하면 이 복덕은 바로 복덕성福德性이 아니기 때문입니다. 그러므로 여래께서 복덕이 많다고 말씀하신 것입니다" 이에 붓다는 "만약 어떤 사람이 이 경문 가운데 사구게四句偈만이라도 받아 지녀서 다른 사람을 위해 설명해 준다면, 그 복덕은 칠보로 보시한 복덕보다 훨씬 뛰어날 것이니라. 왜 그런가 하면, 수보리여! 일체의 모든 부처와 부처에 이른 이들이 무상정등각에 이른 법은 모두 다 이 경문으로부터 나왔기 때문이니라. 수보리여! 그래서 내가 '불법이라는 것도 곧 불법이 아니다'라고 말한 것이니라"

【講解】

- **須菩提 於意云何 若人 滿三千大千世界七寶 以用布施 是人 所得福德 寧爲多不 須菩提言 甚多 世尊 何以故 是福德 卽非福德性 是故 如來說 福德多**

붓다가 말했다. "수보리여! 그대 생각은 어떠한가. 만약 어떤 사람이 삼천대천세계三千大千世界[59]에 가득한 칠보로써 베푼다면, 이 사람의 복

---

59 삼천대천세계(三千大千世界, trisāhasra mahā-sāhasra-lokadhātu)는 불교 천문학의 신화적 세계관으로 '끝없이 넓은 우주'를 말한다. 수미산須彌山을 중심으로 7개의 금산[七金山]이 일곱 겹으로 둘러싸고, 또 8개의 향수바다[八香海]에 싸였으며, 그 밖에는 철위산鐵圍山이 둘러싸고 있다 한다. 이것을 小世界 또는 四天下라고 한다. 이 소세계가 千이 모인 것을 小千世界라 하고, 소천세계가 천이 모인 것을 中千世界라 하며, 중천세계가 천이 모인 것을 大千世界라 한다. 그리고 대천세계를 삼천 번 더한 것을 삼천대천세계라 한다. 오늘

덕이 정녕 많다고 하겠는가, 적다고 하겠는가?" 이에 수보리가 대답하기를 "매우 많습니다. 세존이시여! 그런데 여래가 말한 이 복덕은 바로 참된 복덕성福德性이 아니기 때문에 여래께서는 복덕이 많다고 말하는 것입니다"라고 하였다.

여기서 석존의 물음은 앞 장에서 '여래의 법은 취할 수도, 말할 수도 없으며, 비법非法이며, 법 아님도 아니다[非非法]'라고 한 것이 훗날의 선남자선여인들이 혹 잘못 이해하거나 가벼이 여길 것을 염려한 나머지 복덕을 비유해서 말한 것이다. 그래서 수보리는 매우 많다고 하면서 '이 복덕은 복덕성이 아니므로 여래께서 많다고 한 것'이라고 하여 붓다의 반어적 설법을 알고 있음을 말하고 있다. 즉 온 우주에 가득 찰 정도의 칠보로 보시를 해도 참된 복덕이 아니기 때문에 우리의 본성本性에는 어떤 영향도 미칠 수 없다는 것이다.

왜냐하면 우리의 본성이란, 본디 나고 죽음도 없고 옳고 그름도 없으며, 있고 없음의 양변을 벗어난 공적한 자리이면서, 또한 여기서 벗어나 있지도 않기 때문에 보시 복덕의 영향을 받지 않는다는 것이다. 하지만 이같이 쉽고 간략한 붓다의 가르침이 우리에게 와 닿지 않는 것은 무엇 때문인가? 그것은 눈앞에 보이는 것 이외의 현상은 믿지 않으려는 중생의 얇은 근기와 세간의 부조리에 대한 불신 때문이 아닌가 한다.

날의 숫자로 말한다면 1000^3으로 곧 10억의 세계이다.

이에 대해 함허 선사는 "복덕성福德性이란, 능소能所를 떠나고, 시비是非가 끊어지며, 존망存亡이 없고, 득실得失도 없는 참으로 깨끗한 무루無漏[60]가 이것이다. 이러한 복덕은 허공과 같아 헤아리기 어렵고, 대상이 없어 비교할 수 없으니, 많고 적음이나 그 대상으로 말하여 설명할 수 없는 것이다. 그러나 여기서는 이와 반대로 단지 많다는 명분으로 설할 수 있을 뿐, 마땅히 무량무변이라고 말하지 못하는 것이다"[61]고 하였다. 즉 이 경의 이치를 깨달아 무심으로 행하는 보시 복덕은 무주행無住行으로 불가사량하지만, 삼천대천세계의 칠보로써 보시하는 복덕은 단지 많다[多]고 말한 이유를 설명한 것이다.

또 야부 선사는 "일은 무심으로 해야 이루어진다[事向無心得]"며 한마디로 무아無我에서 무심無心으로 행해야 무주행無住行이 된다고 하였다.

● **若復有人 於此經中 受持乃至四句偈等 爲他人說 其福勝彼 何以故 須菩提 一切諸佛 及諸佛阿耨多羅三藐三菩提法 皆從此經出 須菩提 所謂佛法者 卽非佛法**

이에 붓다가 말하기를 "만약에 어떤 사람이 이 경문經文 가운데 사구게四句偈만이라도 받아 지녀 다른 사람을 위해 설명해 준다면, 그 복덕

---

60 무루(無漏, anāsrava)는 유루有漏의 상대어이다. 누(漏, āsrava)는 번뇌의 다른 이름으로 유루와 무루는 번뇌의 더럽힘이 있고 없음에 따라 나뉜다. 유위법에 있으면서도 번뇌에 더럽히지 않는 것을 무루라 하고, 무위법이 바로 무루인 것이다.

61 "福德性者 離能所絶是非 泯存亡無得失 眞淨無漏者是 如是福德 等空難量 絶對無倫 不應以多少待對之言稱之 今則反是 只可說名爲多 不應以無量無邊稱之"『金剛經五家解』「依法出生分第八」'說誼'.

은 칠보로 보시한 복덕보다 훨씬 뛰어날 것이다. 왜냐하면 수보리여! 일체의 모든 부처나 부처의 무상정등각에 이르고자 하는 법은 모두 이 경문으로부터 나왔기 때문이다. 수보리여! 그래서 이른바 불법이라는 것도 불법이 아닌 것이다"라고 하였다.

앞에서 붓다는 삼천대천세계에 가득한 칠보로써 행하는 보시 복덕도 매우 크지만, 이 경문 가운데 사구게만이라도 받아 지녀 다른 사람을 위해 설해 주는 보시 복덕은 앞의 복덕보다 훨씬 뛰어나다고 하였다. 여기서 사구게란 제5분에 나온 '범소유상 개시허망 약견제상비상 즉견여래'를 말하는 것으로, 진리의 한 구절을 읽고 깨달아서 그것을 남에게 전해 주는 법보시法布施가 곳간의 재보시財布施보다 그 공덕이 뛰어나다고 하였다. 그러면서 붓다는 이러한 무상정등각의 모든 법은 모두 이 경으로부터 나온 것이라며 『금강경』의 중요성을 천명闡明한 것이다.

여기서 '차경此經'에 대해 혜능은 다음과 같이 말한다. "이 경이란, 이 한 권의 글을 가리키는 것이 아니라, 요컨대 불성佛性이 체體로부터 나와 용用을 일으켜 묘한 이로움이 무궁하게 드러나는 것이다. 반야라는 것은 바로 지혜이니, 지智는 방편으로써 공덕을 삼음이고, 혜慧는 결단으로써 작용을 삼음이다. 즉 일체의 시간 가운데 깨달아 마음을 비춰 보는[覺照心] 것이다. 일체제불과 무상정등각에 이르는 법이 모두 깨달아 비춰 보는 것으로부터 생겨나므로, 붓다는 이 경으로부터 나온다고 하였다"[62]

하지만 붓다는 "이른바 불법이라는 것도 불법이 아니다[所謂佛法者 卽非佛法]"라며 또 다시 역설적으로 말한다. 그렇다면 붓다가 말한 즉비불법卽非佛法은 무슨 의미인가? 여기서 이 경에 능숙한 독자들은 웃음을 짓겠지만, 초심자는 또 다시 난독에 부딪히게 된다.

요컨대 우리가 지금까지 읽어 온 제1분에서 제8분까지를 되짚어 보면, 붓다는 문단과 문단을 이어 오면서 우리의 의식세계를 한 단계씩 끌어올려 마침내 이 장에서 수보리의 말을 빌려 "삼천대천세계를 칠보로 가득 채워 보시하는 이러한 복덕도 본성의 마음자리가 아니기 때문에 외경의 현상으론 많을 뿐이다"라면서 "만약 어떤 사람이 사구게 하나라도 지니고 이것을 다른 사람에게 전해 준다면 그 복덕은 삼천대천의 칠보보다 나을 것이다"고 한 것이다. 그런 후 "모든 부처와 부처의 경지에 이른 이들의 깨달음도 모두 이 경에서 나왔지만, 이러한 불법조차도 불법이 아니다"라고 말한 붓다의 반어적 논리는 독자들로 하여금 절대적 긍정으로 이끌기 위한 역설인 것이다.

이와 같은 붓다의 반어적 역설은 『금강경』 전체에서 23차례 나타난다.[63] 하지만 이것은 『금강경』에만 나타나는 것이 아니다. 『반야심경』

62 "此經者 非指此一卷之文 要顯佛性 從體起用 妙利無窮 般若者卽智慧也 智以方便爲功 慧以決斷爲用 卽一切時中 覺照心是 一切諸佛 及阿耨多羅三藐三菩提法 皆從覺照中生 故云從此經出"『金剛經五家解』「依法出生分第八」'六祖'.

63 5장의 '여래소설신상 즉비신상'과 8장의 '시복덕 즉비복덕성' '소위불법자 즉비불법', 13장 '불설반야바라밀 즉비반야바라밀' '여래설32상 즉시비상', 14장 '아상 즉시비상' '즉비제일

의 '색불이공 공불이색 색즉시공 공즉시색'과 의상조사義湘祖師「법성게法性偈」의 '일즉일체 다즉일' '무량원겁 즉일념' '일념즉시 무량겁' 등에서 흔치 않게 볼 수 있다. 그것은 붓다나 역대 조사들이 자신의 교설 가운데 중요한 요의了義를 청중들에게 강조하거나 정확히 인식시키고자 할 때 그 말의 앞에 '아니 불不'이나 '아닐 비非'라는 접두부정사接頭否定詞를 쓰되, 이 반어를 수식하는 '곧 즉卽'을 반드시 전치사로 쓰고 있다는 사실이다.

이와 같은 반어적 논리구조를 '즉비의 논리卽非の論理'라고 이름하면서 그 의미를 처음으로 분석하고 제시한 사람은 선학자禪學者 스즈키 다이세츠(鈴木大拙, 1870~1966)이다. 그는 1944년 자신이 펴낸『일본적 영성日本的靈性』에서 '붓다가 말한 반야바라밀은 곧 반야바라밀이 아니라, 이름이 반야바라밀이다'라며 '즉비논리'의 대표적 사례로『금강경』제13분을 인용하였다. 그러면서 반야바라밀의 궁극적 의미와 논리구조를 다음과 같이 분석하였다.

바라밀' '일체제상 즉시비상' '일체중생 즉비중생', 17장 '소원일체법자 즉비일체법' '인신장대 즉위비대신' '장엄불토자 즉비장엄', 20장 '구족색신 즉비구족색신' '제상구족 즉비구족', 23장 '여래설 즉비선법', 25장 '유아자 즉비유아' '즉비범부 시명범부', 30장 '불설미진중 즉비미진중' '삼천대천세계 즉비세계' '여래설일합상 즉비일합상', 31장 '즉비아견인견중생견수자견' '즉비법상 시명법상' 등이다. * 여러 선행연구자들 가운데 이러한 반어적 교설이 30여 차례가 있다고 말한다. 그것은 제3장 마지막의 '즉비보살則非菩薩'과 제5장 사구게의 끝부분인 '즉견여래則見如來', 제30장 '즉시일합상則是一合相' 등이『돈황석굴본』과『신수대장경新脩大藏經』에는 모두 '곧 즉卽'으로 되어 있어 이를 즉비논리(卽非の論理)에 포함시키고 있기 때문이다. 그러나『고려본高麗本』에는 '~즉則'으로 교감校勘돼 있어 역자는『고려본』에 따라 서술하였다.

지금부터 『금강경』의 중심사상이라고 생각되는 것을 말하고자 한다. 이것은 선禪을 사상적 측면에서 검토한 것으로, 먼저 이 경 제13분에 있는 "불설반야바라밀은 즉비반야바라밀이요 시명반야바라밀이다"라는 데서부터 시작된다. 이것을 풀어 쓴다면 '붓다가 설한 반야바라밀이라는 것은 즉 반야바라밀이 아니다. 그래서 반야바라밀로 이름 붙인 것이다'라는 것이다. 이것은 반야계般若系사상의 근간根幹을 이루는 논리로서 선禪의 논리이기도 하며, 또 일본적 영성日本的靈性의 논리이기도 하다. 여기서는 반야바라밀이라는 문자를 사용하지만, 이를 대신하여 여러 가지 문자가 사용되어 왔다. 이것을 등식화 하면 다음과 같다.

A는 A라고 하는 것은(AはAだと云ふのは), A는 A가 아니고(AはAでない), 그러므로 A는 A이다(故にAはAである).

이것은 긍정이 부정으로, 부정이 긍정이 되는 것이다. 이 경에서 이것 다음으로 또 이러한 것이 나타난다. 즉 티끌[微塵]이라는 것은 티끌이 아니기 때문에 티끌이 되는 것이다.(제13분) 붓다는 32상을 지녔다고 하는데 이 32상은 32상이 아니라는 것이다.(제13분) 이렇게 안배按配함으로써 모든 관념觀念이 먼저 부정되는 것에서 다시 긍정으로 돌아가게 된다. 이것은 어찌되었든 세간世間의 논리에서는 비합리로 생각된다. 즉 본디 보편적 언어로 말하면 '산山을 보면 산이라 하고, 내[川]를 보면 내가 있다'고 한다. 이

것이 우리의 상식이다. 그런데 반야사상에서는 "산은 산이 아니고, 물은 물이 아니다. 그러므로 산은 산이고, 물은 물이다"라고 한다. 일반적 사고思考로 본다면 매우 비상식적으로 사물을 보는 방법이라 하지 않을 수 없다. 모든 우리의 언어와 관념, 또는 개념槪念이라는 것은 이러한 흐름으로 시작은 긍정으로 들어가 부정을 매개媒介로 하여 본질적인 사물을 보는 방법이 반야 논리의 성격이라는 것이다. 먼저 반야는 6바라밀의 최후 항목으로 거론되지만, 이러한 반야는 실로 보통 의미의 지식이 아니다. 우리의 지식이라는 것은 상식적이거나 과학적이거나 어떠한 사물을 사물 그대로 본다. 하지만 반야의 지혜는 먼저 그 사물을 있는 그대로 받아들이지 않고, 그것을 부정하여 그것은 그렇지 않다고 한 다음, 그 부정에서 긍정으로 되돌아간다는 것이다. 이것은 불필요한 말로서 이 불필요한 도행道行은 굳이 할 필요가 없지 않으냐는 것이다. '소나무는 푸르고 꽃은 붉다' 이것으로 벌써 충분하지 않으냐. 그런데 '버들은 푸르지 않고, 꽃은 붉지 않다'라고 한다면 '버들은 푸르고, 꽃은 붉다'라고 하는 것에 평지풍파를 일으키는 것처럼 우리[修行人]의 머리를 오히려 혼란스럽게 하는 것 아닌가.[64]

64 鈴木大拙 著,『日本的靈性』「般若の論理」(東京, 大東出版社, 昭和21年, 1946,) pp.263~265.

위의 인용문에서 'A는 A이다'라고 하는 것은, 'A는 A가 아니기 때문에 A는 A이다'라는 것이다. 이러한 논리는 일단 A를 부정한 다음, 그 위에 다시 A를 긍정하는 논리 구조이다. 이것은 일상적인 분별지식 내지 형식의 논리에는 모순이지만, 이러한 모순이 인식의 논리, 또는 공성空性을 밝히는 선禪의 논리에서 본다면 그 당위성의 진리를 담고 있으므로 모순이 아니다. 외려 이렇게 포착함으로써 사물의 본질을 파악할 수 있게 되는 것이다. 그 대표적인 것으로 스즈키는 야부 도천이 말한 '산은 산이요 물은 물인데, 부처가 어디 있는가[山是山 水是水 佛在何處]'를 예로 든 것이다.

다시 말해 분별지식은 보통의 형식 논리에 따라 사물을 통찰하고 판단하지만, 이러한 법칙에는 A는 A이고, 또한 A가 아닐 수도 있다는 것이다. 그러므로 앞에서 서술한 '즉비의 논리'는 형식의 논리에서는 어긋나지만, 즉비의 논리에선 A는 A가 아니며, A이기보다는 A가 아니기 때문에 A라고 하게 된다는 것이다. 다시 말해 A가 아니라는 형태로 일단 부정된 것이 아니라면, A라는 형태로 긍정되는 것도 아니라고 할 수밖에 없는 것이다.

이 같은 스즈키 박사의 '즉비논리'는 일본을 비롯한 동서 불학자佛學者들 사이에 논란이 돼 왔다. 이 가운데 일본 현대 철학사상사의 대표적 인물인 니시다 키타로(西田幾多郞, 1870~1945)는 『선의 논리禪の論理』에서 "즉비의 논리는 『일본의 영성日本の靈性』과 함께 다이세츠의 사상적 근간을 이루었다. 이는 다이세츠가 '선의 연구'에서 도출한 그의 독자적 사유 방식의 학설이지만, 사유 방식 자체는 선에 관한 의식적 고찰이다.

선禪은 흔히 말하듯 논리를 기피하므로 논리를 경시한다. 그럼에도 다이세츠가 '논리'라는 말을 인용한 것은 사람과 사람이 소통하고자 할 때는 논리를 통하지 않으면 안 된다는 그 불가피성을 깨달았기 때문이다"라고 하였다.[65]

이와 반대로 고우이치 호우黃一法는 「즉비논리의 오류卽非の論理の誤り」에서 "다이세츠는 붓다가 설한 '반야바라밀(A)은 곧 반야바라밀이 아니라(非A) 이름이 반야바라밀이다'라고 한 것을 자신의 편의로 말을 바꿔 'A와 非A', 즉 긍정과 부정을 하나로 주장하면서 '즉비적卽非的 자기동일自己同一'이라는 자신의 견해를 주장하였다. 그러나 이것은 분명히 잘못된 해석으로서 '이름이 반야바라밀이다'와 '그러므로 반야바라밀이다'라고 한 것은 전혀 다른 의미이다. 만약 '그러므로 반야바라밀이다'라고 한다면 분명히 붓다가 말한 '반야바라밀(A)'로 귀결되는 문맥이 맞지만, '이름이 반야바라밀이다'라고 하면 '곧 반야바라밀이 아닌(非A)' 것으로 결론 나는 문맥이 된다. 왜 스즈키 같은 학자가 이같이 잘못된 논리를 주장하는지에 대해 나로서는 이해할 수 없다. 질문과 답변이 하나가 되는[問答同一] 잘못된 지론을 정론화하기 위해서 이러한 옥상옥屋上屋의 잘못된 해석을 반복하는 것인가"[66]라고 비판하면서 '즉비

65 西田幾多郎 著,『禪の論理』.

66 "大拙氏は, '般若波羅蜜とは, 仏說くA, 卽ち般若波羅蜜に非ず非A, 是を般若波羅蜜と名づく' を勝手に '故に般若波羅蜜である'と言い換えて, Aと非A, 肯定と否定が同一であると主張し '卽非的自己同一' なる自說を唱えた. しかし, これはあきらかな誤解釋で, '是を般若波羅蜜と名づく'と, '故に般若波羅蜜である'とではその意味合いはまったく違うものになる. '故

논리'의 논리적 모순을 지적하였다.

그렇다면 이 같은 즉비불법即非佛法에 대해 선사禪師들은 어떻게 받아들였을까? 육조 혜능은 "이 말은 일체의 문자장구가 표식標識과 같고 손가락과 같으니, 이 표식과 손가락이란 그림자나 메아리와 같은 뜻이다. 표식에 의지하여 사물을 취하고 손가락에 의지해 달을 보게 되지만, 달은 손가락이 아니고 표식은 사물이 아닌 것이다. 다만 경經을 의지하여 법法을 취했을 뿐, 경이 바로 법은 아니다. 경문은 육안肉眼으로 볼 수 있지만, 법은 혜안慧眼이라야 능히 볼 수 있으니, 만약 혜안이 없는 자는 단지 그 경만 볼 뿐 그 법을 보지 못한다. 만약 그 법을 보지 못하면 부처의 뜻을 알지 못하므로 처음부터 부처의 뜻을 알지 못하면 끝내 불도佛道를 이룰 수 없는 것이다"[67]며 그림자나 메아리인 문자장구를 보지 말고, 그것을 통해 본질을 보라고 하였다.

그리고 야부 도천은 "불법이 법 아님이어! / 능히 좇기도 하고 빼앗기도 하며 / 놓아 두기도 하고 거두어 들이기도 하며 / 살리기도 하고 죽이기도 하는구나 / 눈썹 사이에는 항상 백호광이 놓여 있거늘 / 어

に般若波羅蜜である'ならたしかに, '般若波羅蜜とは, 仏説くA'に歸結した文脈になるが, '是を般若波羅蜜と名づく'なら, '卽ち般若波羅蜜に非ず非A'に結論した文脈になる. ぜ鈴木大拙氏ともあろう者が, このような誤った論理を提唱するのか私にはわからない. 問いと答えが一つになるといった誤った持論を正論化するために, このような屋上屋のような過ちを繰り返したのだろうか" 黃一法, 「卽非の論理の誤り」.

67 "此說一切文字章句 如標如指 標指者 是影響之義 依標取物 依指觀月 月不是指 標不是物 但依經取法 經不是法 經文卽肉眼可見 法卽慧眼能見 若無慧眼者 但見其經 不見其法 若不見其法 卽不解佛意 旣不解佛意 終不成佛道"『金剛經五家解』「依法出生分第八」'六祖'.

리석은 이는 외려 보살에게 묻는구나"[68]라고 읊었다. 즉 본디부터 갖추어져 있는 내 안의 공성空性은 보지 않고, 어리석게도 밖을 향해 법法과 비법非法을 부질없이 찾지 말라는 것이다.

68 "佛法非法 能縱能奪 有放有收 有生有殺 眉間常放白毫光 癡人猶待問菩薩"『金剛經五家解』「依法出生分第八」'冶父'.

제9 하나의 相에도 相이 없다

一相無相分 第九
일상무상분 제구

須菩提여 於意云何오 須陀洹이 能作是念이면 我得須陀洹果
수보리 어의운하 수다원 능작시념 아득수다원과

不아 須菩提言하대 不也니다 世尊하 何以故오 須陀洹은 名爲
부 수보리언 불야 세존 하이고 수다원 명위

入流로대 而無所入하야 不入色聲香味觸法이 是名須陀洹이니
입류 이무소입 불입색성향미촉법 시명수다원

다 須菩提여 於意云何오 斯陀含이 能作是念이면 我得斯陀含
수보리 어의운하 사다함 능작시념 아득사다함

果不아 須菩提言하대 不也니다 世尊하 何以故오 斯陀含은 名
과부 수보리언 불야 세존 하이고 사다함 명

一往來로대 而實無往來글새 是名斯陀含이니다 須菩提여 於
일왕래 이실무왕래 시명사다함 수보리 어

意云何오 阿那含이 能作是念이면 我得阿那含果不아 須菩提
의운하 아나함 능작시념 아득아나함과부 수보리

言하대 不也니다 世尊하 何以故오 阿那含은 名爲不來로대 而
언 불야 세존 하이고 아나함 명위불래 이

實無不來글새 是故로 名이 阿那含이니다 須菩提여 於意云何오
실무불래 시고 명 아나함 수보리 어의운하

阿羅漢이 能作是念이면 我得阿羅漢道不아 須菩提言하대 不
아라한 능작시념 아득아라한도부 수보리언 불

也니다 世尊하 何以故오 實無有法은 名阿羅漢이니다 世尊하
야 세존 하이고 실무유법 명아라한 세존

若阿羅漢이 作是念하대 我得阿羅漢道라하면 卽爲着我人衆
약아라한 작시념 아득아라한도 즉위착아인중

生壽者니이다 世尊하 佛說我得無諍三昧하야 人中最爲第一
생수자 세존 불설아득무쟁삼매 인중최위제일

이시면 是第一離欲阿羅漢이니다 世尊하 我不作是念하대 我是
시제일이욕아라한 세존 아부작시념 아시

離欲阿羅漢이니다 世尊하 我若作是念하대 我得阿羅漢道라하
이욕아라한 세존 아약작시념 아득아라한도

면 世尊하 則不說須菩提가 是樂阿蘭那行者니 以須菩提實無
세존 즉불설수보리 시락아란나행자 이수보리실무

所行일새 而名須菩提ㅣ 是樂阿蘭那行이니다 <原文240字>
소행 이명수보리 시락아란나행

【字解】

"수보리여! 그대 생각은 어떠한가. 수다원이 '나는 수다원須陀洹의 수행과修行果를 얻었다'는 생각을 할 수 있다고 보는가?" 수보리가 답했다. "아닙니다. 세존이시여! 왜냐하면 수다원의 이름은 성인의 무리에 들었으나, 들어간 바가 없으니 색성향미촉법에도 들지 않습니다. 그래서 수다원으로 이름하는 것입니다" 붓다가 다시 물었다. "수보리여! 그렇다면 이것은 어떻게 생각하는가. 사다함斯陀含이 '나는 사다함의 수행과를 얻었다'는 생각을 할 수 있겠는가?" 수보리가 말했다. "아닙니

다. 세존이시여! 왜냐하면 사다함이라는 이름은 '한 번 갔다 온다'는 뜻이지만, 실제로는 한 번도 갔다 온 바가 없으므로 이름을 사다함이라 하는 것입니다" 붓다가 다시 물었다. "수보리여! 그러면 이것은 어떻게 생각하는가. 아나함阿那含이 '나는 아나함의 수행과를 얻었다'는 생각을 할 수 있겠는가?" 수보리가 말했다. "아닙니다. 세존이시여! 왜냐하면 아나함이라는 이름은 '오지 않는다'는 뜻이지만, 실제로 오지 않는 바가 없기 때문에 이름을 아나함이라 하는 것입니다" 붓다가 다시 물었다. "수보리여! 그러면 마지막으로 묻겠노라. 아라한阿羅漢이 '나는 아라한의 도道를 얻었다'는 생각을 가질 수 있겠는가?" 수보리가 말했다. "아닙니다. 세존이시여! 왜냐하면 실제로 아라한이라 이름할 법이 없기 때문입니다. 세존이시여! 만약 아라한이 '내가 아라한의 도를 얻었다'는 그런 생각을 지닐 것 같으면 그것은 곧 아상·인상·중생상·수자상에 집착하는 것입니다. 세존이시여! 세존께서 저를 일컬어 '다툼이 없는 삼매[無諍三昧]를 얻은 사람 가운데 으뜸이며, 사욕私慾을 여읜 제일가는 아라한이다'고 말씀하지만, 세존이시여! 저는 사욕을 여읜 아라한이라는 생각을 가진 적이 없습니다. 세존이시여! 제가 만일 '나는 아라한도를 얻었다'는 생각을 가졌다고 한다면 세존께서는 저를 일컬어 '수보리는 아란나행阿蘭那行을 즐기는 사람이다'고 쉽게 말하지는 않았을 것입니다. 그러나 제가 진실로 행하는 바가 없기 때문에 세존께서는 '수보리야말로 아란나행을 즐기는 사람'이라고 이름한 것입니다"

【講解】

● **須菩提 於意云何 須陀洹 能作是念 我得須陀洹果不 須菩提言 不也世尊 何以故 須陀洹 名爲入流 而無所入 不入色聲香味觸法 是名須陀洹**

붓다가 수보리에게 물었다. "수보리여! 그대 생각은 어떠한가. 수다원이 '나는 수다원須陀洹의 수행과를 얻었다'는 생각을 할 수 있다고 보는가?" 이에 수보리가 말했다. "아닙니다. 세존이시여! 왜냐하면 수다원이란 이름은 성인의 무리에 들었으나, 실제로 들어간 바가 없으므로 색성향미촉법色聲香味觸法에도 들지 않아 수다원이라 이름한 것입니다"

수다원(須陀洹, srota-āpanna)은 성문사과聲聞四果의 맨 아래 지위로서 범어로는 입류入流라는 뜻이다. 또는 성류聖流, 즉 성자의 무리에 들었다는 뜻으로 소승불교의 수행과위修行果位를 말한다. 우리 식으로 표현하면 '입문入門했다' '발심發心했다' 또는 '진리의 길로 들어섰다'는 득도得道의 뜻이다.

여기서 '들어간 바가 없다[而無所入]'는 것에 대해 혜능은 "류流라는 것은 성인의 무리로서 수다원의 사람은 이미 거친 번뇌를 여의었으므로 성류에 들어간 것이다. 하지만 들어간 바가 없다는 것은 과果를 얻었다는 마음이 없는 것이므로, 수다원이란 수행인의 첫 결과인 것이다"[69]

---

69 "流者 聖流也 須陀洹人 已離麤重煩惱故 得入聖流 而無所入者 無得果之心也 須陀洹者 乃修行人 初果也"『金剛經五家解』「一相無相分第九」'六祖'.

라고 풀이하였다. 즉 과果를 얻었다는 마음을 일으키게 되면 아인사상에 집착하게 되지만, 과를 얻었다는 마음 자체가 없으므로 색성향미촉법의 육진에도 들지 않는다는 것이다.

● **須菩提 於意云何 斯陀含 能作是念 我得斯陀含果不 須菩提言 不也世尊 何以故 斯陀含 名一往來 而實無往來 是名斯陀含**

붓다가 수보리에게 또 물었다. "수보리여! 사다함斯陀含이 '나는 사다함의 수행과를 얻었다'라는 생각을 하겠는가?" 그러자 수보리가 말하기를 "아닙니다. 세존이시여! 왜냐하면 사다함은 '한 번 갔다가 왔다[一往來]'라는 뜻의 이름이지만, 실제로 오고 감이 없으므로 이름을 사다함이라 하는 것입니다"고 하였다.

사다함(斯陀含, sakṛdāgāmin)은 성문사과의 아래에서 두 번째 지위로서 '한 번 온다[一來]' 또는 '한 번 왕래한다[一往來]'라고 풀이한다. 깨달음을 이룬 성자는 두 번 태어나는 일이 없다고 하지만, 사다함은 천상이나 인간세계에 한 번 더 태어나 깨닫고는 죽은 뒤에 하늘이나 인간세계에 다시는 태어나지 않는 것이다. 다시 말해 인간세계에서 이 과果를 얻으면 반드시 하늘에 갔다가 인간세계로 돌아와 열반에 든다. 또 하늘세계에서 이 과를 얻으면 먼저 인간세계에 있다가 하늘로 되돌아가 열반에 든다. 이렇게 반드시 한 번 천상과 인간세계를 왕래하기 때문에 일왕래과一往來果라고 하는 것이다. 이 같은 사다함에 대해 규봉 종밀은 "사다함은 한번 왕래한다는 뜻이다. 욕계欲界의 육품수도六品修道에 대한 의혹을 끊고 난 뒤 목숨을 마치게 되면, 한 번 천상에 갔다가 다시 인간으로 와서 바로 사다함과를 얻게 되므로 일래一來라 이름한다. 그리고 이실무래而實無來란, 이미 무아無我의 경지를 깨달았거늘 누가 왕래하겠는가"[70]라며 이미 무아를 깨달았기 때문에 인간이든 천상이든 한 번만 오고 갈 뿐[一往來], 두 번은 오지 않는다고 하였다.

● **須菩提 於意云何 阿那含 能作是念 我得阿那含果不 須菩提言 不也世尊 何以故 阿那含 名爲不來 而實無不來 是故 名阿那含**

이에 붓다가 다시 묻기를, "아나함阿那含이 '나는 아나함의 수행과를 얻었다'라는 생각을 할 수 있겠는가?"라고 하자, 수보리가 답하기를 "아닙니다. 세존이시여! 왜냐하면 아나함은 '오지 않는다[不來]'라는 이름이지만, 실제로 돌아오지 않음이 없기 때문에 이름을 아나함이라 하는 것입니다"라고 하였다.

아나함(阿那含, anāgāmin)은 성문사과의 세 번째 지위로서 '돌아오지 않는 자'라는 뜻으로 '불환不還' '불래不來'로 풀이한다. 즉 욕계欲界의 번뇌를 끊은 성자로서 멸한 뒤에는 색계色界 · 무색계無色界에 태어나게 되며, 다시는 욕계에 돌아오지 않는다. 욕계는 식욕 · 음욕 · 수면욕 등이 가득한 세계로 지옥 · 아귀 · 축생 · 아수라阿修羅 · 인간의 육욕천이

70 "斯陀含 此云一來 斷欲界六品修惑 從此命終 一往天上 一來人間 便得斯陀含果 故名一來 而實無來者 已悟無我 誰能往來"『金剛經五家解』「一相無相分第九」'圭峰'.

며 색계는 욕계와 무색계의 중간 세계로 욕계와 같은 탐욕은 없으나 무색계와 같은 물질적인 것에서 완전히 벗어나지 못해 정신적인 것이 되지 못하는 중간의 물적 세계이다. 하지만 무색계는 색계 위에 있으며 완전히 물질적인 것에서 벗어난 정신적인 세계를 말한다.

여기서 불래不來에 대해 육조는 다음과 같이 말한다. "아나함은 범어이고, 당唐나라 말로는 불환不還이며, 또한 욕欲에서 벗어남이다. 출욕出欲이라는 것은 밖으로는 가히 하고자 하는 경계를 보지 않고, 안으로는 욕심이 없어서 반드시 욕계를 향하여 생을 받지 않기 때문에 불래不來라 하며 실제로 오지 않음이 없으므로 불환이라고도 한다. 욕망의 습習이 영원히 다하여 결코 생을 받아 오지 않기 때문에 아나함이라 이름한다"[71]며 욕망의 습이 다하여 욕계에서 영원히 벗어나 다시는 오지 않는다고 하였다.

● **須菩提 於意云何 阿羅漢 能作是念 我得阿羅漢道不 須菩提言 不也世尊 何以故 實無有法名阿羅漢 世尊 若阿羅漢 作是念 我得阿羅漢道 卽爲着我人衆生壽者**

붓다가 수보리에게 마지막으로 묻기를 "아라한阿羅漢이 '나는 아라한의 도道를 얻었다'라는 생각을 가질 수 있겠는가?"라고 하였다. 이에 수보리가 말하기를 "아닙니다. 세존이시여! 왜냐하면 실제로 아라한이

---

71 "阿那含梵語 唐言不還 亦名出欲 出欲者 外不見可欲之境 內無欲心可得 定不向欲界受生 故名不來 而實無不來 亦名不還 以欲習永盡 決定不來受生 是故名阿那含也"『金剛經五家解』「一相無相分第九」'六祖'.

라 이름할 수 있는 법이 없기 때문입니다. 그러나 만약 아라한이 '내가 아라한도를 얻었다'라고 생각한다면 그것은 곧 아인사상에 집착하는 것입니다"라고 하였다.

아라한(阿羅漢, arhat)이란, 성문사과의 가장 윗자리로서 '존경받는 이' '값어치 있는 사람'이라는 뜻으로 응공應供·살적殺賊·불생不生·무학無學으로 번역한다. 즉 세상에서 존경과 공양을 받을 값어치가 있는 사람이라는 뜻으로 본디 부처의 열 가지 칭호 중 하나로 불리었다가 훗날 소승불교의 이상적 수행자를 뜻하게 되었다. 살적殺賊은 번뇌라는 도적을 죽인다는 뜻이고, 무학은 구경의 진리에 이르렀기 때문에 더 배울 것이 없다 하여 붙여진 이름이며, 불생不生은 삼계三界에는 다시 태어나지 않는다는 것이다.

여기서 육조 혜능은 "모든 번뇌가 이미 다하여 다시는 번뇌가 없으므로 아라한이라 이름한다. 아라한이란 번뇌가 영원히 다하여 사물과 더불어 다툼이 없는 것이다. 만약 과果를 얻었다는 마음을 가지게 되면 곧 다툼이 있음이니, 다툼이 있다면 아라한이 아니다"[72]라고 하였다. 즉 아라한이라 함은 모든 사물과 다툼이 없는 무쟁無諍의 경지라고 말한 것이다.

이 무쟁삼매無諍三昧에 대해 육조는 "무엇을 무쟁삼매라 하는가. 아

---

72 "諸漏已盡 無復煩惱 名阿羅漢 阿羅漢者 煩惱永盡 與物無諍 若有得果之心 卽是有諍 若有諍 非阿羅漢"『金剛經五家解』「一相無相分第九」'六祖'.

라한의 마음에는 나고 죽음과 오고 감[生滅去來]이 없고, 오직 본각이 항상 비추고 있으므로 무쟁삼매라 말하는 것이다. 삼매란 범어인데 당나라 말로 정수(正受, 바로 받아들임)라 하고, 또한 정견正見이라 한다. 95종류의 사견邪見을 멀리 떠났으니 정견이라 하는 것이다. 그러나 허공에는 밝고 어둠의 다툼이 있고, 성품에는 정正과 사邪의 다툼이 있으나, 모든 생각이 항상 반듯하여 한 생각도 삿됨이 없는 이것을 무쟁삼매라 한다. 이 삼매를 수행하면 사람 가운데 가장 으뜸이 되지만, 만약 한 생각이라도 과果를 얻었다는 마음을 가지게 된다면 곧 무쟁삼매라고 이름하지 못하는 것이다"[73]라고 하였다.

● **世尊 佛說我得無諍三昧 人中最爲第一 是第一離欲阿羅漢 世尊 我不作是念 我是離欲阿羅漢 世尊 我若作是念 我得阿羅漢道 世尊 則不說須菩提 是樂阿蘭那行者 以須菩提實無所行 而名須菩提 是樂阿蘭那行**

수보리가 말하기를 "세존이시여! 세존께서 저를 일컬어 '다툼이 없는 삼매를 얻은 사람 가운데 으뜸이며, 사욕을 여읜 제일가는 아라한이다'고 말씀하십니다. 하지만 세존이시여! 저는 사욕을 여읜 아라한이라는 생각을 가진 적이 없습니다. 만일 제가 '나는 아라한도를 얻었

---

73 "何名無諍三昧 謂阿羅漢 心無生滅去來 唯有本覺常照 故云無諍三昧 三昧是梵語 唐言正受 亦云正見 遠離九十五種邪見 是名正見也 然空中有明暗諍 性中有邪正諍 念念常正 無一念邪心 卽是無諍三昧 修此三昧 人中最爲第一 若有一念得果之心 卽不名無諍三昧"『金剛經五家解』「一相無相分第九」'六祖'.

다'는 생각을 가졌다면, 세존께서는 저를 일컬어 '수보리는 아란나행阿蘭那行을 즐기는 사람이다'라고 하지 않았을 것입니다. 그러나 제가 실제로 행하는 바가 없기 때문에 세존께서 '수보리야말로 아란나행을 즐기는 사람'이라고 이름한 것입니다"라고 하였다.

아란나(阿蘭那, araṇā)는 아란야阿蘭若라고도 음역한다. 적정처寂靜處·무쟁처無諍處·원리처遠離處라고 한역한다. 번잡함이 없는 조용한 곳으로 수행하기 알맞은 산간 숲속을 가리킨다. 즉 가축 등의 소리가 들리지 않는 곳이 좋으나, 이보다 더 멀면 탁발하기 불편하여 마땅하지 않다고 하였다. 이런 곳에서 일체의 욕망과 번뇌를 여의고 항상 얻는 것에 마음을 두지 않는 무소득심無所得心으로 무쟁수행無諍修行하는 이를 '아란나행이다'라고 한다.

붓다는 수보리에게 성문사과에 대해 물으면서 보리심을 일으킨 선남자선여인은 보살의 수행을 행한다는 상相을 가져서는 아니 되며, 그 수행의 결과에 대해서 어떠한 마음의 흔적도 드러내어서도 안 된다고 하였다. 그러면서 이 장의 마지막에서 붓다는 수보리에게 '아란나행을 잘한다'고 칭찬한 것이다. 하지만 수보리는 붓다의 이 칭찬도 개공(皆空, 我空·法空·俱空)에 있어서는 하나의 상相이 되므로, 이 같은 칭찬의 본뜻이 '아직도 상을 완전히 여의지 못한 것'이라는 질책이 아닌가, 라며 염려 하였다. 즉 수보리는 이 장 「일상무상분一相無相分」에서 붓다의 의중으로 들어가 진정한 가르침에 대해 확인코자 한 것이다.

이 아란나행에 대해 혜능은 "아란나는 범어이며, 당나라 말로는 무쟁행이다. 다툼이 없는 무쟁행은 바로 청정행清淨行이다. 청정행이란, 유소득심有所得心을 제거한 것이니 만약 얻은 바가 있다는 마음을 가지면 바로 다툼이 있음이요, 다툼이 있으면 곧 청정도清淨道가 아니다. 항상 무소득심無所得心으로 행하는 것이 바로 무쟁행인 것이다"[74] 라고 정의하였다.

그리고 부대사는 "생도 없고 멸도 없으니, 내가 없고 또한 너도 없음이라 / 번뇌장을 영원히 없애니, 오랫동안 후신後身을 받지 않도다 / 경계가 없어지니 마음 또한 없어지고, 탐진치를 다시 일으킴이 없구나 / 어진 마음 없이 공연히 지혜만 남아 홀연히 진실에만 맡기려 하는가!"[75] 라고 하였다.

또 종경 선사는 "인간과 천상을 오고 감에 모든 번뇌를 미처 없애지 못하다가, 도道와 과果를 같이 잊으니 서로 다툼 없음이 제일이로다. 범부를 벗어나 성인에 들었으니 처음부터 힘써 증득하려 하네. 위位를 바꾸고 기機를 돌려 밑바닥까지 남김없이 훤히 꿰뚫었으나, 어찌 다했다고 하겠는가! 무심無心을 일러 도道라고 하지 말라. 무심도 외려 하나의 관문에 지나지 않는 것인저"[76]라며 지혜의 증득도 무쟁의 도道에 있어서는 한 관문일 뿐이라고 하였다.

---

74 "阿蘭那是梵語 唐言無諍行 無諍行卽是清淨行 清淨行者 爲除去有所得心也 若存有所得心 卽是有諍 有諍卽非清淨行 常行無所得心 卽是無諍行"『金剛經五家解』「一相無相分第九」'六祖'.

75 "無生亦無滅 無我復無人 永除煩惱障 長辭後有身 境亡心亦滅 無復起貪瞋 無悲空有智 翛然獨任眞" 上揭書, '傅大士'.

76 "人天往返 諸漏未除 道果雙忘 無諍第一 越凡入聖 從頭勘證將來 轉位迴機 透底盡令徹去 委悉麼 勿謂無心云是道 無心 猶隔一重關"『金剛經五家解』「一相無相分第九」'宗鏡'.

제10 淨土를 장엄하다

莊嚴淨土分 第十
장엄정토분 제십

佛告須菩提하사대 於意云何오 如來ㅣ昔在燃燈佛所에 於法
불고수보리 어의운하 여래 석재연등불소 어법

에 有所得不아 不也니다 世尊하 如來ㅣ在燃燈佛所에 於法에
유소득부 불야 세존 여래 재연등불소 어법

實無所得이니다 須菩提여 於意云何오 菩薩이 莊嚴佛土不아
실무소득 수보리 어의운하 보살 장엄불토부

不也니다 世尊하 何以故오 莊嚴佛土者는 卽非莊嚴일새 是名
불야 세존 하이고 장엄불토자 즉비장엄 시명

莊嚴이니다 是故로 須菩提여 諸菩薩摩訶薩이 應如是生淸淨
장엄 시고 수보리 제보살마하살 응여시생청정

心하대 不應住色生心이며 不應住聲香味觸法生心이니 應無所
심 불응주색생심 불응주성향미촉법생심 응무소

住而生其心이라 須菩提여 譬如有人이 身如須彌山王하면 於
주이생기심 수보리 비여유인 신여수미산왕 어

意云何오 是身이 爲大不아 須菩提言하대 甚大이니다 世尊하
의운하 시신 위대부 수보리언 심대 세존

何以故오 佛說非身이 是名大身이니다 <原文157字>
하이고 불설비신 시명대신

【字解】

붓다가 수보리에게 말하기를 "그대 생각은 어떠한가. 여래가 옛적 연등부처님 처소에 있을 때, 법에 관해 얻은 것이 있었다고 생각하는가?" 수보리가 말하기를 "아닙니다. 세존이시여! 여래께서 연등부처님 처소에 계실 때, 법에 관해 실제로 얻은 바가 없습니다" 다시 붓다가 수보리에게 말했다. "수보리여! 그렇다면 이것은 어떻게 생각하는가. 보살이 불국토를 장엄하는가, 아닌가?" 수보리가 말했다. "아닙니다. 세존이시여! 왜냐하면 불국토를 장엄한다는 것은 곧 장엄이 아니요, 이름이 장엄입니다" 이에 붓다가 말했다. "그러므로 수보리여! 모든 보살과 마하살은 이와 같이 '맑고 깨끗한 마음을 내어야 할 것이니, 결코 색에 머무는 마음을 내어서는 아니 되고, 소리·냄새·맛·촉감·요량에 머무는 마음을 내어서도 아니 되므로 마땅히 머묾 없는 마음을 내어야 하느니라 수보리여! 비유해서 말하자면 어떤 사람의 몸 크기가 수미산의 왕만큼 크다고 한다면, 그대 생각은 어떠한가. 그 몸집이 크다 하겠는가?" 수보리가 말했다. "매우 큽니다. 세존이시여! 왜냐하면 세존께선 몸 아닌 것을 이름하여 큰 몸이라 설한 것입니다"

【講解】

● **佛告須菩提 於意云何 如來 昔在燃燈佛所 於法 有所得不 不也世尊 在燃燈佛所 於法 實無所得**

붓다가 수보리에게 말했다. "그대 생각은 어떠한가. 내가 옛적[前生] 연등불燃燈佛의 회상에 있을 때, 법法에 관해 얻은 것이 있었다고 생각하는가?" 이에 수보리가 말했다. "아닙니다. 세존이시여! 여래께서 연등부처님 회상에 계실 때 법에 관해 실제로 얻은 바가 없습니다"

앞에서 말한 바와 같이 붓다가 이 장에서 말하는 지난 옛적이란, 세간에서 말하는 역사적인 옛적이 아니다. 이 옛적은 깨달음의 세계에서 말하는 붓다의 전생前生으로, 연등불이라는 과거불過去佛의 형이상적 세계로 수보리와 청중을 이끌어 가는 것이다. 『정토삼부경』을 비롯한 여러 대·소승 경전에는 과거불과 현재불과 미래불의 수기授記가 언급되어 있다. 연등불은 과거의 부처이다. 석가모니붓다가 전생에 보살로서 수행할 때 연등불이 붓다에게 미래의 인연을 수기하면서 '훗날 인도의 석가족에 태어나 성불할 것이며, 그 이름은 석가모니불이 될 것'이라고 하였다. 붓다는 바로 이러한 자신의 전생에 대해 수보리가 혹 자신이 연등불로부터 법을 전해 받았다고 되레 짐작할까 염려한 나머지 그 의문을 없애기 위해 수보리에게 물은 것이다.

여기서 독자는 또 한 번 고개를 갸웃할 것이다. 즉 붓다는 분명히 연등불의 수기를 받았다고 말하면서 무엇 때문에 '정말로 받았다고 믿느냐'라고 다짐받고 있으며, 이에 수보리는 왜 '받은 것이 없다'라며 붓다의 다짐에 따르고 있는가? 이러한 부정의 논리는 제8장 스츠키 다이세츠의 '즉비의 논리卽非の論理'에서 형이상形而上에 의한 그 당위성當爲性을 언급한 바 있다. 그리고 이러한 절대 긍정을 위한 부정적 논리는 지금부터 제32분까지 계속되고 있으므로, 초심자는 주의할 필요가 있다. 이 때문에 붓다는 이 경의 본론을 이끌어내는 제2분에서 수보리에게 "그대들은 이제 잘 들어라. 마땅히 그대들을 위해 설하고자 한다[汝今諦聽 當爲汝說]"라고 당부한 것이다.

이와 같은 붓다의 질문과 수보리의 답변에 대해 혜능은 다음과 같이 말한다. "수보리에게 묻기를 '내가 스승의 처소에서 법을 들을 때, 법을 얻음이 있는가?'라고 하시니, 수보리가 말하기를 '법은 스승으로 인해 시작된다고 하지만, 실제로는 얻은 바가 없습니다'라고 하였다. 다만 자성이 본래 청정하여 본디 번뇌[塵勞]가 없으며, 고요하여 항상 비추고 있음을 깨닫게 되면, 곧 스스로 성불하는 것이다. 세존이 연등불 처소에 있을 때 법에 있어 실로 얻은 바가 없다는 것을 마땅히 알아야 한다. 여래의 법이란, 비유컨대 햇빛이 밝게 비추는 것이 끝없으나, 가히 취할 수 없는 것과 같다"[77]라고 하면서 왜 얻을 것도 없고 취할 수도 없는지를 설명하였다. 즉 자성自性이 곧 불성佛性임을 알면 스스로 성불城佛할 수 있으니 얻을 것도 받을 것도 없다는 것이다.

이것을 부대사는 "옛날에는 선혜善慧라 일컫더니 / 금일엔 능인(能仁·佛)이라 하는구나 / 인연을 들여다보면 인연이란 허망한 것이요 / 몸체를 살펴보면 몸체 또한 참이 아니로다 / 법의 성품[法性]은 인과가 아니니 / 이러한 이치로 인因을 좇지 않음이라 / 연등불의 수기를 얻었다고 한다면 / 옛 몸임을 어찌 알겠는가!"[78]라고 하였다.

---

77 "問須菩提 我於師處聽法 有法可得不 須菩提卽謂 法卽因師開示 而實無所得 但悟自性 本來淸淨 本無塵勞 寂而常照 卽自成佛 當知 世尊在燃燈佛所 於法 實無所得也 如來法者 譬如日光明照 無有邊際 而不可取"『金剛經五家解』「莊嚴淨土分第十」'六祖'.

78 "昔時稱善慧 今日號能仁 看緣緣是妄 識體體非眞 法性非因果 如理不從因 謂得燃燈記 寧知是舊身" 上揭書, '傅大士'

또 야부 도천은 "옛날이 지금이로다[古之今之]"라고 한마디로 일축하였다. 즉 옛날에도 이제와 같았으며 지금에도 또한 이와 같다고 하면서, 예나 이제나 이름만 다를 뿐 다 같은 부처라고 말한 것이다.

● **須菩提 於意云何 菩薩 莊嚴佛土不 不也 世尊 何以故 莊嚴佛土者 卽非莊嚴 是名莊嚴**

붓다가 다시 물었다. "수보리여! 또 이것은 어떻게 생각하는가. 보살이 불국토를 장엄한다고 보는가?" 수보리가 말했다. "아닙니다. 세존이시여! 왜냐하면 불국토를 장엄한다는 것은 장엄이 아니라, 이름이 장엄일 뿐입니다"

붓다는 다시 수보리에게 묻는다. '보살이 불토를 장엄한다 할 수 있겠는가?' 이에 수보리도 앞서와 마찬가지로 '장엄할 수 없다'고 말한다. 왜냐하면 붓다가 말한 불토의 장엄은 장엄이 아니라, 이름이 장엄일 뿐이라는 것이다.

불토란 불국토를 말한다. 즉 불국토의 장엄이란, 인간의 존재와 본질이 본디 공성空性임을 깨달아 우리 자신의 몸과 마음을 장엄하여, 우주자연과 하나가 되는 것을 말한다. 예컨대 법장비구法藏比丘의 전생은 48원력으로 오랫동안 수행하여 서방정토西方淨土에 아미타불의 극락정토를 장엄하였으며, 관세음보살과 대세지보살, 지장보살, 보현·문수보살도 모두 본심미묘법本心微妙法으로 장엄하였으며, 석가모니붓다 또한 지혜와 자비의 실천으로 현세의 불국토를 장엄한 것이다.

이 불토를 함허 득통은 "안으로 육근의 몸과 밖으로 기세계器世界가 모두 청정 지혜의 경지이니, 낱낱이 하고자 함이 없는 것이 불토이다"[79]라고 하였다.

또 육조 혜능은 "불토가 청정하여 상相도 없고 형태도 없는데, 무엇으로 능히 장엄할 수 있겠는가! 오직 지혜와 선정의 보배로서, 이름을 빌려 장엄일 뿐이다. 장엄에는 세 가지가 있으니, 첫째 장엄은 세간불토世間佛土로서 절을 짓고 사경寫經하며 공양물을 보시하는 것이고, 둘째 장엄은 신불토身佛土로서 어떤 사람을 보든지 널리 공경하는 것이며, 셋째 장엄은 심불토心佛土로서 마음이 청정하면 곧 불토가 청정하여 생각 생각이 항상 얻는 바에 마음을 두지 않고 행하는 것이 바로 이것이다"[80]라고 하였다. 즉 '국토가 청정하여 상相도 없고 형태도 없는데 무엇으로 장엄한단 말인가!'라면서 무소득심으로 행하는 것이 바로 불토장엄佛土莊嚴이라 한 것이다.

● **是故 須菩提 諸菩薩摩訶薩 應如是生淸淨心 不應住色生心 不應住聲香味觸法生心 應無所住 而生其心**

이에 붓다가 다시 말했다. "그러므로 수보리여! 모든 보살과 마하살은 마땅히 이와 같이 맑고 깨끗한 마음을 일으켜야 하며 / 마땅히

79 "內而根身 外而器界 皆是淸淨智境 一一無爲佛土"『金剛經五家解』「莊嚴淨土分第十」'說誼'.

80 "佛土淸淨 無相無形 何物而能莊嚴耶 唯以定慧之寶 假名莊嚴 莊嚴有三 第一莊嚴世間佛土 造寺寫經 布施供養是也 第二莊嚴身佛土 見一切人 普行恭敬是也 第三莊嚴心佛土 心淨 卽佛土淨 念念常行無所得心是也" 上揭書, '六祖'.

물질과 형상에 매이지 않는 마음을 일으켜야 하며 / 마땅히 소리 · 냄새 · 맛 · 촉감 · 요량에 머물지 않는 마음을 내어야 하며 / 마땅히 머무는 바 없는 그 마음을 일으켜야 하느니라"며 이 경에서 두 번째의 사구게四句揭를 읊었다.

이 사구게에 대해서 혹자는 문장의 결구로 보아 사구게가 아니라고 말하는 이도 있다. 즉 제5분 '범소유상 / 개시허망 / 약견제상비상 / 즉견여래'와 제26분 '약이색견아 / 이음성구아 / 시인행사도 / 불능견여래', 그리고 제32분 '일체유위법 / 여몽환포영 / 여로역여전 / 응작여시관' 등 문장의 결구가 모두 4언 4구, 내지 5언 4구로 갖추어져 있으나, 이 사구게는 이 같은 결구 형식이 갖춰져 있지 않다는 것이다. 하지만 오늘날의 고문古文 해석상으로 볼 때 문장의 형식이 결여되어 있는 것은 사실이지만, 사구게는 시구詩句를 논한 것이 아니라, 자신의 깨달음을 드러내어 대중에게 이해시키려는 붓다의 의도가 우선된 것이다. 따라서 이 사구게에서 말하는 4응4심四應四心은 이 경의 어느 구절에서도 비교할 수 없는 사구게라 할 것이다.

應如是生淸淨心하고　　　不應住色生心이며
不應住聲香味觸法生心이니　應無所住而生其心인저

마땅히 이와 같은 청정한 마음을 일으켜야 하고
마땅히 물질에 매이는 마음은 내지 말아야 하며

소리 · 냄새 · 맛 · 촉감 · 요량에 머문 마음은 내지 말지니
그러므로 마땅히 머무는 바 없는 마음을 일으켜야 하느니라

이 사구게에 대해 대만의 동방교 박사는 "이 경 제1 「선현기청분」에서 제10 「정토장엄분」까지는 붓다가 청중에게 수행의 방법을 가리킨 것으로 바로 '응무소주 이생기심'으로서 머무르지 않음을 실현한다면, 반야바라밀이 무엇인지 그 중요성을 알게 된다"[81]고 하였다.

이 '청정심淸淨心'에 대해 함허는 "무엇을 청정심이라 하는가? 취함도 없고 집착도 없음이 이것이다. 만약 취取와 착着을 없애려 한다면, 모름지기 지혜안智慧眼을 열어야 한다. 일체현성은 이 지혜안을 통해 모든 육근의 경계를 능히 분별하나니, 그 가운데 착심着心이 없으므로 자유자재를 얻는 것이다. 이것으로 말미암아 육근 · 육진 · 육식의 경계가 서로 통하여 걸림이 없으므로, 하나같이 밝기가 현묘하고, 청정하기가 허공과 같은 것이다. 다시말해 하늘과 물이 서로 이어져 하나의 형색이 되니, 다시 구름이 피어올라 맑은 빛을 가리지 못하리라"[82]고 하였다.

또한 무소주無所住와 생기심生其心에 대해 다음과 같이 말한다. "머문 바가 없다 함은, 마침내 안과 밖이 없고 가운데도 텅 비어 사물이 없

81 東方橋 著, 법산 경일 편역『금강경 읽기』, p. 204.

82 "何謂淸淨心 無取無着是 若欲無取着 須開智慧眼 一切賢聖 以開智慧眼故 善能分別諸根境界 於中無着 而得自在 是故 根盡識界 廓達無得 一一明妙 一一淸淨如虛空 是可謂天水相連爲一色 更無纖靄隔淸光"『金剛經五家解』「莊嚴淨土分第十」'說誼'.

음이니, 마치 텅 빈 거울 같고 평평한 저울대 같아 선악과 시비를 가슴 속에 두지 않음이다. 그 마음을 일으켰다 함은, 머묾 없는 마음으로써 일[事]에 응하나, 물物에 매이지 않는 것이다. 공자孔子가 말하기를 "군자는 천하의 일에 있어서 반드시 주장함이 없고, 그렇지 않음도 없으며 오로지 의義를 좇을 뿐이다"(『論語 · 里仁』)라고 하였다. 이는 마음에 치우치는 바가 없어 일을 당함에 의로써 행하는 것을 말한다. 일을 당함에 의로써 행한즉 필히 물物에 매이지 않고, 물에 매이지 않은즉 필히 그 마땅함을 잃지 않는 것이다. 성인이 비록 시대는 다르나 도道는 같고, 말은 다르나 서로 바라는 바가 같음을 여기서 보는 것이다. (…) 옛적에 노능盧能이 5조 홍인 대사의 처소에서 이 경의 설함을 듣고, 이 부분에 이르러 마음꽃이 활짝 피어 가사와 발우를 전해 받아 6조가 되었다. 이로부터 다섯 가지 잎[五葉]에 열매가 맺혀 천하를 향기롭게 하였다. 그러므로 이 한 구절 '응무소주 이생기심應無所住 而生其心'이 다함 없는 인천人天의 스승을 출생시켰음을 알아야 한다"[83]

그리고 이 사구게에서 빼놓을 수 없는 일화가 바로 육조 혜능 선사이다. 육조는 중국 선종사의 바탕을 이룬 여섯 번째의 조사祖師이다. 초조는 양무제(梁武帝, 464~549) 때 인도에서 대승사상이 쇠퇴해짐을 보

83 "無所住者 了無內外 中虛無物 如鑑空衡平 而不以善惡是非 介於胸中也 生其心者 而無住之心 應之於事 而不爲物累也 孔夫子云 君子之於天下也 無適也無莫也 義之與比 此言心無所倚 而當事以義也 當事以義則必不爲物累矣 不爲物累則必不失其宜矣 聖人 時異以道同 語異而相須 於斯可見也已 … 昔者盧能 於五祖忍大師處 聞說此經 到此心花頓發 得傳衣盂 爲第六祖 自爾五葉結果 芬芳天下 故知只此一句 出生無盡人天師也"『金剛經五家解』「莊嚴淨土分第十」'說誼'.

고 동토(東土, 중국)로 건너온 달마(達摩, ?~536) 대사이고, 2조는 달마의 법을 이어받은 혜가 신광(慧可神光, 487~593)이며, 신광의 법을 이은 3조 승찬(僧璨, ?~606)과 그 뒤를 이은 4조 도신(道信, 581~651), 5조 홍인(弘忍, 602~675)에 이어 6조 혜능(638~713)이다.

혜능은 일찌기 저자[市廛]에서 나무를 팔아 홀어머니와 함께 사는 나뭇꾼이었다. 어느 날 한 손님이 저자에서 땔나무의 값을 치르고, 자신이 묵고 있는 숙소로 옮겨 달라고 하였다. 땔감을 배달하고 숙소를 나서려고 할 때 그 손님 방에서 나오는 '응무소주應無所住 이생기심而生其心'이라는 소리를 듣고 그 방을 찾아가 '마땅히 머무는 바 없는 그 마음을 일으키라'고 한 이 글귀는 어떤 글이며, 어디서 배울 수 있느냐"고 물었다. 손님은 『금강경』이라는 대승경전에 있으며, 황매산의 5조 홍인 화상을 찾아가면 배울 수 있다고 알려 주었다. 혜능은 그 말을 듣고 곧장 어머니께 몇 달 동안의 식량과 땔감을 마련해 주고 홍인 화상을 찾아갔다.

혜능을 본 홍인이 "어디 사는 누구이며, 무엇 때문에 왔는가?"라고 묻자, 혜능은 "영남의 신주 사람이며, 머묾 없는 마음을 찾으러 왔습니다"고 하였다. 이에 홍인은 "남쪽의 오랑캐가 어찌 심법心法을 알겠는가"며 혜능의 법기法器를 시험했다. 이에 혜능이 "사람에겐 남북이 있으나, 마음에는 차별이 없습니다"라고 대응하자, 홍인은 "본당에서 떨어진 방앗간에서 방아나 찧어라"며 하는 수 없이 입산을 허락하는 것처럼 둘러댔다. 총림叢林의 방아찧기를 반년 넘은 어느 날, 홍인은 대중에게 이르기를 "세상은 나고 죽는 일에 얽매이고, 그대들은 밥 먹고 복만 구하지만, 나는 생사에 매이지 않노라. 자성自性이 미혹한데 어찌 지혜와 자비의 문이 열리겠는가! 지혜와 자비를 갖춘 사람이면 그 반야지般若智를 게송으로 지어 나에게 가져오면, 그 깨친 바를 보아 부처의 가사袈裟와 발우鉢盂로 6조에 부촉하겠노라"고 하였다.

총림의 대중들은 각기 자신의 방으로 가서 "우리는 신수사神樹師의 가르침을 받고 있으니, 신수사만 게송을 짓도록 하자"면서 신수가 6조가 되는 것을 당연시하였다. 며칠 후 신수가 본당 복도에 자신의 게송을 지어 붙였다. "몸은 지혜의 나무요 / 마음은 맑은 거울과 같으니 / 때때로 부지런히 털고 닦아서 / 티끌 먼지가 끼지 않게 하리라"[84] 이러한 방榜이 붙자 대중은 모두 신수의 오도송悟道頌을 외우는 데 몰두하였다. 이때 혜능의 방앗간을 지나던 사미승沙彌僧이 이 게송을 외자 혜능이 무슨 까닭이냐고 물었다. 사미승은 자초지종을 설명했다. 혜능은 곧장 달려가 신수의 글을 들은 후, 글을 지을 수 있는 이에게 부탁하여 자신의 느낀 바를 읊었다. "마음은 보리의 나무요 / 몸은 밝은 거울의 받침대라 / 밝은 거울은 본디 깨끗한데 / 어느 곳에 티끌 먼지가 묻으리오"[85] 이러한 혜능의 글을 보고 대중이 놀라 웅성거리자, 홍인이 뛰어나와 "두 사람은 아직 깨친 것이 아니다"며 모두 지워 버렸다.

이날 밤, 홍인은 혜능을 자신의 방으로 불러 『금강경』 '사구게'를 설

84 "身是菩提樹 心如明鏡臺 時時勤佛戒 莫使有塵矣"『六祖壇經』慧能 著, 上.
85 "心是菩提樹 身爲明鏡臺 明鏡本淸淨 何處染塵矣" 上揭書, 上.

하고 가사와 발우를 전했다. 그런 후 이 밤 즉시 남쪽으로 떠나되 "회會 자 마을은 피하고 회懷 자 마을에만 머물라"면서 "가사와 발우의 전수는 그대로서 끝내라"고 부촉하였다. 훗날 중국 선종사禪宗史에서 신수의 게송은 은유隱喩이고, 혜능의 게송은 직유直喩라고 분류하여 혜능과 신수는 남돈북점南頓北漸의 대표적 선장禪匠으로 불리게 되었다.

● **須菩提 譬如有人 身如須彌山王 於意云何 是身爲大不 須菩提言 甚大世尊 何以故 佛說非身 是名大身**

사구게에 이어 붓다가 말했다. "수보리여! 비유해서 말한다면 어떤 사람이 그 몸이 수미산왕須彌山王[86]만큼 크다고 한다면, 그대 생각은 어떠한가. 그 몸집이 크다 하겠는가?" 이에 수보리가 말하기를 "매우 큽니다. 세존이시여! 왜냐하면 세존께선 몸 아닌 것을 이름하여 큰 몸이라 말씀한 것입니다"라고 하였다.

붓다가 말한 비신非身은 색신色身이 아닌 법신法身을 말한다. 눈에 보이는 형체 있는 색신은 아무리 크다 해도 헤아릴 수 있고 설명할 수 있으며 또한 상대적이다. 하지만 절대적인 법상法相은 아인사상을 여의어

86 수미산왕(須彌山王 : 수미산 Sumeru-parvata)은 인도의 신화적 우주관에서 말하는 큰 산이다. 이 세계의 맨 아래에 풍륜風輪, 그 위에 수륜水輪, 그 위에 금륜金輪이 있으며, 그 위에 7개의 산과 8개의 바다[七山八海]가 있는데 그 중심이 수미산이다. 즉 우주에서 제일 높은 중심의 산으로 그 꼭대기에는 제석천帝釋天이 살고, 중턱은 사왕천四王天이 사는 것이라고 한다. 따라서 붓다가 '수미산왕'이라 한 것은 모든 산 가운데 가장 크기 때문에 비유한 것이다.

그 내심은 헤아릴 수도 없고 말할 수도 없이 크므로 허공세계도 능히 품안에 넣을 수 있는 것이다. 그래서 그 법신의 크기를 가장 큰 수미산에 비할 수 있다고 말한 것이다.

이러한 비신非身을 함허는 "일찍이 잠시도 있지 않았다고 하나, 형상은 완연하구나 / 형상이 비록 완연하다 하나, 토끼 뿔과도 같구나"[87] 라고 하였다.

그러면서 선사는 "비록 지혜의 불꽃이 연등불로부터 이어졌다 하지만, 전해진 것은 무엇이며 얻은 것은 무엇인가? 불토를 장엄한다 하지만, 장엄할 곳[所]은 어디이며, 장엄하는 이[能]는 누구인가? 능能과 소所가 이미 없으니 마음은 응당 머무름이 없으며, 이미 마음에 머묾이 없으니 모든 망념이 사라지누나. 망념이 사라지고 없으니 하나의 진리만 드러나도다"[88]고 하였다. 즉 얻은 바가 없으므로 능・소(能所)가 이미 없고, 능소가 없으므로 머묾이 없으며, 머묾이 없으므로 절대적 진리인 공성空性에 들어갈 수 있다는 것이다.

또 야부 선사는 이러한 '머묾 없는 마음의 일으킴'에 대해 다음과 같이 읊었다.

山堂靜夜坐無言하니　寂寂寥寥本自然이라
何事西風動林野인댄　一聲寒雁唳長天이로다

87 "未曾暫有像宛然 像雖宛然同兎角"『金剛經五家解』「莊嚴淨土分第十」'說誼'.
88 "雖曰續焰燃燈 傳介什麽 得介什麽 雖曰莊嚴佛土 所嚴何土 能嚴何人 能所旣無 心應無住 心旣無住諸妄消 妄旣消亡一眞現" 上揭書, '說誼'.

고요한 밤 山堂에 말없이 앉았으니

적적하고 고요함은 본디 그대로구나

무슨 일로 서쪽 바람은 들숲을 흔드는고

찬 기러기 울음소리 긴 하늘 울리도다

제11 위함 없는 福은 뛰어나다

無爲福勝分 第十一
무위복승분 제십일

須菩提여 如恒河中所有沙數如是沙等恒河를 於意云何오 是
수보리 여항하중소유사수여시사등항하 어의운하 시

諸恒河沙가 寧爲多不아 須菩提言하대 甚多니다 世尊하 但諸
제항하사 영위다부 수보리언 심다 세존 단제

恒河도 尙多無數온 何況其沙리니까 須菩提여 我今에 實言으로
항하 상다무수 하황기사 수보리 아금 실언

告汝하노니 若有善男子善女人이 以七寶滿ㅣ 爾所恒河沙數
고여 약유선남자선여인 이칠보만 이소항하사수

三千大千世界以用布施하면 得福이 多不아 須菩提言하대 甚
삼천대천세계이용보시 득복 다부 수보리언 심

多니다 世尊하 佛告須菩提하사대 若善男子善女人이 於此經中
다 세존 불고수보리 약선남자선여인 어차경중

에 乃至受持四句偈等하야 爲他人說하면 而此福德은 勝前福德
내지수지사구게등 위타인설 이차복덕 승전복덕

하리라 〈原文135字〉

【字解】

"수보리여! 항하 가운데 있는 모래 수만큼 항하가 있다고 한다면, 그대 생각은 어떠한가. 모든 항하의 모래가 정녕 많다고 하겠는가?" 수보리가 말하기를 "매우 많습니다. 세존이시여! 다만 모든 항하만 하더라도 헤아릴 수 없이 많은데, 하물며 어찌 그 모래를 헤아리겠습니까!" 붓다가 말했다. "수보리여! 내 이제 그대에게 진실한 말로써 이르고자 하나니, 만약 어떤 선남자선여인이 칠보로써 항하의 모래알 수만큼 삼천대천세계에 가득 채워서 보시한다면 그 얻는 복이 많다 하겠는가?" 수보리가 말했다. "매우 많습니다. 세존이시여!" 이에 붓다가 수보리에게 말했다. "만약 선남자선여인이 이 경 가운데 '사구게' 하나라도 소중히 지녀서 다른 사람에게 알려 준다면, 그 복덕은 앞에서 말한 복덕보다 훨씬 뛰어날 것이니라"

【講解】

● **須菩提 如恒河中所有沙數如是沙等恒河 於意云何 是諸恒河沙寧爲多不 須菩提言 甚多世尊 但諸恒河 常多無數 何況其沙**

붓다가 말하기를 "수보리여! 항하 가운데 있는 모래알 수만큼 항하가 있다고 한다면, 그대 생각은 어떠한가. 모든 항하의 모래가 정녕 많다고 하겠는가?"라고 하자 수보리가 답하기를 "매우 많습니다. 세존이시여! 다만 모든 항하만 하더라도 헤아릴 수 없이 많을 것이온데, 하물며 어찌 그 모래알 수를 헤아리겠습니까!"라고 답하였다.

항하(恒河, Gangā)는 인도의 갠지스Ganges강이다. 이 강은 세계의 지붕인 설산雪山 히말라야산맥에서 근원根源하여 동남쪽으로 흘러 벵골만으로 들어가는, 길이 2,511㎞로 인도에서 인더스Indus강 다음으로 길고 큰 강이다. 붓다는 모든 경문에서 이 항하와 항하의 모래알을 자주 비유하여 설하였다. 그런데 붓다는 이 장에서 처음으로 수보리에게 "항하의 크기와 항하의 모래알이 얼마만큼 되느냐?"고 물은 것이다. 이에 수보리는 "항하만 하더라도 헤아릴 수 없을 만큼 길고 큰 강인데, 하물며 그 강의 모래 수를 어찌 헤아릴 수 있겠습니까"라며 붓다의 다음 질문에 귀 기울인 것이다.

● **須菩提 我今 實言告汝 若有善男子善女人 以七寶滿 爾所恒河沙數三千大千世界以用布施 福德多不 須菩提言 甚多世尊**

붓다가 다시 묻기를 "수보리여! 내 이제 그대에게 진실한 말로써 이르고자 하니, 만약 어떤 선남자선여인이 항하의 모래알 수만큼 많은 삼천대천세계를 칠보로 가득 채워서 보시한다면, 그 복덕이 많다 하겠는가?"라고 묻자, 수보리가 말하기를 "매우 많습니다. 세존이시여!"라고 하였다.

여기서 붓다는 다시 복덕을 언급하면서, 복덕의 많고 적음을 항하의 크기와 항하의 모래알 수로 비유하였다. 요컨대 10장에서는 그 복덕을 수미산의 크기에 비유하였고, 이 장에서는 헤아릴 수 없이 많은 모래알 수로 비유하였다. 이 비유는 다음의 교설을 위해 전제한 것이다.

이 같은 항하의 모래알 수를 함허는 "한줄기 항하의 모래알 수도 끝이 없지만 / 모래알만큼 많은 항하 또한 다함이 없다네 / 하나의 성품에도 항하사 같은 작용이 있음이니 / 항하사 같은 묘용의 법도 다함이 없다네 / 낱낱의 항하사 역시 다함없으니 / 낱낱의 법에도 항하사 같은 작용이 있음이라"[89]고 하였다.

● **佛告須菩提 若善男子善女人 於此經中 乃至受持四句偈等 爲他人說 而此福德 勝前福德**

이어 붓다가 수보리에게 말했다. "만약 선남자선여인이 이 경 가운데 사구게 하나라도 소중히 지녀서 다른 사람을 위해 말해 준다면, 그 복덕은 앞서 칠보로 보시한 복덕보다 훨씬 뛰어날 것이다"

예컨대 칠보로써 삼천대천세계에 가득 채워 보시한다는 것은 세간에선 참으로 어려운 일이다. 하지만 이렇게 어려운 보시도 '베푼다는 상相'을 지닌 보시는 언젠가는 무너져 사라지기[有相有限] 마련이다. 하지만 무상정등각의 깨달음으로 맑고 깨끗하게 이끄는 법보시는 상이 없고 담박하여 없어지지 않는다[無相無限]는 것이다. 다시 말해 이 장의 제목처럼 '대가를 바라지 않는 무상무위의 복덕'이 '대가를 바라는 유상유위의 복덕'보다 더욱 뛰어나다는 것을 강조한 것이다.

89 "一恒河沙數無窮 沙等恒河亦無盡 一性中有恒沙用 如恒沙用法無盡 一一恒沙亦無盡 一一法有恒沙用"『金剛經五家解』「無爲福勝分第十一」'說誼'.

이러한 재보시와 법보시를 규봉 선사는 "보시는 생사生死에 감응感應함이요, 경經은 보리菩提로 나아감이니, 큰 뜻은 위의 경과 같도다"[90]라고 하였다.

또 야부 선사는 "바다에 들어가 모래알 수를 헤아림은 한갓 힘만 허비함이니 / 곳곳마다 홍진紅塵에서 벗어나지 못함이라 / 어찌하여 내 집의 진귀한 보배를 꺼냄이 / 고목에 꽃 피우는 특별한 봄만 같다 하리오!"[91]라며 항하사를 헤아리듯 하는 재보시財布施와 내 안의 자기를 밝히는 법보시法布施를 비유하여 읊었다.

---

90 "施感生死 經越菩提 大意同前"『金剛經五家解』「無爲福勝分第十一」'圭峰'.

91 "入海算沙徒費力 區區未免走紅塵 爭如運出家珍寶 枯木生花別是春" 上揭書, '冶父'.

제12 바른 가르침을 존중하다

尊重正教分 第十二
존중정교분 제십이

復次須菩提여 **隨說是經**하고 **乃至四句偈等**하면 **當知此處**는
부차수보리 수설시경 내지사구게등 당지차처

一切世間天人阿修羅皆應供養을 **如佛塔廟**온 **何況有人**이 **盡**
일체세간천인아수라개응공양 여불탑묘 하황유인 진

能受持讀誦이라 **須菩提**여 **當知是人**은 **成就最上第一希有之**
능수지독송 수보리 당지시인 성취최상제일희유지

法이니라 **若是經典所在之處**에는 **則爲有佛**커나 **若尊重弟子**니
법 약시경전소재지처 즉위유불 약존중제자

라 〈原文80字〉

【字解】

"또한 수보리여! 이 경의 사구게에 따라 설명하여 준다면 마땅히 알라. 그곳은 모든 세간의 천인·아수라가 모두 마땅히 불타佛陀의 탑묘와 같이 공양할 것이거늘, 하물며 어떤 사람이 이 경을 받아 지녀서 읽고 외움에 있었으랴. 수보리여! 마땅히 알아야 한다. 이 사람은 가장 높고 세상에서 제일가는 귀한 법을 성취할 것이니라. 만약 이러한 경전이

있는 곳에는 반드시 부처님과 부처를 따르는 제자들이 있을 것이니라"

【講解】

● **復此須菩提 隨說是經 乃至四句偈等 當知此處 一切世間天人 阿修羅皆應供養 如佛塔廟 何況有人 盡能受持讀誦**

붓다가 말했다. "다시 말해 수보리여! 어디서든 이 경의 사구게에 따라 그들[선남자선여인]에게 설명하여 준다면, 당연히 알게 될 것이다. 그곳에 있는 모든 세간의 천인과 아수라들도 모두 마땅히 공양하기를 붓다의 탑묘와 같이 할 것이다. 그런데 하물며 어떤 사람[선남선녀]이 이 경을 받아 지녀서 읽고 외움에 있었으랴!"

탑묘塔廟는 두 가지로 해석된다. 하나는 '탑塔'으로서 팔리pali어인 탑파(塔婆, thūpa)의 음역이며 '묘'는 탑파를 한역하면서 팔리어와 한자를 겹쳐 쓴 것이고, 또 하나는 '탑'과 '묘'로서 탑은 붓다의 사리舍利[92]를 봉안한 곳이며, 묘는 불상이나 경전을 봉안한 곳으로 당시 중국의 사당祠堂이나 종묘宗廟의 모양을 본떠 차용한 것이다. 예컨대 중국에서 '가

---

92 사리(舍利, sarira)는 범어의 음역으로 신골身骨 · 영골靈骨 · 유신遺身의 뜻이다. 한량없는 육바라밀六波羅蜜의 수행공과修行功果로서 전신全身 · 수신粹身 · 생신生身 · 법신法身사리의 4가지이다. 전신사리는 다보불多寶佛과 같이 온몸 그대로인 것. 수신사리는 여래가 멸도한 뒤 전신사리나 수신사리를 남겨 人天이 공양하는 것. 생신사리는 붓다의 유골이고, 법신사리는 대 · 소승경전으로서 붓다가 교설한 형이상적形而上的 교설을 가리킨다. 본디는 신골이나 주검을 모두 사리라고 했으나 후세에는 화장한 뒤에 나오는 '구슬모양의 작은 알갱이[顆]'만을 가리킨다.

람伽藍'을 나타내는 '절 사寺'가 후한後漢 이후부터 사용된 것을 참고한다면, 구마라집이 한역한 요진(姚秦, 4~5세기)시대는 중국불교의 형성 시기라는 것을 '여불탑묘如佛塔廟'에서 논증할 수 있다.

즉 붓다는 육도중생[천인 · 인간 · 아수라 · 아귀 · 축생 · 지옥]을 약칭해서 천인과 아수라도 무의식에 바탕 한 이 같은 무위법과 무위복덕을 알게 되면 절과 탑을 세워 이 법을 찬탄할 것인데, 하물며 선남자선여인이 이 경전을 읽고 외운다면 후오백세가 지나더라도 불국정토는 이어질 것이라는 것이다.

여기서 '붓다의 탑묘와 같다'는 것을 육조 혜능은 "경전이 있는 그 자리에서 사람을 만나게 되면 이 경을 설할 것인즉, 응당 생각 생각이 항상 무념심과 무소득심으로 나아가, 분별심[能所心]을 일으켜 설하진 않는다. 만약 능히 모든 마음을 멀리 여의어 항상 무소득심에 의지하게 되면, 곧 이 몸 안에 여래의 전신사리全身舍利가 있음이니, 그래서 여불탑묘如佛塔廟라고 하는 것이다"[93]고 하였다.

● **須菩提 當知是人 成就最上第一希有之法 若是經典所在之處 則爲有佛 若尊重弟子**

이어서 붓다는 "수보리여! 마땅히 알아야 한다. 이 경전을 지녀서 읽고 외우는 사람은 세상에서 제일 높고 가장 귀한 법을 성취할 것이므

93 "所在之處 如見人 卽說是經 應念念常行無念心 無所得心 不作能所心說 若能遠離諸心 常依無所得心 卽此身中 有如來全身舍利 故言如佛塔廟"『金剛經五家解』「尊重正敎分第十二」'六祖'.

로, 이러한 경전이 있는 그곳이 바로 부처가 있는 곳이요, 부처를 존중하는 제자가 있는 곳이다"라고 하였다.

부처가 있고, 불법이 있으며, 바른 불제자가 있다는 것은 불·법·승佛法僧 삼보三寶를 말한다. 즉 깨달음이 있는 그곳이 바로 불보佛寶이요, 그러한 경전을 소중히 지녀서 널리 펴는 것이 법보法寶요, 그 경전을 읽고 외우는 사람이 승보僧寶이다. 다시 말해 불보란, 모든 부처가 깨달아 저 언덕[彼岸]에 이른 모든 부처를 말하고, 법보란 이러한 붓다의 교설로 중생을 깨닫게 하는 것이다. 그리고 승보란 교법대로 실천 수행하는 승가僧伽의 구성체로서 유·무有無를 여의고 주·무주(住·無住)를 떠나 불보와 법보를 융화하여 스스로 삼보일체가 되는 구도자를 가리킨다. 따라서 나누면 삼보요, 합치면 반야바라밀이 되는 것이다.

이에 함허 선사는 "인간 세상에서 존중받는 것은 현성賢聖이요, 현성들 가운데 가장 뛰어난 이는 부처[佛]요, 부처가 근본으로 삼는 것은 경전[法]이다. 이 경은 부처에서 현성까지도 모두 근본으로 하여 숭상하고 있으니, 그 뛰어남을 가히 알 수 있음이다. 앞에서는 불법승佛法僧 삼보가 모두 하나의 경[一經]으로부터 나왔음을 밝혀, 일체 불법이 모두 이 경으로부터 나왔다 하고, 일체 현성이 모두 무위법으로 차별을 두었다고 하였다. 여기서는 불법승 삼보가 일경으로 모여서 돌아감을 밝혀, 경전이 있는 그곳에 바로 부처가 있으며, 존중받는 불제자가 있다고 말한다. 앞에서는 체體를 좇아 용用을 일으키는 것이요, 여기서는 용을 끌어당겨 체로 돌아가는 것이다"[94]라고 하였다.

그리고 혜능 선사는 즉위유불則爲有佛에 대해 "자기 마음으로 이 경을 외우고, 자신의 마음으로 경의 뜻을 이해하면, 무상無相과 무착無着의 도리를 체득하게 된다. 경이 있는 바로 그곳에서 항상 붓다의 행을 닦아 생각 생각이 멈추지 않으면, 바로 자기 마음이 부처인 것이다. 그러므로 이 경이 있는 곳에 바로 부처가 있다고 말한 것이다"[95]고 하였다.

---

94 "人間世之所尊重者 賢聖也 賢聖之所宗者 佛也 佛之所宗者 經也 此經 佛及賢聖 尙以爲宗 其勝可知 前明佛法僧三 皆從一經流出 而言一切佛法 皆從此經出 一切賢聖 皆以無爲法 而有差別 此明佛法僧三 會歸一經 而言經典所在之處 卽爲有佛 若尊重弟子 前則從體起 用 此則攝用歸體也"『金剛經五家解』「尊重正敎分第十二」'說誼'.

95 "自心誦得此經 自心解得經義 更能體得無着無相之理 所在之處 常修佛行 念念無有間歇 卽自心是佛 故言所在之處 卽爲有佛"『金剛經五家解』「尊重正敎分第十二」'六祖'.

제13 法다이 받아 지니다

如法受持分 第十三
여법수지분 제십삼

爾是에 須菩提白佛言하대 世尊하 當何名此經이며 我等이 云
이시 수보리백불언 세존 당하명차경 아등 운

何奉持니잇고 佛告須菩提하사대 是經은 名爲金剛般若波羅蜜
하봉지 불고수보리 시경 명위금강반야바라밀

이니 以是名字로 汝當奉持하라 所以者何오 須菩提여 佛說般
이시명자 여당봉지 소이자하 수보리 불설반

若波羅蜜이 卽非般若波羅蜜일새 是名般若波羅蜜이니라 須菩
야바라밀 즉비반야바라밀 시명반야바라밀 수보

提여 於意云何오 如來有所說法不아 須菩提白佛言하대 世尊
리 어의운하 여래유소설법부 수보리백불언 세존

하 如來無所說이니다 須菩提여 於意云何오 三千大千世界所有
여래무소설 수보리 어의운하 삼천대천세계소유

微塵이 是爲多不아 須菩提言하대 甚多니다 世尊하 須菩提여
미진 시위다부 수보리언 심다 세존 수보리

諸微塵은 如來說非微塵이 是名微塵이니라 如來說世界가 非
제미진 여래설비미진 시명미진 여래설세계 비

世界일새 是名世界니라 須菩提여 於意云何오 可以三十二相으
세계 시명세계 수보리 어의운하 가이삼십이상

로 見ㅣ如來不아 不也니다 世尊하 不可以三十二相으로 得見
견 여래부 불야 세존 불가이삼십이상 득견

如來니 何以故오 如來說三十二相이 即是非相일새 是名三十二
여래 하이고 여래설삼십이상 즉시비상 시명삼십이

相이니다 須菩提여 若有善男子善女人이 以ㅣ恒河沙等身命으
상 수보리 약유선남자선여인 이 항하사등신명

로 布施하고 若復有人이 於此經中에 乃至受持四句偈等하야
보시 약부유인 어차경중 내지수지사구게등

爲他人說하면 其福이 甚多니라 〈原文253字〉
위타인설 기복 심다

【字解】

이때 수보리가 붓다에게 여쭙기를 "세존이시여! 이 경의 이름을 무엇이라고 해야 하며, 우리는 어떻게 받들어 지녀야 합니까?" 붓다가 말했다. "이 경의 이름은 '금강반야바라밀'이니 이 이름의 글자 그대로 그대들이 받들어 지닐지어다. 무슨 까닭인가 하면, 수보리여! 내가 말한 반야바라밀은 그것이 곧 반야바라밀이 아니라, 이름이 반야바라밀이기 때문이니라. 수보리여! 그대 생각은 어떠한가, 여래가 말한 법이 있다고 생각하겠는가?" 이에 수보리가 붓다에게 답하기를 "세존이시여! 여래께서 말씀하신 바는 없습니다" 다시 붓다가 수보리에게 물었다. "수보리여! 그대 생각은 어떠한가, 삼천대천세계에 있는 티끌은 얼마만큼 되겠는가?" 수보리가 말했다. "매우 많습니다. 세존이시여!" 이에 붓다가 말한다. "수보리여! 여래가 말한 모든 티끌은 티끌이 아니라 그 이름이 티끌이며, 여래가 말한 세계 또한 세계가 아니라 이름이 세계라는 것이니라. 수보리여! 그대 생각은 어떠한가, 32상으로 여래를 볼 수 있겠는가?" 수보리가 말했다. "아닙니다. 세존이시여! 32상으론 여래를 알아볼 수 없습니다. 왜냐하면 여래께선 '32상은 곧 상이 아니라 이름이 32상이다'라고 말씀하였기 때문입니다" 이에 붓다가 다시 말한다. "수보리여! 만약 선남자선여인이 저 항하 모래알 수만큼의 목숨으로써 보시를 하더라도, 또 어떤 사람이 다시 이 경 가운데 사구게 등을 받아 지녀서 이것을 다른 사람을 위하여 설명해 준다면 그 복덕은 매우 많을 것이니라"

【講解】

● **爾時 須菩提白佛言 世尊 當何名此經 我等云何奉持 佛告須菩提 是經 名爲金剛般若波羅蜜 以是名字 汝當奉持 所以者何 須菩提 佛說般若波羅蜜 卽非般若波羅蜜 是名般若波羅蜜**

이때 수보리가 붓다에게 말했다. "세존이시여! 이 경의 이름을 무엇이라 해야 하며, 우리는 어떻게 받들어 지녀야 합니까?" 이에 붓다가 말하기를 "이 경의 이름은 '금강반야바라밀'이니 그대들은 이 이름의 글자 그대로 받들어 지녀야 한다. 왜냐하면 수보리여! 내가 말한 반야바라밀은 그것이 곧 반야바라밀이 아니라, 이름이 반야바라밀인 것이다"라고 하였다.

이 장의 주제는 '이 경의 이름을 무엇이라 해야 하며, 어떻게 받아 지녀야 하는가'이다. 이러한 수보리의 물음에 붓다는 '금강반야바라밀

이라 이름하고, 그대들이 받들어 지녀야 한다'고 말하면서 '반야바라밀은 반야바라밀이 아니라, 이름이 반야바라밀이다'고 하였다. 이러한 긍정과 부정에 대한 논리는 제8분에서 스즈키 다이세츠의 '卽非の論理'를 인용하여 논급하였다. 그리고 다이세츠가 주장한 문맥도 바로 이 부분이다. 그렇다면 '반야바라밀'[96]의 적확한 의미는 무엇인가?

반야(般若, 梵prajñā, 巴paññā, 英to know, wisdom)는 인도철학의 중심용어로서 법法의 참다운 이치에 계합契合한 최상의 지혜를 뜻하는 명사이다. 바라밀(波羅蜜, 梵pāramita, 巴pārami, pāramitā)은 현장(602~664) 이후 '바라밀다波羅蜜多'라고 음역하며, 크게 두 가지로 구분된다. 첫째, pāramitā의 어원은 '최고의' '최상의'를 의미하는 형용사 'pārama'이다. 이것의 여성명사로 pārami가 되어, 다시 추상명사를 만드는 어미인 tā를 붙여 pāramitā가 되었다는 설로서 '성취' '최상' '완성'의 뜻이다. 둘째, 한역에서는 '저 언덕에 이른다'는 도피안到彼岸으로 법도를

---

96 '반야바라밀'은 인도철학의 용어로 초기 우파니샤드Upanishad에서는 '나의 본질'이란 뜻이다. 카시국의 아쟈타샤트왕이 바라문인 가르갸 발리키와 식(識, vijñāna) 또는 혜(慧, prajñā)를 논할 때, 이를 몽면夢眠과 숙면熟眠으로 비유하였다. 그것은 개인아個人我를 가리키며, 때로는 광명 · 실제 · 환희 등으로도 풀이한다. 웃달라카 아루나는 혜慧를 개인아로부터 보편아普遍我, 무한자無限者로 발전시켜 전변설을 주장하였고, 베단타Vedānta 학파에서는 외지外地의 보편과 내지內地의 광명과 함께 순지純知만의 혜慧를 주장하였다. 이 셋은 유일자의 몸 가운데 존재하며, 유일자는 이 3위가 각기의 주관과 객관을 알고 있으면서도 주관의 근저에는 변화 없이 존재한다고 한다. 불교에서는 대상을 분석하여 판단하는 인식작용으로서 식識을 넘어 찰나에 존재의 본질을 직관적으로 파악하는 진실한 지혜와 예지를 의미하며, 다른 의미로는 이성理性을 말한다. 이러한 반야에 의하여 부처가 될 수 있으므로 불모佛母라고도 불린다. 또 원시불교에서는 수행자가 반드시 실천해야 하는 3학의 하나로서 이러한 지혜의 획득이 절대적정絶對寂靜인 열반이라 하여 중요시 하게 되었다. 이 같은 반야사상은 초기 대승경전인 『반야경』에 계승되어 6바라밀 가운데서 '반야바라밀'이 되어 경전 전반에 미치게 되었다.

뜻하는 도度 등으로 번역되고, 티베트역[西藏譯]에서는 'pha rol phyin pa'라 번역한다. 이상의 두 가지 이외 한역자들은 '바라밀'에는 여러 가지 뜻이 있으므로 굳이 의역하지 않고, 음역으로 '바라밀' 또는 '바라밀다'라고 하였다.

이 같은 반야바라밀이 대승불교 초기에는 계·정·혜戒定慧를 기반으로 6바라밀이 되었다. 이 6바라밀은 보시·지계·인욕·정진·선정·반야(지혜)의 바라밀로서 『화엄경』, 『법화경』, 『금강명경』 등의 대승경전으로 전개되면서 지智·원願·역力·방편方便 등 네 가지를 더하여 10바라밀이 되었다. 이에 남방불교에서는 이 10바라밀이 보시·지계·사세捨世·지혜·인욕·정진·진실·결의決意·자비·희사喜捨로 되었고, 『승만경』에서는 상常·락樂·아我·정淨의 4바라밀이 되었다.

이 '반야바라밀'을 야부 선사는 "불에 태울 수도 없고, 물에 빠뜨릴 수도 없으며 / 바람에 날릴 수도 없고, 칼로 깨뜨릴 수도 없으니 / 부드럽기는 얇은 비단과 같고, 단단하기는 철벽과 같구나 / 천상과 인간이 고금古今으로 알지 못하도다. 억-"[97]이라고 하였다. 즉 반야바라밀은 최상의 지혜로서 공적空寂하기 때문에 어떠한 변화에도 변하지 않으며, 또한 어떠한 상황에도 응대할 수 있음을 말한 것이다.

또 김종오 선생은 "반야바라밀은 반야바라밀이 아니라 이름이 반야

97 "火不能燒 水不能溺 風不能飄 刀不能劈 軟似兜羅 硬如鐵壁 天上人間 古今不識" 『金剛經五家解』「如法受持分第十三」'冶父'.

바라밀이라 한 것은 '마음 아닌 것이 마음이요, 하늘 아닌 것이 하늘인 것'과 같다. 만약 손에 쥘 수 있는 반야바라밀이라면 이는 정해져 있는 법이므로 불생불멸의 저 언덕이 아니고, 만약 가르칠 수 있는 반야바라밀이라면 이는 얽매인 것으로 무위의 법이 아니다. 만약 이름할 수 있는 반야바라밀이라면 이는 이름뿐인 것으로 무여열반無餘涅槃에 이르는 것이 아니다. 따라서 반야바라밀을 얻은 자는 반야바라밀이 공적함을 깨닫게 되니, 반야바라밀은 어디 있으며, 하물며 이름까지 있음인가!"[98]라고 하였다.

따라서 반야바라밀은 그 이름을 떠나 자성自性을 고요히 비추게 하므로[寂照] 반야바라밀이요, 거리낌 없이 자유자재하여 반야바라밀인 것이다. 또한 반야바라밀은 상相도 없고 체體도 공하여 반야바라밀이라 이름할 수 없으며, 이름이 없으니 공적함을 마주하여 응함에 정해진 것이 없어 '반야바라밀'이라고 말한 것이다.

● **須菩提 於意云何 如來有所說法不 須菩提白佛言 世尊 如來無所說 須菩提 於意云何 三千大千世界所有微塵 是爲多不 須菩提言 甚多 世尊 須菩提 諸微塵 如來說非微塵 是名微塵 如來說世界 是名世界**

다시 붓다가 수보리에게 물었다. "수보리여! 그대 생각은 어떠한가, 여래가 설한 바 법이 있다고 하겠는가?" 이에 수보리가 붓다에게 말하

98 김종오 주해, 『금강경』, p.77.

기를 "세존이시여! 여래께서는 말씀하신 바가 없습니다"라고 하자 붓다가 수보리에게 또 물었다. "수보리여! 그대 생각은 어떠한가, 삼천대천세계에 있는 티끌이 얼마만큼 되겠는가?" 수보리가 말하기를 "매우 많습니다. 세존이시여!" 이에 붓다가 말했다. "수보리여! 여래가 말한 모든 티끌은 티끌이 아니라 그 이름이 티끌이며, 여래가 말한 세계 또한 세계가 아니라 이름이 세계라는 것이다"

'여래의 설한 바 법이 있는가[有所說法]'라는 붓다의 질문에 수보리가 답한 것으로 붓다와 수보리의 일문일답이다. 붓다의 교설은 본디 있음도 여의고[離有], 없음도 여읜[離無] 것이므로 유무有無가 없는 것이다. 만약 있고 없음에 얽매인다면 범부의 어리석음에 지나지 않는다. 따라서 '여래의 땅[如來地]'에서는 말과 이름이 없다. 내가 공하고 법이 공하니[我空法空] 무슨 말이 있을 수 있으며, 무슨 법이 있을 수 있겠는가! 만약 법이 있다면 그것은 '중생이 중생을 위해 세운 법'이요, 말이 있다면 '중생이 중생 때문에 만든 말'인 것이다.

즉, 맑은 거울에 천태만상이 비치듯 오감(五感, 眼耳鼻舌身)에 만상의 형상이 생기지만 거울로써 보면 일찍이 한 개의 형상도 만듦이 없고 오직 거울만 있을 뿐이다. 거울 속에 만상이 나타나는 것은 거울 밖에 있는 것이지 거울 자체에는 아무런 형상이 없다. 여래의 설법 또한 이와 같아서 여래는 법이나 말을 한 바가 없으니, 만일 여래가 법을 설하였다고 하면 이는 거울이 그림자를 지어냈다는 것과 같은 것이다. 그러므로 여래의 설은 곧 설이 아닌 것이다. 그래서 붓다는 '여래가 설한 바

법이 있는가?'라고 물었으며, 수보리는 이미 반야바라밀에 이르렀으므로 바로 '여래께선 설한 바가 없습니다'고 말한 것이다.

이 '여래무소설如來無所說'에 대해 규봉 선사는 "설한 바가 없다는 것은 달리 줄이거나 더하여 설함이 없고, 다만 증득한 대로 설하여 본디 그 증득함과 같으므로 설한 바가 없다[無所說]는 것이며, 삼세제불이 모두 그렇기 때문에 다른 설이 없다고 한 것이다. 그러므로 논論[99]에 이르기를, 일법一法에 있어서 오직 여래만이 설한 것도 아니고, 다른 부처가 설하지도 않았다 하며, 무착無着이 이르기를 제일의第一義는 가히 설할 수 없다"[100]고 하였다. 즉 여래든 누구든 증득한 그대로이므로 무소설無所說이며 불가설不可說이라는 것이다.

또 혜능 선사는 "붓다가 수보리에게 묻기를 '여래가 법을 설하심에 마음으로 얻은 것이 있는가?'라고 하자, 수보리는 여래의 설법은 마음

---

99 규봉 선사가 『금강경』을 주석하면서 인용한 게송偈頌은 「미륵80송」이고, 논論은 『天親論』이다. 이에 규봉 선사가 본문에서 별도로 인용한 부분에 책명은 밝히지 않고 '논에 이르기를[論云]'이라고 하였다. 따라서 규봉이 말한 '論云'은 天親이 논증한 대승경전의 論書를 말한다. *天親은 4~5세기 북인도 富婁沙富羅國의 학승으로 婆藪槃豆Vasubandhu 또는 伐蘇畔度로 음역하며 당시 대표적인 논사였던 無着(Asaṅga, 310~390?)의 아우로 世親이라고도 한다. 처음 阿踰闍國에서 薩婆多部의 小乘敎를 배워 『大毘婆沙論』을 강설하면서 一日一偈로써 600偈를 모아 『俱舍論』을 펴냈다. 이후 형인 無着의 권유로 大乘敎를 배운 후, 小乘에 고집한 잘못을 뉘우치고, 대승경전을 널리 설했다. 著書로는 『俱舍論』 30권, 『十地經論』 12권, 『唯識二十論』, 『唯識三十論』, 『攝大乘論』 15권, 『佛性論』 4권 등을 펴내 일명 '千部之論師'라고 불린다.

100 "無所說者 無別異增減之說 但如證而說 旣如其證 則無所說 三世諸佛 皆然故 云無異說故 論云無有一法 唯獨如來說 餘佛不說 無着云 第一義不可說" 『金剛經五家解』 「如法受持分第十三」 '圭峰'.

에 얻는 바가 없으므로 '설한 것이 없습니다'라고 하였다. 여래의 의도는 세상 사람들로 하여금 얻음이 있다는 마음[有所得心]을 여의게 하는 것으로 반야바라밀법을 설하였다. 모든 사람들이 이 설법을 듣고 모두 보리심을 일으켜 무생無生의 이치를 깨달아 무상도無上道를 이루게 하는 것이다"[101]고 하였다.

여기서 붓다는 수보리에게 '삼천대천세계의 티끌은 얼마나 되겠는가?'라고 물었다. 티끌은 범어의 먼지를 뜻하는 'rajas'를 구마라집이 미진微塵이라고 한역한 것으로 작은 티끌을 말한다. 이러한 티끌이 모여 세계가 되고, 이 세계가 분해되면 티끌이 되는 것이다. 즉 우리 눈에 보이는 만사만물과 형상을 지닌 일체 모든 것은 다 티끌이다. 지수화풍地水火風은 물론 하늘에 뜨고 지는 해 · 달 · 별도 모두 티끌 아닌 것이 없다. 이러한 미(微, aṇu)라는 것에는 색법色法의 가장 작은 것인 극미極微가 있고, 이 극미가 7개 모인 '미'가 있다. 이 극미는 1개만으론 존재할 수 없고, 반드시 7개의 극미가 모여야 존재하게 되므로 의상조사義湘祖師는 「법성게法性偈」에서 '한 티끌 가운데 우주를 머금었다[一微塵中含十方]'고 한 것이다.

● **須菩提 於意云何 可以三十二相 見如來不 不也世尊 不可以三十二相 得見如來 何以故 如來說三十二相 卽是非相 是名**

101 "佛問須菩提 如來說法 心有所得不 須菩提 知如來說法 心無所得 故言無所說也 如來意者 欲令世人 離有所得之心 故說般若波羅蜜法 令一切人聞之 皆發菩提心 悟無生理 成無上道也"『金剛經五家解』「如法受持分第十三」'六祖'.

三十二相 須菩提 若有善男子善女人 以恒河沙等身命布施 若復有人 於此經中 乃至四句偈等 爲他人說 其福甚多

이어서 붓다가 묻는다. "수보리여! 그대 생각은 어떠한가, 32상으로 여래를 볼 수 있겠는가?" 수보리가 말했다. "볼 수 없습니다. 세존이시여! 32상으로는 여래를 알아볼 수 없습니다. 왜냐하면 여래께선 32상은 곧 상이 아니고 이름이 32상이라고 말했기 때문입니다" 붓다가 다시 말했다. "수보리여! 만약 선남자선여인이 저 항하의 모래알 수만큼 많은 목숨으로 보시를 한다 할지라도, 어떤 사람이 이 경 가운데 사구게 등을 받아 지녀 이것을 다른 사람에게 알려 준다면 그 복덕福德은 더욱 클 것이다"

붓다가 수보리에게 다시 물었다. "32상으로 여래를 여래라고 알 수 있겠는가?" 이에 수보리는 "알 수 없습니다. 여래가 말한 32상은 이름이 32상이라고 말했기 때문입니다"라고 하였다. 32상三十二相[102]은 위대

102 32상(三十二相, Dvātriṃśadvarala-kṣana) : 부처의 몸에 갖춰진 32표상을 말한다. 32대인상大人相, 32대장부상大丈夫相이라고도 한다. 몸이 깨끗한 상. 몸이 단정하고 엄숙한 상. 몸이 기울지 않아 반듯한 상. 몸이 자마금빛 상. 뼈마디가 고리로 연결된 상. 털구멍에 향기가 나는 상. 목 뒤로 둥근 빛이 있는 상. 빛이 온몸에 밝게 비치는 상. 이마 위에 살이 내민 상. 눈에 광채가 있는 상. 머릿결이 부드러운 상. 얼굴이 둥근 상. 눈썹이 초생달 같은 상. 양미간에 백호가 있는 상. 코가 높고 구멍이 보이지 않는 상. 귓바퀴가 늘어진 상. 양 볼이 풍부한 상. 입에서 묘한 향기가 나는 상. 혀가 넓고 긴 상. 한 소리가 여러 소리로 들리는 상. 두 손이 무릎 아래로 내려오는 상. 무릎 뼈가 견고한 상. 발가락에 천륜폭 무늬가 있는 상. 발이 땅 위를 떠 걷는 상. 손과 발이 부드러운 상. 머물 때 안정감을 주는 상. 위엄이 일체를 누르는 상. 법을 설하되 상을 여읜 상. 이가 희고 가지런한 상. 중생을 평등하게 하는 상. 악한 중생도 기쁘게 하는 상이다.

한 인물이 몸에 갖추고 있는 서른두 가지의 특징이다. 이러한 상相을 갖춘 사람이 속세에 있으면 전륜성왕轉輪聖王[103]이 되고, 출가하면 깨달음을 이룬다고 하였다. 즉 32상이라는 것은 색신에 나타나는 모습이기 때문에 언젠가는 색신과 함께 없어지는 것이므로 '무상정등각'이 아니며, '금강반야바라밀'도 아니다. 그래서 수보리는 32상으로 여래를 볼 수 없다고 하였다. 이에 붓다가 다시 말한다. '선남자선여인이 항하의 모래알 수만큼 많은 몸과 목숨으로 보시한 복덕보다, 이 경의 사구게를 지니고 다른 사람을 위해 설명해 주는 복덕이 더욱 크다'라며 앞장에서 설한 것을 다시 반복하여 설한 것이다.

이러한 상相에 대해 함허는 "상相과 상 아닌[非相] 것은 모두 부처가 아니며, 상이 곧 상 아님[相卽非相]이라야 참[眞]이 되는 것이다. 만약 이 같은 올바른 이치를 안다면, 천진면목天眞面目을 어찌 다시 의심하겠는가!"[104]라고 하였다.

그리고 육조 혜능은 "32상相이란 32청정행淸淨行인 것으로 오근五根에

---

103 전륜성왕(轉輪聖王, Cakravarti-rāja) : 바퀴를 굴리는 왕이란 뜻으로 하늘을 날 수 있기 때문이다. 몸에 32상을 갖춰 왕이 될 때, 하늘로부터 윤보(輪寶, cakra)를 감득하여 그것을 굴려 천하를 정복한다. 고대 인도에서 나타나기를 바라던 전설적 왕이다. 이 바람은 불교도나 힌두교도, 자이나교도가 모두 공통적이었다. 윤보는 일종의 무기라 할 수 있으며 금 · 은 · 동 · 철의 네 가지가 있다. 금륜왕은 수미사주須彌四洲를 다스리고, 은륜왕은 동남서 3주를, 동륜왕은 동남 2주를, 철륜왕은 남염부주南閻浮州의 1주를 다스린다고 한다. 전세에 큰 복을 닦은 덕으로 전륜성왕이 되고 32상을 갖추었으나, 무상정등각을 이루지 못해 32상이 색신에 그쳤으므로 여래라 할 수 없는 것이다.

104 "是相非相 皆非佛 相卽非相 乃爲眞 皆能如是知端的 天眞面目 更何疑"『金剛經五家解』「如法受持分第十三」'說誼'.

있어서는 육바라밀을 닦고, 의근意根에 있어서는 무상과 무위를 닦으니 이것을 32청정행(5근×6바라밀+무상, 무위=32청정행)이라 한다"[105]라고 하였다.

이에 야부 선사는 "네가 있으니 내가 있고 / 그대가 없으면 나 또한 없음이라 / 유와 무를 함께 세우지 않으니 / 서로 마주보고 미소 지을 뿐이다"[106]며 유상과 무상을 동시에 밝혀야 한다고 하였다.

또 올바른 보시에 대해 함허 선사는 "지혜안智慧眼이 없이 공연히 베풀기만 하면 이것은 보리의 바른길이 아니라 외려 생사의 고통스러운 윤회에 얽매이게 된다. 그러나 사구게를 받아 지녀 혜안慧眼이 열리면 이것은 참다운 보리의 바른길로서 열반진상涅槃眞常을 증득하여 유위·무위의 우열이 분명해진다"[107]며 올바른 보시의 중요성을 설명하였다.

105 "三十二相者 是三十二清淨行 於五根中 修六波羅密 於意根中 修無相無爲 是名三十二清淨行"『金剛經五家解』「如法受持分第十三」'六祖'.

106 "爾有我亦有 君無我亦無 有無俱不立 相對觜盧都" 上揭書, '冶父'.

107 "無智慧眼 空然捨施 此非菩提正路 反招生死苦輪 受持四句 開得慧眼 此眞菩提正路 當證涅槃眞常 有爲無爲 優劣皎然" 上揭書, '說誼'.

제14 相을 여의고 寂滅에 이르다

離相寂滅分 第十四
이상적멸분 제십사

爾時에 須菩提ㅣ 聞說是經하고 深解義趣하야 涕淚悲泣하야
이시 수보리 문설시경 심해의취 체루비읍

而白佛言하대 希有世尊하 佛說如是甚深經典하시고 我從昔來
이백불언 희유세존 불설여시심심경전 아종석래

에 所得慧眼으로는 未曾得聞如是之經이니다 世尊하 若復有人
소득혜안 미증득문여시지경 세존 약부유인

이 得聞是經하고 信心이 淸淨하야 則生實相하면 當知是人은
득문시경 신심 청정 즉생실상 당지시인

成就第一希有功德이니다 世尊하 是實相者則是非相일새 是故
성취제일희유공덕 세존 시실상자즉시비상 시고

로 如來說名實相이니다 世尊하 我今에 得聞如是經典하고 信
여래설명실상 세존 아금 득문여시경전 신

解受持는 不足爲難이니와 若當來世ㅣ 後五百歲에 其有衆生이
해수지 부족위난 약당래세 후오백세 기유중생

得聞是經하고 信解受持하면 是人은 則爲第一希有니 何以故
득문시경 신해수지 시인 즉위제일희유 하이고

오 此人은 無我相無人相無衆生相無壽者相이니 所以者何
차인 무아상무인상무중생상무수자상 소이자하

오 我相이 卽是非相이며 人相衆生相壽者相이 卽是非相이
아상 즉시비상 인상중생상수자상 즉시비상

니 何以故오 離一切諸相이면 則名諸佛이니다 佛告須菩提하
하이고 이일체제상 즉명제불 불고수보리

사대 如是如是니라 若復有人이 得聞是經하고 不驚不怖不畏
여시여시 약부유인 득문시경 불경불포불외

하면 當知是人은 甚爲希有니 何以故오 須菩提여 如來說
당지시인 심위희유 하이고 수보리 여래설

第一波羅蜜이 卽非第一波羅蜜일새 是名第一波羅蜜이니
제일바라밀 즉비제일바라밀 시명제일바라밀

라 須菩提여 忍辱波羅蜜을 如來說非忍辱波羅蜜일새 是名
수보리 인욕바라밀 여래설비인욕바라밀 시명

忍辱波羅蜜이니라 何以故오 須菩提여 如我昔爲歌利王이 割
인욕바라밀 하이고 수보리 여아석위가리왕 할

截身體할새 我於爾時에 無我相無人相無衆生相無壽者相
절신체 아어이시 무아상무인상무중생상무수자상

이니 何以故오 我於往昔節節支解時에 若有我相人相衆生
하이고 아어왕석절절지해시 약유아상인상중생

相壽者相이면 應生瞋恨하리라 須菩提여 又念하니 過去於ㅣ
상수자상 응생진한 수보리 우념 과거어

五百歲에 作忍辱仙人할새 於爾所世에 無我相無人相無衆
오백세 작인욕선인 어이소세 무아상무인상무중

生相無壽者相이니 是故로 須菩提여 菩薩은 應離一切相하
생상무수자상 시고 수보리 보살 응이일체상

고 發阿耨多羅三藐三菩提心일새 不應住色生心이며 不應住
발아뇩다라삼막삼보리심 불응주색생심 불응주

聲香味觸法生心이며 應生無所住心이니 若心有住면 則爲非住
성향미촉법생심 응생무소주심 약심유주 즉위비주

니라 是故로 佛說菩薩은 心不應住色布施니라 須菩提여 菩薩
시고 불설보살 심불응주색보시 수보리 보살

은 爲利益一切衆生하야 應如是布施니라如來說 一切諸相
위이익일체중생 응여시보시 여래설 일체제상

이 卽是非相이며 又說一切衆生이 卽非衆生이니라 須菩提여
즉시비상 우설일체중생 즉비중생 수보리

如來는 是眞語者며 實語者며 如語者며 不ㅣ誑語者며 不ㅣ異
여래 시진어자 실어자 여어자 불 광어자 불 이

語者니라 須菩提여 如來所得法은 此法이 無實無虛니라 須
어자 수보리 여래소득법 차법 무실무허 수

菩提여 若菩薩이 心住於法하고 而行布施하면 如人이 入闇에
보리 약보살 심주어법 이행보시 여인 입암

則無所見이니라 若菩薩이 心不住法하고 而行布施하면 如人
즉무소견 약보살 심부주법 이행보시 여인

이 有目하고 日光이 明照하야 見ㅣ種種色이니라 須菩提여 當
유목 일광 명조 견 종종색 수보리 당

來之世에 若有善男子善女人이 能於此經에 受持讀誦하면
래지세 약유선남자선여인 능어차경 수지독송

則爲如來以佛智慧로 悉知是人하시며 悉見是人이 皆得成就
즉위여래이불지혜 실지시인 실견시인 개득성취

無量無邊功德이니라 〈原文611字〉
무량무변공덕

【字解】

이때 수보리가 이 경의 설함을 듣고 그 깊고 오묘한 뜻을 깨달아 눈물을 흘리고 슬피 울면서 붓다에게 말했다. "희유하십니다. 세존이시여! 세존께서 이와 같이 깊은 뜻의 경전을 설하심에 있어, 제가 이제까지 들은 혜안으로는 일찍이 이러한 경전은 듣지 못했습니다. 세존이시여! 만약 또 어떤 사람이 이 경을 듣고 신심이 청정해지면 곧 실상實相을 깨닫게 될 것이니, 마땅히 이 사람은 제일로 희유한 공덕을 성취한 사람이 될 것입니다. 세존이시여! 이 실상이라는 것도 곧 상相이 아님이니, 그러므로 여래께서 이름이 실상이라고 말한 것입니다.

세존이시여! 제가 지금 이러한 설법을 듣고, 믿어서 받아 지니기는 어렵지 않습니다만, 만약 후오백세에 어떤 중생이 이 경을 얻어 듣고 그대로 받아 지니면 이 사람은 제일로 희유한 사람이 될 것입니다. 왜냐하면 이 사람은 아상도 없고 인상도 없으며 중생상 · 수자상도 없기 때문입니다. 무슨 까닭이냐 하면, 아상이 곧 상이 아니고, 인상 · 중생상 · 수자상도 곧 상이 아니기 때문입니다. 그 까닭은 일체의 모든 상을 여읜 것을 모두 부처라 이름하기 때문입니다"

이에 붓다가 말했다. "그럼 그렇지, 참으로 그러하니라. 만약 또 어떤 사람이 이 경을 듣고도 놀라지 않고 겁내지 않고 두려워하지도 않는다면, 이 사람은 매우 희유한 사람임을 알아야 하느니라. 왜냐하면 수보리여! 여래가 제일바라밀이라 한 것도 제일바라밀이 아니요, 이름이 제일바라밀이기 때문이니라. 수보리여! 인욕바라밀도 여래가 설하되 인욕바라밀이 아니라 이름이 인욕바라밀이니라. 왜냐하면 수보리여!

내가 옛적에 가리왕歌利王에게 내 몸이 낱낱이 베일 때도 나는 아상이 없었고 인상 · 중생상 · 수자상도 없었느니라. 왜냐하면 내가 옛적에 온몸의 마디마디와 사지四肢가 찢겨 나갈 때, 만약 아상 · 인상 · 중생상 · 수자상이 있었다면 마땅히 성내고 분한 마음을 일으켰을 것이기 때문이니라. 수보리여! 또 지난 오백세에 인욕선인이 되었을 때를 생각하니 그때의 세상에서도 아인사상我人四相이 없었느니라.

그러므로 수보리여! 보살은 마땅히 일체의 상을 벗어나 무상정등각의 마음을 일으켜야 하나니 마땅히 형상에 머문 마음을 내지 않고, 마땅히 소리와 냄새 · 맛 · 촉감 · 요량의 육진에 머문 마음을 내지 않으며, 마땅히 머묾 없는 머묾의 마음을 내어야 하는 것이니라. 만약 마음에 머묾이 있다면, 이는 곧 머묾 아닌 것이 되느니라. 이런 까닭으로 부처가 말하기를 '보살은 마음에 형상을 두는 보시는 하지 않는다'고 하였느니라. 수보리여! 보살은 마땅히 일체중생에게 이익이 되는 이러한 보시를 해야 하나니, 이에 여래가 말하기를 '일체의 모든 상이 곧 상이 아니다'고 하였으며, 또 말하기를 '일체중생이 곧 중생이 아니다'고 하였느니라.

수보리여! 여래는 참다운 말을 하는 사람이며, 실다운 말을 하는 사람이며, 사실 그대로를 말하는 사람이며, 거짓을 말하지 않는 사람이며, 다른 말을 하지 않는 사람이니라. 수보리여! 여래가 법을 얻음에 이 법은 실다움도 없고 헛됨도 없느니라. 수보리여! 만약 보살이 마음에 법을 두고 보시하면, 마치 사람이 어둠에 들어가 보이지 않는 것과 같고, 만약 보살이 마음에 법을 두지 않고 보시하면, 마치 사람에게 눈이 있어서 햇빛이 밝게 비추어 갖가지의 물체를 보는 것과 같으니라. 수보리여! 장차 다가오는 세상에 만약 선남자선여인이 능히 이 경을 받아 지녀서 읽고 외우면 곧 여래가 부처의 지혜로써 이 사람들을 다 알아볼 수 있으므로, 그들은 모두 헤아릴 수 없을 만큼의 가없는 공덕을 성취할 수 있을 것이니라"

【講解】

● **爾時須菩提 聞說是經 深解義趣 涕淚悲泣 而白佛言 希有世尊 佛說如是甚深經典 我從昔來 所得慧眼 未曾得聞如是之經 世尊 若復有人 得聞是經 信心淸淨 則生實相 當知是人 成就第一希有功德 世尊 是實相者則是非相 是故 如來說名實相**

이때에 수보리가 이 경의 설함을 듣고, 그 깊고 오묘한 뜻을 깨달아 슬피 울면서 붓다에게 말했다. "희유하십니다. 세존이시여! 세존께서 이렇게 깊고 깊은 경전의 의미를 설하신 것은 제가 이제까지 얻은 지혜로는 일찍이 들은 적이 없습니다. 세존이시여! 만약 어떤 사람이 이 경을 듣고 신심이 청정하면 곧 참된 모습[實相]이 나타날 것이므로, 마땅히 이 사람은 제일 희유한 공덕을 성취한 사람이라 할 수 있습니다. 세존이시여! 이 실상이라는 것도 곧 상相 아닌 것이니, 이런 까닭으로 여래께서는 그 이름이 실상이라 한 것입니다"

이 경의 전반부인 제13분까지 경청한 수보리가 붓다의 심오한 설법을 듣고, 눈물을 흘리며 슬피 운 것이다. 요컨대 여러 대승경전과 어록

등에서 탐착과 어둠에 뒤덮인 자신의 모습을 보고 깨달은 후, 지난날의 오만과 편견, 그리고 독선에서 벗어나 눈물을 흘리는 예는 드물지 않다. 이때의 눈물은 자탄에 빠진 절망의 눈물이 아니라, 그간의 존재와 본질에 대한 잘못된 인식과 확증편향確證偏向에 대한 참회의 눈물이며, 또 깨침에서 나온 환희歡喜와 감례感禮의 눈물이다. 이와 같은 환희와 감례의 눈물은 조선중기 서산 휴정(西山休靜, 1520~1604) 선사와 구정(九鼎, ?~?) 선사와의 일화에도 잘 나타나 있다.

> 임진왜란이 일어나기 전, 서산 휴정 선사가 머물렀던 곳은 내금강內金剛의 백화암白華庵이다. 그런 연고로 이전에는 휴정 선사를 백화도인이라고 불렀다. 당시 백화암에는 선사의 선지禪指를 깨치고자 하는 눈 푸른 납자[雲水僧] 수백명이 모여 참선 · 간경하고 있었다. 이때 50대 초반의 부목負木이 있었다. 그는 조실부모하여 떠돌다 이곳에서 땔감 마련과 아궁이 불 때는 것을 소임으로 살아가고 있었다.
>
> 어느 초여름, 선사는 이 초로初老의 부목을 보자 측은지심惻隱之心을 감출 수 없었다. 즉 한 도량에 취사동거炊事同居하면서 어떤 이는 존재의 본질을 찾고자 불철주야로 궁리진성窮理盡性하는가 하면, 어떤 이는 박복하여 사승師僧과 도반道伴을 가까이 두고도 천하의 무지렁이로 허송하는 인생이 가련했던 것이다. 그래서 선사는 점심공양을 마친 후, 예의 부목을 불러 '법당 앞에 임시 부뚜막을 만들어 가마솥을 걸라'고 명하였다.
>
> 영문을 모르는 부목은 고개를 갸웃하면서도 흙을 짊어지고 와 물

로 으깨어 부뚜막을 만든 뒤, 솥[鼎]을 걸었다. 그러자 눈을 부릅뜬 선사는 채 마르지도 않은 부뚜막을 발로 뭉개 버렸다. 그런 후 '다시 부뚜막을 만들어 솥을 걸라'고 다그쳤다. 겁怯에 질린 부목은 놀라고 의아해하면서도 다시 흙을 으깨 부뚜막을 만들어 솥을 걸었다. 그러자 선사는 처음과 같이 또 뭉개 버리고는 다시 또 '솥을 걸라'고 하였다.

이렇게 솥을 걸고 뭉개기를 여덟 번이나 반복하자, 부목은 이번에도 선사가 뭉개 버린다면 절을 떠나기로 작정하면서 아홉 번째는 가마솥을 뒤집어 걸었다. 그런 후, 선사를 쳐다보았다. 선사의 부릅뜬 눈은 어느새 잔잔한 미소로 변해 있었고, 바지 적삼은 자신의 바지 적삼과 같이 온통 흙과 땀으로 뒤범벅이 되어 있었다. 그때서야 부목은 무엇 때문에 자기에게 가마솥을 아홉 번이나 반복하여 걸게 하였는지를 알고, 그 자리에서 엎드려 소리 내어 울었다. 스승의 지혜와 자비에 대한, 그리고 하늘과 땅의 은덕에 대한 무지와 참회의 눈물이었다. 그후 그는 아홉 차례나 솥을 걸어 깨우쳤다 하여 법명을 구정九鼎이라 하였다.[108]

즉 휴정 선사는 다생겁래多生劫來로 익혀 온 오온육식五蘊六識의 인습에 가려 '참나'인 진아(眞我, ātman)를 모르고 있는 범부를 극한 상황으로 이끌어 스스로 자신의 의식세계에 눈뜨도록 관념의 틀(frame)을 깨

108 拙稿, 「哲學과 道學」『茶와 人生』 제6집, 2006, PP.134~135.

뜨린 것이다. 다시 말해 이러한 선가禪家의 수행증득은 섬광같은 찰나의 정신세계에서만 이뤄질 수 있는 것이므로, 구도자는 스승의 법력에 직접 부딪쳐 통찰하거나 훈습되는 것이다.

실상(實相, 梵tattvasya laksannam)은 본디 있는 그대로의 모습으로 한역의 '허虛'와 '가假'가 아닌 진실한 모습과 존재방식을 의미한다. 불교 전래 이전 중국에는 없었던 말로서 불전佛典을 번역할 때 파생된 불교용어이다. 즉 상相과 비상非相에 매이지 않고 유有와 무無에 매이지 않으며, 공덕과 공덕 아님에도 매이지 않는 경지를 말한다. 그러므로 믿음의 마음이 맑고 깨끗한 사람은 이 실상을 체득할 것이며, 실상을 체득한 사람은 '이 세상에서 제일 귀한 공덕을 성취한 것'이라고 하였다.

그러나 실상이라는 것 또한 따로 있는 것이 아니다. 상 아님이 실상이고, 실상이 곧 상 아님이니, 집착할 것도 얽매일 것도 없는 것이다. 다만 '나'라는 아상我相 때문에 실상이라는 것에 매이게 되므로, 아상을 여의면 실상實相과 가상假相이 모두 실상임을 알게 된다. 따라서 실상은 일체의 허상虛相과 가상假相에서 벗어난 진여의 상으로서, 공성空性의 청정적요清淨寂寥를 말하는 것이다. 이러한 우리의 참된 모습은 본질[理]이나 현실[事]에 따로 있는 것이 아니며, 일체 사물과 서로 모순되거나 어긋남이 없는 것이다. 그래서 현상이 곧 실재[現象卽實在]이며, 차별이 곧 평등[差別卽平等]이라고 말하는 것이다.

이 같은 실상實相을 함허 선사는 "실상이라는 것은 보고 들어서 깨달아 알 수 있는 것이 아니고, 색 · 향 · 미 · 촉으로 찾을 수 있는 것도 아니다. 그러므로 말하기를 실상이라는 것은 곧 상이 아니기 때문에 여래가 실상이라 이름한 것이다. 또 이 실상이라는 것은 상이 있음[有相]도 아니고 상이 없음[無相]도 아니며, 상이 있지 않음[非有相]도 아니고 상이 없지 않음[非無相]도 아니기 때문에 여래가 실상이라 이름한 것이다"[109]라고 하였다. 다시 말해 상이 있는 것도 아니고 없는 것도 아니어서 오온五蘊으로 찾는 것이 아니라 깨달음으로 존재의 본질을 확인하는 것을 말한 것이다.

이에 야부 도천은 "(모든 것이 상相이 아니라면) 산하대지는 어느 곳에서 얻을 것인가?"[110]라며 의문을 제기한다. 그러면서 "멀리서 바라보니 산은 색이 있고 / 가까이 들어 보니 물은 소리가 없네 / 봄은 갔으나 꽃은 아직 남아 있고 / 사람이 와도 새는 놀라지 않는구나 / 각각이 모두 드러나 보이니 / 만물의 형상은 본디 같은 것인데 / 어찌 모른다 하겠는가! / 다만 너무도 분명함일세"[111]라며 분별하지 말고, 현상 그대로를 직시하라고 하였다.

함허 선사는 "미혹하면 눈앞에 법이 있게 되므로 도道에서 멀어지고, 깨달으면 귓가에 소리가 없어지므로 도에 가까워진다. 이로써 말하기를, 중생의 망견妄見이란 모든 것이 어지럽게 시끄러우며, 여래의 실

109 "此實相者 不可以見聞覺智求 不可以色香味觸覓 故云是實相者 卽非實相 是故 如來說名實相 又是實相者 非有相非無相 非非有相非非無相 是故 如來說名實相"『金剛經五家解』「離相寂滅分第十四」'說誼'.

110 "山河大地 甚處得來", 上揭書, '冶父'.

111 "遠觀山有色 近聽水無聲 春去花猶在 人來鳥不驚 頭頭皆顯露 物物體元平 如何言不會 秖爲太分明" 上揭書, '冶父'.

견實見이란 일체가 참이고 고요하다. 비록 색과 소리가 없다 하나 상相과 상이 항상 완연하고, 비록 상과 상이 완연하다고 하나 그 상을 얻지 못함이라. 그래서 이르기를 상相도 없고 공空도 없고 공 아님[不空]도 없는 바로 이것을 여래의 참된 실상實相이라고 한다. 이러한 참된 실상은 갖가지에 다 드러나고, 만물에도 분명하여 언제 어느 곳이든 밝게 드러나지 않음이 없다"[112]라며 유有도 무無도, 그리고 공空도 불공不空도 아닌, 그러나 두두물물頭頭物物이 무시무처無時無處로 드러나는 것이 바로 실상이라는 것이다.

● **世尊 我今得聞如是經典 信解受持 不足爲難 若當來世後五百歲 其有衆生 得聞是經 信解受持 是人 則爲第一希有 何以故 此人 無我相無人相無衆生相無壽者相 所以者何 我相 卽是非相 人相衆生相壽者相 卽是非相 何以故 離一切諸相 則名諸佛**

수보리가 다시 말했다. "세존이시여! 제가 지금 이 경전을 듣고 믿어서 받아 지니기는 어렵지 않습니다만, 만약 후오백세에 어떤 사람이 이 경을 듣고 그대로 받들어 지닌다면, 이 사람은 참으로 희유하고 제일로 귀한 사람이 될 것입니다. 왜냐하면 이 사람은 아상도 없고 인상도 없으며, 중생상도 없고 수자상도 없기 때문입니다. 그 까닭이 무엇이

112 "迷之則目前有法 所以遠於道也 悟之則耳畔無聲 所以近於道也 所以道 以衆生妄見則種種紛紜 以如來實見則一切眞寂 雖云無色聲 相相常宛然 雖云常宛然 相相不可得 所以道無相無空無不空 卽是如來眞實相 此眞實相 頭頭上顯 物物上明 無時無處而不明顯也", 『金剛經五家解』「離相寂滅分第十四」'說誼'.

냐 하면, 아상이 곧 상이 아니고 인상 · 중생상 · 수자상도 곧 상이 아니기 때문입니다. 왜 그런가 하면, 일체의 모든 상을 여의게 되면 모두 부처라 이름하기 때문입니다"

수보리가 다시 여쭈었다. "세존이시여! 저는 이 경을 믿고 알아서 지니는 것[信解受持]이 어렵지 않으나, 후오백세에 어떤 사람이 이 경의 내용을 믿고 외워서 지닌다면 그 사람은 참으로 드물고 귀한 사람일 것입니다"고 하였다. 그러면서 다음과 같이 말한다. "왜냐하면, 이 경을 수지독송受持讀誦하는 사람은 아 · 인 · 중생상이 없으며 수자상도 없기 때문입니다. 아인사상이 없는 이유는 아상이 상이 아니고, 인상 · 중생상 · 수자상 또한 상이 아니기 때문입니다. 왜냐하면 일체의 모든 상을 여의게 되면 그가 바로 부처이기 때문입니다"

여기서 우리는 다시 붓다의 교설을 살펴보고 다음 사항을 정리해 보아야 한다. 이 경 제14분에서 붓다는 지금까지 수보리와 문답한 내용을 재론하면서 자신의 교설을 정리하고 있다는 점이다. 특히 아인사상은 제3분 「대승정종분大乘正宗分」에서 처음 제시한 후 여덟 번째 거론하고 있으며 전체적으로는 15차례로 반복한다. 즉 선남자선여인(전체 10번)이 아뇩다라삼먁삼보리심(28번)을 일으켜 멸도에 이르고자 한다면, 첫째 상구보리하고 하화중생하는 보살이 되어야 하고, 둘째 이러한 보살이 되고자 한다면 아인사상을 여의어야 하며, 셋째 아인사상을 여의고자 한다면 '머묾 없는 마음으로 머물고, 베풂 없는 마음으로 베풀어야 한다'고 하였다. 그리고 넷째 항하사의 모래알만큼 많은 보시

복덕도 그 복덕성은 허망하고 부질없는 것이니, 이 경의 사구게만이라도 외워서 다른 사람에게 알려 주는 법보시法布施라야 '무상정등각'에 이를 수 있다고 하였다.

이를 등식으로 나타내면 '선남선녀발보리심→무아인사상→무주상보시→재보시→법보시→무상정등각'으로서 그 과정을 연역과 귀납적 논거로써 서술하고 있으므로 읽는 이가 앞뒤의 퍼즐을 잘 맞추어야 혼동없이 이해할 수 있고 수긍할 수 있는 것이다.

하지만 이 가운데 가장 중요한 부분은 세 번째의 아인사상을 여의어야 한다는 것으로 '머물되 머묾 없는 마음의 머묾'과 '베풀되 베풂 없는 마음의 베풂'이어야 아인사상을 여읠 수 있다고 하였다. 다시 말해 붓다는 『금강경』을 이해하는 데 있어서 아인사상을 극복하여 여의지 못하면 한 걸음도 나아갈 수 없음을 재삼再三 강조하고 있는 것이다. 하지만 역자가 앞서 말한 '나'라는 아상我相과 '내 것'이라는 아소집我所執이 과연 극복 가능한 것인가? 그리고 이 둘의 극복 방안이 오늘날 교단教壇 안팎에서 논란이 되고 있는 '보시'와 '복덕'에 관한 문제이기도 할 것이다. 그러나 이 경에서 말하는 보시와 복덕은 세속의 복을 빌기 위한 '기복祈福'이 아니라, 자신의 참된 깨달음을 위해 복을 지어야 한다는 '작복作福'의 보시이다.

주지하듯, 우리는 각자도생各自圖生으로 눈만 뜨면 육욕천六欲天의 세계에서 분초를 다퉈 가며 온갖 수단과 방법을 가리지 않는다. 그리고 주류사회(social main stream)로의 진입을 위해 때로는 자신을 속여 가며 상대를 짓밟게 된다. 그러다가 그것에 익숙해지면 주변을 돌아보지 않는 천둥벌거숭이가 되어 아무런 죄의식도 없는 인간이 돼 가는 것이다. 앞서 역자는 육도중생을 천상 · 인간 · 아수라 · 아귀 · 축생 · 지옥이라 했지만, 현재 우리 사회에 드러나는 것으로 분류하면 다음과 같다.

첫째 천상天上이란, 하늘 위가 아니라 지혜와 자비를 갖춘 선善한 사람으로서 세간의 불평등과 부조리를 비판하지 않고 초연히 사는 사람이다. 둘째 인간人間이란, 나와 내 주변의 평범한 이웃들로서 생사고락에 따라 때론 관대하고 때론 협량狹量한 사람을 가리키고, 셋째 아수라阿脩羅란, 나와 내 것이 없으면 이 세상에 존재할 수 없으므로 나를 돌아보거나 주변에 대한 성찰 없이 자기 이익에만 몰두하는 사람이다. 넷째 아귀餓鬼란, 경전에서 '음식을 삼킬 수 없을 정도로 목구멍이 좁아 늘 허덕이는 중생'이라 하지만 우리 주변에선 가진 것이 아무리 많아도 늘 부족하여 항상 재물에 탐착하는 사람이다. 다섯째 축생畜生이란, 배고프면 먹고 곤하면 잠자고 배설하면서 발정하면 교배하는 동물적 본능에만 치우친 영혼이 없는 사람을 말하고 여섯째 지옥地獄이란, 선이든 악이든 또는 본의든 본의 아니든 자신의 의지를 모두 박탈당하고 살아가는 사람이라 할 수 있다.

즉 "인간의 재물에 대한 집착은 마치 바닥 없는 물속 같이 도덕도 윤리도 없이 오로지 돈만 추구하는 심각한 질환이다"는 독일 속담처럼 사람의 마음이 욕망에 가려지면 진리와 멀어지는 것은 동서가 다르지 않다. 따라서 병 없이 오래 살고자 하는 범부가 어찌 '나'를 버릴 수 있으며, '내 것'에 집착하지 않을 수 있겠는가? 또 어찌 내가 가진 모든 것에 대해 '머묾 없는 마음으로 머물고' '베풂 없는 생각으로 베풂'이 가능하다 하겠는가? 그런데도 붓다와 수보리는 2500년 전, 이 경 14분에서 눈물을 흘리면서 후오백세가 되는 오늘날 우리 시대까지 내다보고, 이 경을 읽고 외워 다른 사람에게 알려 준다면 '이 사람은 매우 귀하고 제일로 드문 사람'이라고 예언한 것이다. 그렇다면 이 시대에 붓다의 예견처럼 이 경을 읽고 외워서 다른 사람에게 전해 주기 전에, 붓다의 가르침에 눈물을 흘리고 참회하면서 환희용약歡喜踊躍할 사람은 얼마나 되겠는가!

중국 선종사의 바탕을 이룬 육조 혜능은 홀어미를 봉양하는 땔감장수였고, 조선 중기의 구정九鼎 선사는 조실부모하여 절집에 붙어 사는 무지렁이였다. 또 근대 한국불교의 중흥조인 효봉(曉峰, 1888~1965) 선사는 일제강점기에 한국인으로선 최초의 판사였지만, 그의 상수제자인 구산(九山, ?~1985) 선사는 이발사였다. 그리고 붓다는 카빌라국의 왕세자였고, 그의 십대제자인 사리자舍利子는 뛰어난 바라문교의 지도자였으며, 장로 수보리는 부유한 상인의 장자長子였다.

이처럼 존재의 본질을 꿰뚫고 무상정등각을 이루는 것에는 왕세자든 나무꾼이든, 또는 떡장수 할멈이든 차별이 없다. 이것은 사람으로 태어나 살아가려면 누구나 반드시 부딪쳐 스스로 해결해야 하는 소이연지고所以然之故이자 소당연지칙所當然之則인 것이다. 그런데 어찌하여 중생과 범부는 이 같은 당위성과 법칙을 알려 하지 않는가?

그것은 눈앞에 드러나지 않으면 믿지 않는 중생심으로, 즉 실재實在

하지 않는 실체는 찾으려 하지 않고, 드러나지는 않으나 천지 간에 가득 차 잠시도 쉼 없이 전개되는 진리의 세계는 외면하기 때문이다. 이같이 실체와 본체를 찾으려 하지 않는 사람들, 그리고 '내 것' 외에는 믿을 수 없다는 사람들이 나뭇꾼과 떡장수 할멈은 물론 앉은뱅이와 눈 먼 장님도 깨닫는 무위법을 알지 못하는 것을 붓다는 '무주상 보시 공덕無住相 布施功德'을 짓지 못했기 때문이라고 하였다.

다시 말해 영원한 생명현상인 '나'와 목숨같이 소중한 '내 것'을 내어놓으려면 아상과 아소집이 없어야 하고, 아상과 아소집을 극복해야 비로소 내 안의 의식세계에 '지혜'와 '자비'의 싹이 움터 발심하게 되는 것이다. 따라서 이러한 보살심으로 살아가게 되면 많은 선지식을 만날 수 있고, 나아가 줄탁동시啐啄同時의 깨달음을 이룰 수 있다는 것이 이 장에서 말하는 복덕성의 깨침인 것이다.

이 구절에서 함허 선사는 "경을 듣고 믿어 받아들임을 어찌 제일 드물다 하는가? 사상四相을 떠나서 초연히 홀로 나아가기 때문이다. 아인사상을 멀리 여의기 어렵다 하거늘, 무엇으로 멀리 물리칠 수 있는가? 지혜안을 열어서 아인사상이 본디 텅 비었음을 깨달아야 한다. 상相이 본디 공함을 깨닫게 되면 사상을 멀리 여읠 수 있거늘, 어찌 제일 희유하다 하는가? 일체의 상을 여의면 모두 부처라고 부르기 때문이다"[113]라고 하였다.

---

113 "聞經信受 何名第一希有 以離四相 超然獨步故也 四相遠離爲難 因甚却能遠離 以開智慧

● **佛告須菩提 如是如是 若復有人 得聞是經 不驚不怖不畏 當知是人 甚爲希有 何以故 須菩提 如來說 第一波羅蜜 卽非第一波羅蜜 是名第一波羅蜜 須菩提 忍辱波羅蜜 如來說 非忍辱波羅蜜 是名忍辱波羅蜜 何以故 須菩提 如我昔爲歌利王 割截身體 我於爾時 無我相無人相無衆生相無壽者相 何以故 我於往昔節節支解時 若有我相人相衆生相壽者相 應生嗔恨 須菩提 又念過去於五百歲 作忍辱仙人 於爾所世 無我相無人相無衆生相無壽者相**

붓다가 수보리에게 말했다. "그럼 그렇지, 참으로 그러하니라. 만약 또 어떤 사람이 이 경을 듣고도 놀라지 않고 겁내지 않으며 두려워하지 않는다면, 이 사람은 매우 희유한 사람임을 알아야 하느니라. 왜냐하면 수보리여! 여래가 설한 제일바라밀이라는 것도 제일바라밀이 아니요, 이름이 제일바라밀이니, 수보리여! 인욕바라밀도 여래가 설한 인욕바라밀이 아니라 그 이름이 인욕바라밀인 것이다. 왜냐하면 수보리여! 내가 옛적에 가리왕(歌利王, Kali-rāja)에게 내 몸이 낱낱이 베일 때도 나는 아 · 인 · 중생상이 없었으며 수자상도 없었느니라. 왜냐하면 내가 그 옛적에 온몸의 마디마디와 사지四肢가 찢겨 나갈 때, 만약 아 · 인 · 중생 · 수자상을 지니고 있었다면 나는 마땅히 성내고 원통한 마음을 일으켰을 것이니라. 수보리여! 또 지난 오백세에 인욕선인이 되었

眼 了四相本空故也 了相本空而能遠離 何名第一希有 離一切相 卽名諸佛故也"『金剛經五家解』「離相寂滅分第十四」'說誼'.

을 때를 생각하니, 그때의 세상에서도 여래는 아 · 인 · 중생 · 수자상이 없었느니라"

붓다는 "일체의 모든 상을 여의게 되면 모두 부처라고 이른다"라는 수보리의 답변에 기다렸다는 듯이 "그럼 그렇지, 참으로 그러하다"며 "이 경을 듣고도 그 깊은 뜻에 놀라지 않고, 겁내지 않으며, 두려워하지도 않는 사람은 희유한 사람임을 알아야 한다"고 하였다. 즉 대승사상에는 근기根機에 따라 진리를 받아들이는 상근기上根機와 중근기中根機, 하근기下根機로 나눈다. 그런데 상근기의 사람은 이 경을 알아 지녀도 놀라지 않고 겁내지 않으며 능히 견디어 물러섬이 없다는 것이다. 이러한 사람은 저절로 전세의 습習이 소멸되어 청정한 자성自性을 볼 수 있으므로 부처라고 이름할 수 있으며, 제일로 희유한 공덕을 성취하여 제일바라밀을 얻었다는 것이다.

이에 함허 선사는 "경을 듣고 두려워하지 않는 것을 어찌 매우 희유하다고 하는가? 이 법은 사물과 더불어 같음이 없으나, 능히 사물과 같아지게 된다. 매우 깊고 그윽하여 사람의 성정性情에는 가깝지 않으니 듣는 사람이 놀라움과 두려움을 일으켜 믿고 이해함이 매우 어렵도다. 이제 능히 깨끗한 믿음을 내어 겁내고 두려워하지 않으므로 희유하다 한 것이다"[114] 고 하였다.

---

114 "聞經不怖 因甚道甚爲希有 此法物無與等 而能與物爲等 深玄幽奧 不近人情 聞者多生驚怖 信解者誠難 如今能生淨信 不生驚怖 所以希有"『金剛經五家解』「離相寂滅分第十四」'說誼'.

제일바라밀은 육바라밀 가운데 첫째인 보시바라밀을 가리킨다. 즉 신심이 청정하여 실상을 본 사람은 마음에 집착이 없고 아인사상도 없으므로 줄 사람도 받을 사람도 없으며 주고받을 재물이나 법도 없다는 것이다. 따라서 아인사상을 여의면 보시바라밀도 보시바라밀(布施波羅蜜, dāna-pāramitā)이 아니라 이름이 보시바라밀이며, 인욕바라밀(忍辱波羅蜜, kşāntipāramitā)도 인욕바라밀이 아니라 이름이 인욕바라밀일 뿐이라 하였다. 그러면서 붓다 자신이 전생의 인욕선인으로 있을 때, 가리왕에게 사지가 찢겨 나갈 때도 아인사상이 없었으므로 깨달음을 이룰 수 있었다는 것이다. 가리왕은 '迦利', '羯利'라고도 음역하며, 악생무도왕惡生無道王이라고 한다. 다음은 붓다의 「전생담」에 나오는 '가리왕'의 설화이다.

> 석가모니붓다가 전생에 인욕선인이 되어 산중에서 제자 500여 명과 함께 인욕수행을 하고 있을 때였다. 어느 날 가리왕이 신료들과 궁녀들을 데리고 사냥하러 왔다가 고단하여 잠이 들었다. 왕이 잠든 사이 궁녀들이 산속으로 꽃을 찾아다니다 나무 밑에서 명상에 잠긴 인욕선인을 보고 꽃을 바치며 선인의 설법을 청했다. 잠시 후, 잠에서 깨어난 왕이 주변에 궁녀들이 없음을 알고 성을 내면서 그들을 찾아다니다 선인의 설법을 듣고 있음을 보자 화가 치밀었다. 그래서 왕은 다짜고짜 선인을 질책하였다.
>
> '그대가 어찌 나의 궁녀들을 탐하려 하는가'라고 하자, 선인이 '나는 이 궁녀들을 탐한 일이 없소이다. 보다시피 나는 지금 인욕계를

닦고 있소이다' 라며 태연자약하였다. 이에 화가 치민 왕은 칼을 빼어 선인의 몸을 벤 후, '이래도 아프지 않으냐?'고 묻자 선인은 '조금도 아프지 않다'고 하였다. 왕은 더욱 화를 내면서 이번에는 선인의 뼈마디를 자르고 사지四肢를 찢었다. 그러면서 '이래도 그대가 성내지 않고 원통하지 않단 말인가?'라고 하자, 선인은 '내가 이미 없는데 누가 성을 낼 것이며, 누가 원통해할 것인가'라고 하였다. 그때 하늘에서 돌비가 내리쳐 가리왕에게 퍼부었다. 이때 선인은 나직한 목소리로 '그대는 시녀 때문에 내 몸을 토막 내었지만, 내세에 내가 불도佛道를 이루면 지혜의 칼날로 그대의 간악한 심보를 끊겠노라'고 하였다. 그때서야 왕은 엎드려 용서를 빌었고, 선인의 몸에는 아무런 상처가 없었다.

윗글에 인용된 붓다의 전생설화에 대해 역대조사歷代祖師들은 "불[火]은 여래의 참된 공체[眞空體]를 태울 수 없고 물[水]은 여래의 참된 인신[眞人身]을 잠기게 할 수 없다[火不能燒眞空體이오 水不能溺眞人身이라]"고 하였다.

● **是故 須菩提 菩薩應離一切相 發阿耨多羅三藐三菩提心 不應住色生心 不應住聲香味觸法生心 應生無所住心 若心有住 則爲非住 是故 佛說菩薩 心不應住色布施 須菩提 菩薩 爲利益一切衆生 應如是布施 如來說 一切諸相 卽是非相 又說一切衆生 卽非衆生**

붓다가 다시 말했다. "그러므로 수보리여! 보살은 마땅히 일체의 상을 떠나 무상정등각의 마음을 내어야 할 것이며, 마땅히 형상에 머무는 마음은 내지 말아야 할 것이며, 마땅히 소리와 냄새 · 맛 · 촉감 · 요량의 육진에 머무는 마음을 내어서는 아니 되며, 마땅히 머묾 없는 머묾의 마음을 내어야 하느니라. 만약 마음에 머묾이 있다면 그것은 머묾이 아니기 때문에 내가 '보살의 마음은 마땅히 형상과 물질에 머문 보시는 하지 않는다'라고 한 것이다. 수보리여! 보살은 마땅히 일체 중생에게 이익이 되는 이 같은 보시를 해야 하나니, 이에 여래가 말하기를 '일체의 모든 상이 곧 상이 아니다'고 하였으며, 또 말하기를 '일체중생이 곧 중생이 아니다'고 한 것이다"

『금강경』은 수보리가 제2분에서 "선남자선여인이 무상정등각의 보리심을 일으키려면 어떻게 머물러야 하며, 어떻게 그 마음을 항복받아야 하는가?"라는 문제 제기로부터 시작된다. 이에 붓다는 "모든 구류중생을 하나도 남김없이 멸도하리라"고 하면서 "실제로 멸도를 이룬 사람은 한 명도 없다"라며 당시 청중들에게는 물론 2500여년이 지난 오늘날의 우리에게도 충격을 준다.

이 같은 붓다의 긍정과 부정의 교설에 두 가지 해석을 내릴 수 있다. 첫째, 모든 중생은 모두 불성佛性을 갖추고 있으므로, 붓다 자신이 가르쳐 주지 않더라도 그 불성을 깨칠 수 있기 때문에 긍정적 논리를 편 것이라 할 수 있다. 하지만 둘째, 아무리 불성을 갖추고 있다 하더라도 '나'라는 아상과 '너'라는 인상, 그리고 '스스로 중생일 수밖에 없다'는 중생상, 그리고 '목숨에 대한 지고한 애착'인 수자상을 여의지 못한다면 붓다 자신도 멸도에 이르게 할 수 없다는 부정적 교설이다.

그러나 멸도에 이르려면 보살의 '무주상보시'라는 공덕이 있어야 이를 수 있으며, 그리고 보살이 되려면 마땅히 '아인사상'을 여의어야 한다는 것이 붓다의 일관된 메시지이다. 이러한 붓다의 교설을 알아들은 수보리가 감동하여 슬피 울자, 이 장에서 '무주상보시'와 '아인사상'을 다시 강조한 것이다. "그러므로 수보리여! 보살은 마땅히 아인사상을 여의어 무상정등각의 마음을 일으켜야 하며, 마땅히 형상과 물질에 머물지 말 것이며, 마땅히 오근육식五根六識에 이끌리는 마음은 내어서는 안 되며, 마땅히 머묾 없는 머묾의 마음을 내어야 한다"라며 마치 어머니가 철없는 자식을 타이르듯 당부하고 있다.

그러면서 노파심으로 말한다. "만약 마음에 머묾이 있으면 그것은 곧 머묾이 아니기[若心有住 卽爲非住] 때문에 보살의 마음은 마땅히 형상과 물질에 머문 보시는 하지 않는다[心不應住色布施]"라면서 "수보리여! 보살은 마땅히 일체중생에게 이익이 되는 보시를 해야 하느니라[菩薩爲利益一切衆生]"고 하였다. 그리고 "일체의 모든 상이 곧 상이 아니며, 일체중생도 중생이 아니다"고 하였다. 이것은 수보리를 비롯한 비구 1250여 명이 붓다의 무위법을 모두 알아듣고 아인사상에서 벗어나, 일체형상의 본질이 모두 공空한 것임을 알았기 때문에 "상相이 상이 아니며, 중생 이한 중생이 아니다"라고 동어반복同語反覆한 것이다.

여기서 육조 혜능은 보살에 대해 정의한다. "보살은 자신의 오욕락을 위해 보시를 행하지 않으며, 다만 안으론 인색한 마음을 깨뜨리고, 밖으론 일체중생의 이익을 위해 보시를 행한다"고 하였다. 또 "보살이란 법과 재물을 같이 베푸는 것으로 이로움을 끝없이 더하게 된다. 만약 이로움을 더한다는 마음을 내게 되면 곧 법이 아니요, 이로움을 더한다는 마음을 내지 않는 이것을 무주無住라 한다. 이 머묾 없는 마음이 바로 깨달음의 마음인 것이다"[115]고 하였다.

● **須菩提 如來是眞語者 實語者 如語者 不誑語者 不異語者 須菩提 如來所得法 此法 無實無虛 須菩提 若菩薩 心住於法 而行布施 如人入闇 則無所見 若菩薩 心不住法 而行布施 如人有目日光明照 見種種色 須菩提 當來之世 若有善男子善女人 能於此經 受持讀誦 則爲如來以佛智慧 悉知是人 悉見是人 皆得成就無量無邊功德**

또 말했다. "수보리여! 여래는 참다운 말을 하는 사람이며, 사실을 말하는 사람이며, 있는 그대로를 말하는 사람이며, 거짓말을 하지 않는 사람이며, 다른 말을 하지 않는 사람이니라. 수보리여! 여래가 법을 얻음에 이 법은 실제도 없고 헛됨도 없는 것이니라. 수보리여! 만약 보살이 마음에 법(요량)을 가지고 보시한다면, 마치 사람이 어둠 속에 들어가 보이지 않는 것과 같고, 만약 보살이 마음에 요량을 두지 않고 보시한다면 마치 사람의 눈에 밝은 빛이 비쳐 갖가지의 형상을 보는 것과 같으니라. 수보리여! 장차 다가오는 세상에 만약 선남자선여인이 능

---

115 "菩薩不爲自身 五欲快樂 而行布施 但爲內破慳心 外利益一切衆生 而行布施", "菩薩者行法財等施 利益無疆 若作能利益心 卽是非法 不作能利益心 是名無住 無住 卽是佛心也" 『金剛經五家解』「離相寂滅分第十四」'六祖'.

히 이 경을 받아 지녀서 읽고 외우면 곧 여래가 부처의 지혜로써 이 사람을 다 알아보기 때문에 헤아릴 수 없을 만큼 끝없는 공덕을 성취할 수 있을 것이니라"

이와 같이 붓다와 수보리의 문답에 걸림 없이 자유자재로 소통하게 되자 붓다는 "수보리여! 여래는 진실한 말만 하고, 사실 그대로를 말하며, 거짓을 말하지 않고, 엉뚱한 말을 하지 않는다"고 말한다. 그리고 "여래가 깨친 무위법에는 실다움도 없고 헛됨도 없다[無實無虛]. 그러므로 만약 보살이 마음에 요량을 두고 보시한 공덕은 사람이 어둠 속에서 아무것도 보지 못하는 것과 같고, 마음에 요량[造作] 없이 보시한 공덕은 햇빛에 드러나 온갖 것이 다 보이는 것과 같다"고 하였다. 그래서 다가오는 세상에서도 선남자선여인이 이 경을 받아 지녀서 읽는다면, 여래는 깨달음의 지혜로써 그 사람이 무량공덕無量功德을 성취할 수 있음을 내다볼 수 있다고 한 것이다.

여기서 함허는 여래의 말에는 왜 거짓이 없고 다른 말이 없는지에 대해 "제법의 실상을 설하고 설하기를 다하여, 이에 이르기를 '내가 설한 법은 참다워 거짓이 아니고, 실재하여 헛되지 않으며, 위로는 이치 그대로 어긋나지 않고, 아래로는 중생을 속이지 않음이니, 모든 부처가 다 그러하므로 애초에 다른 설이 없다'"[116]라고 하였다.

116 "諸法實相 說也說盡 乃云我所說法 眞不僞 實不虛 上不違如理 下不誑衆生 佛佛皆然 初無異說"『金剛經五家解』「離相寂滅分第十四」'說誼'.

또 무실무허에 대해 육조는 "무실無實은 법의 체體가 공적하여 상相을 취득할 수 없음이라. 그러나 그 가운데에는 항하사 같은 덕성德性이 있어 사용해도 없어지지 않는 까닭에 무허無虛라 한다. 그 실實을 말하려 하면 상을 얻지 못하고, 그 허虛를 말하려 하면 사용함에 들어갈 틈이 없는 것이다. 그러므로 유有라는 말도 하지 못하고 무無라는 말도 하지 못하며, 있으나 있음이 아니요, 없으나 없음이 아니므로 말로써 미치지 못하는 것은 오직 그 참다운 지혜뿐인 것이다. 만약 상을 여의지 않고 수행하면 여기에 이를 수 없는 것이다"[117]고 하였다.

이에 야부는 "땅에서 넘어진 자 / 땅을 짚고 일어나니 / 땅이 그대를 보고 무엇이라 하던가?"[118]고 일갈一喝하였다. 이러한 야부의 일갈에 함허는 "땅은 사람을 넘어지게도 하지 않고, 또한 사람을 일어나게도 하지 않는다. 일어남과 넘어짐은 사람으로 말미암은 것이지 땅은 관련하지 않는다. 법은 사람을 깨닫게도 하지 않고, 또한 미혹하게도 하지 않으니, 미혹과 깨달음은 사람에게 있을 뿐 법에 있는 것이 아니다. 또 법은 사람을 취하지도 하지 않고, 버리지도 않는다. 취하고 버림은 사람으로 말미암은 것이지 법에 있는 것이 아니다"[119]라고 대구對句하였다. 다시 말해 모든 원인과 결과는 나로 인해 비롯되므로 '땅에서 넘어지

---

117 "無實者 以法體空寂 無相可得 然中有恒河性德 用之不匱 故言無虛 欲言其實 無相可得 欲言其虛 用而無間 是故 不得言有 不得言無 有而不有 無而不無 言辭不及者 其唯眞智乎 若不離相修行 無由臻此也"『金剛經五家解』「離相寂滅分第十四」'六祖'.

118 "因地而倒 因地而起 地向爾道什麼" 上揭書, '冶父'.

119 "地不令人倒 亦不令人起 起倒由人 不關於地 法不令人悟 亦不令人迷 迷悟在人 不關於法 法不令人取 亦不令人舍 取舍由人 不在於法" 上揭書, '說誼'.

면 땅을 짚어야 일어날 수 있듯, 스스로 나를 찾아가야 한다'는 야부와 함허의 시공時空을 뛰어넘은 법거량法去量인 것이다.

제15 經을 지녀서 읽고 쓰는 공덕

持經功德分 第十五
지경공덕분 제십오

須菩提여 若有善男子善女人이 初日分에 以恒河沙等身으
수보리 약유선남자선여인 초일분 이항하사등신

로 布施하고 中日分에 復以恒河沙等身으로 布施하고 後日分
보시 중일분 부이항하사등신 보시 후일분

에 亦以恒河沙等身으로 布施하야 如是無量百千萬億劫
역이항하사등신 보시 여시무량백천만억겁

에 以身布施하고 若復有人이 聞此經典하고 信心이 不逆
이신보시 약부유인 문차경전 신심 불역

하면 其福이 勝彼니 何況書寫受持讀誦하야 爲人解說이
기복 승피 하황서사수지독송 위인해설

랴 須菩提여 以要言之컨댄 是經이 有不可思議不可稱量無
수보리 이요언지 시경 유불가사의불가칭량무

邊功德이니 如來爲發大乘者說이시며 爲發最上乘者說이니라
변공덕 여래위발대승자설 위발최상승자설

若有人이 能受持讀誦하야 廣爲人說하면 如來悉知是人하시며
약유인 능수지독송 광위인설 여래실지시인

悉見是人이 皆得成就不可量不可稱ㅣ無有邊不可思議功德
실견시인 개득성취불가량불가칭 무유변불가사의공덕

이니 如是人等은 則爲荷擔如來阿耨多羅三藐三菩提니라 何
여시인등 즉위하담여래아뇩다라삼먁삼보리 하

以故오 須菩提여 若樂小法者는 着我見人見衆生見壽者見일
이고 수보리 약낙소법자 착아견인견중생견수자견

새 卽於此經에 不能聽受讀誦하야 爲人解說이니라 須菩提여
즉어차경 불능청수독송 위인해설 수보리

在在處處에 若有此經이면 一切世間天人阿修羅所應供養하리
재재처처 약유차경 일체세간천인아수라소응공양

니 當知此處는 則爲是塔이라 皆應恭敬作禮圍遶하야 以諸華香
당지차처 즉위시탑 개응공경작례위요 이제화향

으로 而散其處니라 〈原文268字〉
이산기처

【字解】

"수보리여! 만약 선남자선여인이 아침에 항하의 모래알만큼의 몸을 바쳐 보시하고, 또 한낮에도 항하의 모래알 수만큼의 몸을 바쳐 보시하며, 저녁에도 항하의 모래알만큼의 몸을 바쳐 보시하여, 헤아릴 수 없는 백천만억겁百千萬億劫 동안 몸으로써 보시하더라도, 만약 어떤 사람이 이 경전을 듣고 믿는 마음을 싫어하지 않는다면, 그 복덕은 훨씬 뛰어날 것이니라. 하물며 이 경을 옮겨 쓰고 받아 지녀서 읽고 외우며, 또 여러 사람을 위해 일깨워 주는 것에 있었으랴. 수보리여! 요컨대 이 경은 불가사의不可思議하고 헤아릴 수 없을 만큼 끝없는 공덕이 있느니라. 따라서 여래는 대승의 마음을 일으킨 사람을 위하여 설하며, 최상승의 마음을 일으킨 사람을 위하여 설하는 것이니라. 만약 어떤 사람이 이 경을 받아 지녀 읽고 외우며, 널리 다른 사람을 위해 알려 주면, 여래는 그 사람을 잘 알고 그를 내다볼 것이니, 그는 헤아릴 수 없고 말로 표현할 수 없는 불가사의한 공덕을 성취할 것이니라. 이와 같은 사람은 곧 여래의 무상정등각無上正等覺을 짊어지는 것이니라. 왜냐하면 수보리여! 만약 작은 법을 즐기는 자는 아인사상에 집착하여 이 경의 뜻을 알아듣지도 못하고, 받아 지니지도 못하며, 또 읽고 외우지도 못하여, 남을 위해 설명하지도 못하기 때문이니라. 그러므로 수보리여! 몸은 어느 곳에 머물더라도 이 경이 있으면 일체 세간의 천인 · 아수라가 공양하게 될 것이며, 그곳이 바로 탑묘塔廟가 될 것임을 마땅히 알아야 하느니라. 그리고 모두가 공경하여 탑을 돌며 예배하고, 모든 아름다운 꽃과 향을 그곳에 뿌리게 될 것이니라"

【講解】

● **須菩提 若有善男子善女人 初日分 以恒河沙等身布施 中日分 復以恒河沙等身布施 後日分 亦以恒河沙等身布施 如是無量 百千萬億劫 以身布施 若復有人 聞此經典 信心不逆 其福勝彼 何況書寫受持讀誦 爲人解說**

붓다가 말했다. "수보리여! 만약 선남자선여인이 아침에 항하의 모래알 수만큼의 몸을 바쳐 보시하고, 한낮에도 항하의 모래알 수만큼의 몸으로 보시하며, 저녁에도 항하의 모래알 수만큼의 많은 몸을 바쳐 보시하여, 이같이 백천만억겁 동안 헤아릴 수 없는 몸으로 보시하더라도, 만약 어떤 사람이 이 경을 듣고 믿는 마음을 포기하지 않는다면 그 복덕이 (항하의 모래알 수만큼의 몸을 바쳐 보시한 것보다) 훨씬 뛰어날 것이다. 하물며 이 경을 옮겨 쓰고[寫經] 받아 지녀서 읽고 외우며[受持讀誦] 또 여러 사람을 위해 일깨워 주는 것에 있었으랴"

'초일분初日分'과 '중일분中日分' '후일분後日分'은 하루를 세 부분으로 나눈 것이다. 즉 새벽 3시부터 9시까지를 초일분이라 하고, 9시부터 하오 3시까지를 중일분, 하오 3시부터 밤 9시까지를 후일분으로 정하여 잠자는 시간 외의 새벽과 초저녁까지를 말한다. 이러한 사원寺院의 일과日課는 석가모니붓다의 재세시在世時부터 지금까지 모든 불교권 나라에서 지켜 오는 사원규율寺院規律이다.

다시 말해 붓다는 하루 세 차례씩 항하의 모래알 수만큼의 몸을 보시하고, 또 백천만억겁百千萬億劫[120]이라는 헤아릴 수 없는 시간과 공간 속에서 보시하더라도, 어떤 사람이 이 경전의 가르침을 거스르지 않고 수지독송受持讀誦하게 되면 그 공덕은 항하의 모래알 수만큼 많은 몸을 바쳐 보시하는 것보다 더 뛰어나다고 한 것이다.

---

120 무량백천만억겁無量百千萬億劫의 '겁劫'은 범어 'kalpa'에서 음사音寫한 것으로 겁파劫波·劫跛·劫簸 또는 갈랍파羯臘波라고 음역하고, 분별시분分別時分, 대시大時, 장시長時 등 아득한 시간의 단위를 뜻한다. 『대비사론大毘舍論』 권135에 "겁은 분별시분 가운데 극極함으로 인해 총명總名을 얻었다"라고 하여 시간의 장구長久함을 여러 가지로 비유하여 설명하고 있다. 『대지도론大智度論』 권5에는 개자겁芥子劫과 반석겁盤石劫의 비유가 설해지고 있다. 개자겁이란, 사방40리의 성안에 개자씨를 가득 채운 뒤 장수천인長壽天人이 100년마다 한 알씩 가져가 모두 없어질 때까지를 1개자겁이라 하고, 반석겁은 둘레가 40리 되는 돌산을 천인이 무게가 3銖밖에 되지 않는 얇은 천의天衣를 입고 백년에 한 번씩 스쳐 그 돌산이 닳아 없어질 때까지를 1반석겁이라 한다. 따라서 백천만억겁을 수치로 등식하면 100×1000×萬×億이 되므로 헤아릴 수 없는 시간을 말한다.

이것을 육조는 "대개 오래도록 몸을 희사하더라도 모든 상이 본디 공함을 알지 못하면, 희사하고[能捨] 희사 받는[所捨] 마음을 지니게 되므로 원래 중생의 견해를 여의지 못한다. 하지만 이 경을 듣고 진리[道]를 깨달아 아인사상이 홀연히 없어지게 되면, 한마디 말로 곧 부처가 되는것이니라. 어찌 저 목숨을 보시한 유루有漏의 복덕이 경이 지닌 무루無漏의 지혜에 미친다고 하겠는가!"[121]라고 하였다.

● **須菩提 以要言之 是經 有不可思議不可稱量無邊功德 如來爲發大乘者說 爲發最上乘者說 若有人 能受持讀誦 廣爲人說 如來悉知是人 悉見是人 皆得成就不可量不可稱 無有邊不可思議功德 如是人等 則爲荷擔如來阿耨多羅三藐三菩提**

붓다가 말했다. "수보리여! 요컨대 이 경은 불가사의不可思議하고 불가칭량不可稱量하여 그 공덕이 끝이 없는 것이다. 따라서 여래는 대승의 마음을 일으킨 사람을 위하여 설하며, 최상승의 마음을 일으킨 사람을 위하여 설하는 것이다. 만약 어떤 사람이 이 경을 받아 지녀서 읽고 외우며 널리 다른 사람에게 알려 준다면, 여래는 그 사람을 모두 알고 그 사람을 내다보기 때문에, 헤아릴 수 없고 말로 표현할 수 없는 불가사의한 공덕을 모두 성취하게 하는 것이다. 이 같은 사람은 바로 여래의 아뇩다라삼먁삼보리[無上正等覺]를 짊어진 것과 같다"

---

121 "蓋緣多劫捨身 不了諸相本空 有能捨所捨心在 元未離衆生之見 如能聞經悟道 我人頓盡 言下卽佛 將彼捨身有漏之福 比持經無漏之慧 實不可及"『金剛經五家解』「持經功德分第十五」'六祖'.

대승大乘은 소승小乘의 상대어로 범어 'mahāyāna'를 '마하연나摩訶衍那', '마하연摩訶衍'으로 한역한 것이다. '승乘, yāna'은 '실어 옮긴다[運載]'는 뜻이다. 불가에서 '중생을 나고 죽는 고통과 두려움의 바다에서 건져 내어 안락국으로 오르게 한다'는 뜻으로 대승과 소승, 그리고 최상승이라는 말을 쓴다. 즉 불도를 깨달아 제 한 몸만 건너가기를 바라는 것을 소승이라 하고, 제 한 몸에 그치지 않고 일체중생과 함께 건너가기를 서원誓願한 것을 대승이라 하며, 그러한 교의敎義를 '대승불교' 또는 '대승사상'이라 한다. 예컨대 지옥을 멀리하고 상락아정만 추구하는 것은 소승이요, 지옥과 극락이 둘이 아니고 부처와 중생이 둘이 아닌 '불이不二'사상을 추구하는 것을 대승이라 한다. 이러한 대승 가운데 가장 높은 경지를 최상승(最上乘, agrayāma, uttama-yāma)이라 하며, 가장 뛰어난 교법敎法을 대도정법大道正法이라 한다.

따라서 붓다는 '이 경은 대승의 마음을 일으킨 사람과 최상승의 마음을 일으킨 사람을 위하여 설한 것'이라고 하였다. 그리고 이러한 경을 읽고 남에게 알려 줄 '대승자와 최상승자를 여래는 훤히 꿰뚫어 먼 훗날까지 내다볼 수 있으나, 그 사람들을 모두 헤아리지 못하더라도 그 사람은 불가사의한 공덕을 성취할 것이며, 여래가 말한 무상정등각의 보리심을 온몸으로 짊어지고 중생을 제도할 보살이다'고 하였다.

여기서 육조는 대승과 최상승에 대해 "대승자는 지혜가 크고 넓어 능히 일체법을 바로 세울 수 있으며, 최상승자는 구차한 법을 싫어하지도 않고 깨끗한 법을 구하지도 않으며, 중생을 제도하려 하지도 않고 열반을 증득하려 하지도 않는다. 중생을 제도한다는 마음도 가지지 않고, 또한 중생을 제도하지 않는다는 마음도 가지지 않는 이것을 최상승이라 하고 일체지一切智라 하며, 무생인無生忍이고 대반야大般若라고 말하는 것이다"[122]라고 설명하였다.

그리고 하담여래荷擔如來에 대해서는 "경을 듣고 뜻을 이해하여 가르침대로 수행하며, 다시 여러 사람들에게 널리 설함으로써, 모든 중생들로 하여금 무상·무착의 행을 닦아 깨달음을 얻도록 하는 것이다. 이 같은 행함을 수행하게 되면, 큰 지혜광명이 있어 진로塵勞에서 벗어나게 된다. 비록 육진은 벗어났으나 육진을 여의었다는 생각을 가지지 않는다면 곧 무상정등각을 얻게 되므로 '여래의 무상정등각을 떠맡았다'고 말한 것이다"[123]라고 하였다.

● **何以故 須菩提 若樂小法者 着我見人見衆生見壽者見 卽於此經 不能聽受讀誦 爲人解說 須菩提 在在處處 若有此經 一切世間天人阿修羅所應供養 當知此處 則爲是塔 皆應恭敬作禮圍遶 以諸華香 而散其處**

붓다가 말했다. "왜냐하면 수보리여! 만약 작은 법을 즐기는 자는 아인사상에 집착하여 이 경의 뜻을 알아듣지 못하고, 받아 지니지도

---

122 "大乘者 智慧廣大 善能建立一切法 最上乘者 不見垢法可厭 不見淨法可求 不見衆生可度 不見涅槃可證 不作度衆生之心 亦不作不度衆生之心 是名最上乘 亦名一切智 亦名無生忍 亦名大般若"『金剛經五家解』「持經功德分第十五」'六祖'.

123 "聞經解義 如教修行 復能廣爲人說 令諸衆生 得悟修行無相無着之行 以能行此行 卽有大智慧光明 出離塵勞 雖離塵勞 不作離塵勞之念 卽得阿耨多羅三藐三菩提 故名荷擔如來" 上揭書, '六祖'.

못하며, 또 읽고 외우지 못하고, 남을 위하여 설명하지도 못하기 때문이다. 그러므로 수보리여! 몸은 어느 곳에 있더라도 이 경을 지니고 있으면 일체 세간의 천인과 아수라가 반드시 공양하게 될 것이니, 마땅히 알아야 한다. 그곳은 곧 탑묘塔廟가 될 것이고, 모든 사람이 달려와 공경심으로 탑을 돌고 예배하며, 모든 아름다운 꽃과 향을 그곳에 뿌리게 될 것이다"

약락소법자若樂小法者에서 '작은 법[小法]'은 아라한으로 가는 4과를 말하는 것으로, 즉 작은 결과를 즐거워하여 안주한다면 무상정등각의 지혜를 얻을 수 없다는 것이다. 이런 사람은 아인사상의 소견을 버리지 못하고, 눈앞의 작은 결과만 믿기 때문에 결과가 드러나지 않는 무위법을 깨닫지 못하므로, 무실무허無實無虛한 이 경을 이해하지도 못하고 경을 읽지 않으며 남에게 들려줄 수도 없다는 것이다.

하지만 붓다는 이 장에서 아상 · 인상 · 중생상 · 수자상이라 하지 않고, 아견我見 · 인견人見 · 중생견衆生見 · 수자견壽者見이라며 '견見' 자를 수식한 것에 우리는 주목해야 한다. '견'은 보통명사로서 우리가 평소 '소견所見' '주견主見' '의견意見' '견지見地' 등으로 사용하여 '소견머리가 없다' '주견이 뚜렷하다' 등으로 쓴다.

즉 붓다는 당시 인도의 여러 종교와 사상에 영향을 받은 소법小法은 소견이 좁아 신해증득信解證得이 부족하므로, 아인사상이 있다고 하면 그것에 얽매이고, 없다고 하면 또 그것에 집착한다고 하였다. 다시 말해 붓다가 아인사상을 설한 것은 아상을 여의기 위하여 구별한 것인데, 외려 여기에 분별하는 소견머리를 내어 사견四見을 일으킨다는 것이다. 이같이 사견에 집착하는 사람은 사상四相이 공空함을 설하는 이 경의 내용을 알아듣지 못하고 읽지도 않기 때문에 남을 위해 설명할 수도 없다는 것이다. 그러나 붓다가 확신하기를 '이 경을 수지독송하게 되면 천인과 아수라도 반드시 불법승佛法僧 삼보에 귀의하여 공양하게 되며, 그 탑묘를 돌아 예배禮拜하고 모든 아름다운 꽃과 향을 그곳에 뿌리게 될 것'이라고 하였다.

이 소법小法에 대해 육조는 "소법을 즐긴다는 것은 이승인이 작은 과果를 즐겨서 큰 마음을 내지 못하는 것으로, 큰 마음을 내지 못하기 때문에 여래의 깊은 법을 받아 지녀서 읽고 외워도 사람들에게 풀어 설명하지 못하는 것이다"[124]고 하였다. 또 즉위시탑卽爲是塔에 대해서는 "어떤 사람이 입으로 반야를 말하고 마음으로 반야를 행하여, 머무는 곳마다 항상 무위와 무상의 행을 수행한다면, 이 사람이 머무는 곳은 부처님의 탑이 있는 것과 같아서 일체의 천인이 각기 공양하고 예배하여 공경하기를 부처님과 다름없이 함이라. 경을 받아 지님은 이 사람의 마음에 스스로 세존이 있음이니, 붓다의 탑묘와 같다고 한 것이다"[125]라고 하였다.

---

124 "樂小法者 爲二乘人 樂小果 不發大心 以不發大心故 卽於如來深法 不能受持讀誦 爲人解說"『金剛經五家解』「持經功德分第十五」'六祖'.

125 "若人口誦般若 心行般若 在在處處 常行無爲無相之行 此人所在之處 如有佛塔 感得一切人天 各持供養 作禮恭敬 如佛無異 能受持經者 是人心中 自有世尊 故云如佛塔廟" 上揭書, '六祖'.

제16 전생의 業障을 소멸하다

能淨業障分 第十六
능정업장분 제십육

復次須菩提여 善男子善女人이 受持讀誦此經하대 若爲人輕
부차수보리 선남자선여인 수지독송차경 약위인경

賤하면 是人은 先世罪業으로 應墮惡道언마는 以今世人이 輕
천 시인 선세죄업 응타악도 이금세인 경

賤故로 先世罪業을 則爲消滅하고 當得阿耨多羅三藐三菩提
천고 선세죄업 즉위소멸 당득아뇩다라삼막삼보리

니라 須菩提여 我念하니 過去無量阿僧祇劫에 於燃燈佛前에
수보리 아념 과거무량아승지겁 어연등불전

得値八百四千萬億那由他諸佛하얀 悉皆供養承事하야 無空
득치팔백사천만억나유타제불 실개공양승사 무공

過者니라 若復有人이 於後末世에 能受持讀誦此經하면 所得
과자 약부유인 어후말세 능수지독송차경 소득

功德은 於我所供養諸佛功德이 百分不及一이며 千萬億分乃至
공덕 어아소공양제불공덕 백분불급일 천만억분내지

算數譬喩에 所不能及이니라 須菩提여 若善男子善女人이 於
산수비유 소불능급 수보리 약선남자선여인 어

後末世에 有受持讀誦此經하면 所得功德을 我若具說者인댄
후말세 유수지독송차경 소득공덕 아약구설자

或有人聞하고 **心則狂亂**하야 **狐疑不信**하리라 **須菩提**여 **當知是**
혹유인문 심즉광란 호의불신 수보리 당지시

經義가 **不可思議**일새 **果報**도 **亦不可思議**니라 〈原文207字〉
경의 불가사의 과보 역불가사의

【字解】

"또한 수보리여! 선남자선여인이 이 경을 받아 지녀서 읽고 외우더라도 주위 사람들에게 경멸과 천대를 받는다면, 이 사람은 전세前世에 지은 죄업罪業으로 마땅히 악도惡道에 떨어질 것이나, 현세現世에서 업신여김을 받음으로써 전세의 죄업을 바로 소멸하여 마땅히 무상정등각의 지혜를 얻게 될 것이니라. 수보리여! 내가 지난날 헤아릴 수 없는 아승지겁阿僧祇劫을 생각하니, 그때 연등불회상 이전에도 8백4천만억 나유타那由他에 있는 여러 부처를 공양하고 그 뜻을 받들어 섬기는데 한 분도 지나친 적이 없었느니라. 만약 또 어떤 사람이 다가올 말세에 이 경을 받아 지녀 읽고 외워서 얻은 공덕은, 내가 모든 부처에게 공양한 공덕으로는 100분의 1에도 미치지 못하며, 천만억분 내지 어떠한 숫자적 비유로도 미치지 못할 것이니라. 하지만 수보리여! 만약 선남자선여인이 앞으로 다가올 말세에 이 경을 수지독송하여 얻는 공덕을 내가 모두 그대로 말한다면, 혹 어떤 사람은 내 말을 듣고 마음의 평정을 잃어 의심하면서 믿지 않을 것이다. 수보리여! 그대는 알지어다. 이 경의 의미는 불가사의할 뿐만 아니라, 그 과보果報 또한 불가사의한 것이니라"

【講解】

● **復次須菩提 善男子善女人 受持讀誦此經 若爲人輕賤 是人 先世罪業 應墮惡道 以今世人 輕賤故 先世罪業 則爲消滅 當得阿耨多羅三藐三菩提**

붓다가 말했다. "또 수보리여! 선남자선여인이 이 경을 받아 지녀서 읽고 외우면, 이 때문에 주위 사람들에게 경멸과 천대를 받게 될 것이다. 그러나 그 사람은 전세前世에 지은 죄업罪業으로 마땅히 악도惡道에 떨어질 것이지만, 현세現世에 이 경을 읽다가 주변 사람들로부터 업신여김을 받음으로써 전세의 죄업을 소멸하고, 마땅히 무상정등각의 지혜를 얻게 되는 것이다"

붓다는 수보리에게 '이 경을 지녀서 읽고 외우게 되면 주위 사람들로부터 경멸당하게 된다[受持讀誦此經 若爲人輕賤]'고 하였다. 그러나 이 사람은 전생에 지은 죄업으로 악도惡道에 떨어질 터이지만, 현생에서 이 경을 읽어 주위로부터 업신여김을 받았으니, 그것으로 인해 전세의 죄업은 소멸되고 무상정등각의 지혜를 체득하게 된다는 것이다.

예컨대 내 전생이 어리석어 오만과 독선으로 부지불식不知不識간에 지은 죄업으로 금생에 온갖 인연들로부터 고통 받는다고 가정해 보자. 그리고 전세의 잘못을 깨달아 이제라도 나의 본래 모습을 찾기 위해 이 경을 읽고 외우는 것을 주변 사람들이 비난한다면, 그 비난으로 말미암아 내가 악도에 떨어져 고통 받아야 할 것을 탕감하게 되는 동시에 또한 무상정등각의 지혜를 체득하게 된다는 것이다.

이와 같은 전생의 죄업을 일반적으론 업장業障이라 말한다. 이 업장은 가까이는 바로 앞 전생도 있지만, 멀리는 수십 겁劫의 전생부터 쌓인 업장도 있다. 항간에 '업장이 두껍다' 또는 '업장이 간악하다'라는 말은 바로 이 수십 겁에 걸친 업장을 말하는 것이다. 그래서 불연佛緣이 깊은 사람일수록 업장이 두껍거나 간악한 사람과는 맞서지 않는다. 왜냐하면 그런 사람에게 진리를 말하는 것은 마치 계란으로 바위를 치는 격이며, 까마귀가 흰 이빨을 드러내는 것처럼 상대에게 치명적인 상처를 주기 때문이다. 이러한 전생업보에 관한 다음의 일화가 있다.

중국인들은 한 번의 낫질로 풀이 한 아름씩 베어지는 손잡이가 긴 낫을 장낫[長刈]이라 한다. 청淸나라 때, 산중 인법당人法堂에서 홀로 수행하는 선사가 어느 여름날, 법당 부근의 풀더미를 베다가 풀 베는 소리에 머리를 든 독사毒蛇를 장낫으로 베어 죽게 하였다. 선사는 등골이 오싹했지만, 이미 엎질러진 일이라 염불과 기도로써 마음의 안정을 찾았다. 그 후 20년이 지난 어느 날, 선사는 마음이 몹시 흔들려 한 곳으로 집중[觀]하니 빚 받으러 오는 사람이 있음을 알게 되었다. 20년 전 죽은 독사가 사람의 몸을 받아 원한을 갚으러 오는 것이었다.

옛사람 말에 '사람의 손에 죽은 축생은 대개 사람 몸을 받는다'고 전해 온다. 왜냐하면 최후의 순간에 자기를 해치는 자를 증證하고 죽으므로, 그 증한 정황에 따라 태어나기 때문이다. 이때 한 젊은이가 선사의 가르침을 받겠다고 법당에 들어섰다. 선사는 거절하고 싶었으나 지난날의 업보業報를 금생에 치러야 한다는 각오로 승낙하였다. 단칸

방에서 예불·정진과 함께 먹고자는 인법당이라 젊은이와 같이 잠을 자야 했다. 그런데 며칠 후, 젊은이의 눈이 충혈되면서 밤에는 허리춤에 호신용 칼을 차고 자는 것을 알게 되었다. 그것은 자신도 모르게 무의식적으로 전세의 원한을 갚으려고 준비하는 것이었다.

이에 선사는 볏짚으로 허수아비를 만들어 숨겨 두었다가, 청년이 잠들면 자신의 자리에 허수아비를 눕혀 이불을 덮어 씌운 뒤, 윗목에서 정진하였다. 그렇게 며칠이 지나자 청년이 잠자리에서 눈을 게슴츠레 뜨고 일어나 옆자리를 더듬은 후, 허리춤의 칼을 꺼내어 이불을 내리치고는 다시 쓰러져 잠이 들었다. 그 후 매일 밤마다 그 일을 멈추지 않았고, 선사는 이런 와중渦中에서도 『금강경』 독송을 쉬지 않았다. 21일째 되는 날 아침, 청년이 눈을 떴을 때 선사가 지난날 자신의 허물로 빚어진 인과因果를 말해 주고 참회하였다. 청년이 소스라치게 놀라면서 눈물을 흘리자, 충혈된 눈에서 혈독血毒이 빠져나와 수행자의 모습으로 바뀌게 되었다.[126]

이 일화는 유심有心으로 지은 업은 유심으로 받고, 무심無心으로 지은 업은 무심으로 받으므로, 수행자는 찰나라도 방심하지 말라는 경책이다. 하지만 어떠한 인과응보라도 한결같은 마음으로 정진하면, 환골탈태換骨奪胎하여 혁범성성革凡聖成할 수 있다는 것을 말한 것이다.

이 같은 업보·업장을 일상생활에서 소멸할 수 있는 방법에 대해 백

---

126 金載雄 著, 『닦는 마음 밝은 마음』, p.218.

성욱 박사는 "어떠한 인연도 부처님을 공경하듯 그들의 간악함과 업장을 부처님께 바치면서 공경하게 되면 순일해진다"고 하였다. 이러한 전세의 업보와 현세의 인욕바라밀을 초당(初唐, 618~712)의 한산寒山과 습득拾得은 '유타주의由他主義'로 회향하라고 하였다.

한산이 습득에게 물었다. "세상에서 나를 비방하고 나를 속이며, 나를 능욕하고 나를 조소하며, 또한 나를 경멸하고 나를 업신여겨 나를 편벽되게 할 때, 나는 어떻게 처신하고 어떻게 마음을 다스려야 하는가?" 습득이 말했다. "무조건 그를 참아 내면서 그에게 양보하고 그와 맞서지 말며, 그를 자유롭게 하고 그를 견뎌 내며, 또한 그를 공경하고 그에게 이치理致를 요구하지 말게나. 그런 후 몇 년이 지나 그대가 그를 다시 바라보게나(…)"[127]

그런데 역자가 30대에 이 대목을 읽을 때는 외람되게도 쓴웃음을 감

---

127 "寒山問拾得 世間有謗我 欺我辱我 笑我輕我 賤我偏我 如何處治乎 拾得曰 只要忍他 讓他避他 由他耐他 敬他不要理他 再過幾年 你且看他", 『寒山詩』 '由他'. * 寒山과 拾得: 한산과 습득은 初唐(618~712) 때의 승려로서 한산은 詩僧으로 유랑하였고, 습득은 천태산 國淸寺의 禪僧이었다. 둘은 서로 친하여 국청사를 나와 떠돌면서 많은 일화를 남겼다. 이들이 국청사에 머물 때, 대중처소에서 공부하는 승려들을 훼방하는 온갖 기행으로 미움을 받았으나, 후일 寒巖碧書에 새겨진 이들의 問答詩에는 두 사람의 수행을 가늠할 수 있는 내용이 포함돼 있어 文殊菩薩의 화현으로 일컫게 되었다. 특히 한산은 뛰어난 시인으로서 당시 姑蘇城(今 · 江蘇省) 蘇州에 있던 普明塔院, 일명 楓橋寺의 住持로 있으면서 자신의 생애를 회고하는 詠嘆詩와 산수풍광을 읊은 敍情詩 등 불가 · 도가의 哲理詩 306首를 남겼다. 이에 후대 사람들이 이들의 수행과 詩學을 받들어, 두 사람의 형상을 조성하면서 지금까지 「寒山寺」로 불리게 된 것이다.

출 수 없었다. 왜냐하면 붓다가 이 경의 중요성을 설한 것은 이해하지만, 마치 골목길 아이들이 숨바꼭질[遊兒回之]하는 것과 같은 비유였기 때문이었다. 하지만 30여 년이 훨씬 지나 귀밑 서릿발이 무성한 이즈음, 내가 여러 사람들에게 이 글을 읽고 강해講解하면서 창밖 서쪽 하늘을 향해 고개 숙이는 까닭은 무엇인가?

여기서 함허는 "남으로부터 업신여김을 당함[爲人輕賤]은 아상과 인상이 없음을 밝힘이니, 대개 아인사상을 여의지 못한 사람은 다른 사람보다 위가 되려 하지 아래가 되려 하지 않는다. 아인이 없음에 이른 사람은 존귀하지만 기뻐하지 않고, 빈천하지만 성내지 않으며, 능히 일체중생에게 마음을 낮추어[下心] 다른 사람의 아래 됨을 기꺼이 여기게 된다. (…) 그러므로 남에게 경멸당하는 일은 무아인無我人에 이르려는 사람의 일로서, 진실로 무아에 이르게 되면 다른 사람에게 업신여김을 당하더라도 외려 법의 즐거움을 지니게 됨을 알아야 한다. 법에는 피차彼此가 없는데 지견知見이 아인을 일으키면, 아인이 있음으로 인해 업業을 일으켜 죄를 짓게 된다. 죄업이 상相을 만들어 보리菩堤의 길을 가로막으니, 보리를 이루고자 한다면 먼저 죄업을 없애야 하고, 죄업을 없애고자 한다면 먼저 아인사상我人四相을 버려야 한다"[128]고 하였다.

128 "爲人輕賤 明無我人 大率有我人者 只欲爲人之上 不欲爲人之下 達無我人者 貴之不喜 賤之不怒 能下心於一切衆生 甘爲人之下也 (…) 故知爲人輕賤之事 乃達無我人者之所爲也 苟達無我則爲人輕賤 猶爲法樂 法無彼此 見起我人 因有我人 起業造罪 罪業相形 障菩提路 欲成菩提 先除罪業 欲除罪業 先斷我人"『金剛經五家解』「能淨業障分」'說誼'.

● **須菩提 我念過去無量阿僧祇劫 於燃燈佛前 得值八百四千萬億那由他諸佛 悉皆供養承事 無空過者 若復有人 於後末世 能受持讀誦此經 所得功德 於我所供養諸佛功德 百分不及一 千萬億分乃至算數譬喩 所不能及**

붓다가 말했다. "수보리여! 내가 지난날 헤아릴 수 없는 아승지겁阿僧祇劫을 되돌아보니, 그때 연등불회상 이전에도 8백4천만억나유타那由他에 있는 모든 부처를 만나서 공양하고, 그 뜻을 받들어 섬김에 한 분도 빠뜨린 적이 없었노라. 만약 또 어떤 사람이 다가올 말세末世에 능히 이 경을 받들어 지녀서 읽고 외워 얻게 되는 그 공덕이야말로, 내가 (연등불회상 이전의) 모든 부처에게 공양한 공덕으로는 100분의 1에도 미치지 못하며, 천만억분 내지 어떠한 숫자적 비유로도 미치지 못할 만큼 큰 것이니라"

아승지겁(阿僧祇劫, 梵 asamkhyeyaiḥ kalpair, 巴 kalpa-asamkhyeya)은 아승기야阿僧企耶라고도 음역하고 줄여서 승지僧祇라고도 한다. 즉 숫자로 셈할 수 없는 가장 많은 시간[無數之劫]을 가리키는 인도어로서 흔히 '아승지' '아승기'로 발음한다. '지祇'가 전치될 때는 '기'로 발음한다. [예, 기림사祇林寺]

팔백사천만억나유타八百四千萬億那由他에서 나유타nayuta는 인도에서 가장 많은 수를 가리키는 말이다. 일설에 의하면 10억을 1낙차(洛叉, 수의 단위 105 또는 십만)라 하고, 10낙차를 1구지(俱胝, 십진법에 따른 일·십·백·천·만·낙차·구지)라 하며, 10구지를 1나유타라고 하여 천만억을 가리킨다. 따라서 '팔백사천만억나유타'를 직역하면 '84의 백천억배'가 된다. 중국에서 가장 큰 수를 '구九'로 정하여 '구우일모九牛一毛' '구만리장천九萬里長天' 등으로 수식하여 쓰듯, 인도에서는 많은 수를 나타낼 때 높은 자리 수에 '84'를 곱하여 쓴다.

즉 붓다가 과거 연등불전에서 공부하기 이전의 헤아릴 수 없는 세월에 걸쳐 모든 부처를 한 분도 빠뜨리지 않고 공양하고 받들어 모신 공덕도 말세에 이 경을 받들어 읽고 외우는 사람의 공덕에 비한다면, 백분의 일에도 미치지 못할 뿐만 아니라 '아무리 많은 수를 비유한다 해도 비교할 수 없다'고 찬탄한 것이다.

이에 야부는 "억천의 부처를 공양한 복은 끝이 없으나 / 어찌 항상 옛 가르침을 보려 함과 같겠는가! / 흰 종이 위에 검은 글자를 써서 / 그대에게 청하노니 눈을 떠 앞을 바라보게나 / 바람은 고요하고 물결은 잔잔한데 / 집 떠난 사람이 고깃배에서 근신하고 있구나"[129]라며 진리(고기)를 구하기 위해 공양을 하고 경을 읽어 눈을 뜨기를 기다려야 한다고 하였다.

- **須菩提 若善男子善女人 於後末世 有受持讀誦此經 所得功德 我若具說者 或有人聞 心則狂亂 狐疑不信 須菩提 當知 是經義 不可思議 果報 亦不可思議**

129 "億千供佛福無邊 爭似常將古教看 白紙上邊書黑字 請君開眼目前觀 風寂寂水漣漣 謝家人祇在魚船"『金剛經五家解』「能淨業障分第十六」'冶父'.

다시 붓다가 말했다. "그러나 수보리여! 만약 선남자선여인이 이후 말세에 이 경을 수지독송하여 얻는 그 공덕을 내가 하나도 빠뜨리지 않고 모두 말하더라도, 혹 어떤 사람은 내 말을 듣고 마음의 평정을 잃어 의심하여 믿지 않을 것이다. 수보리여! 그대는 알지어다. 이 경의 의미는 생각으로 헤아릴 수 없을 뿐[不可思議] 아니라, 그 과보果報 또한 헤아릴 수 없는 것이다"

이 장 마지막에서 붓다가 수보리에게 "혹자는 내가 한 말을 듣고 마음의 평정을 잃어 정신이 어지러워져, 여우처럼 의심하여 믿지 않을 것이다[心卽狂亂 狐疑不信]"고 당부한다. 이 같은 당부는 이 경을 읽고 외우거나 지니고 있으면, 상근기上根機의 사람은 걸음을 멈춰 그 뜻을 깊이 새기고자 하는 마음을 내고, 중근기中根機의 사람은 '붓다의 말씀'이라며 대체로 수긍하면서 믿음의 마음을 내는가 하면, 하근기下根機의 사람은 갑자기 마음이 어지러워져 평정심을 잃고 여우처럼 붓다의 교설을 의심하며 비난하게 된다는 것이다.

즉 여우는 교활하고 의심이 많아 얼음이 언 계천溪川을 건널 때도 물이 없는 땅만 골라 다닌다고 한다. 다시 말해 하근기의 사람은 이 경을 읽는 소리를 들을 때, 그 울림의 파장으로 까닭 없이 마음이 어지러워져 비난하거나 냉소적으로 외면한다는 것이다. 끝으로 붓다는 이 같은 공덕에 대해 '이 경은 알음알이[知解]로 헤아리거나 논평할 수 없는 것처럼, 그 과보 또한 알음알이로 헤아리거나 논평할 수 없다[是經不可思議 果報亦不可思議]'라며 이 경 상권上卷의 마지막에 해당하는 16장을 마친 것이다.

이 경의 과보果報에 대해 종경은 "오랜 업의 인연으로 악의 과보에 떨어질 것인즉, 지금 사람들의 천시함으로 죄가 바로 소멸됨이라. 모든 부처에게 공양하고 이 경을 독송함은 공덕이 수승하여 무엇으로 비유할 것인가. 다만 무착과 무상에 이른 것과 같음인데, 또 다시 과보가 있음인가, 없음인가? 망심이 모두 없어지고, 업보가 공空으로 돌아오니, 바로 보리를 증득하여 차등을 벗어남이라. 악의 인연은 누가 만들고 죄는 누가 부르는가 / 참된 성품은 허공과 같아서 흔들림이 없도다 / 오랫동안의 어둠이 모두 다 흩어지니 / 하늘보다 먼저요 땅보다 뒤에 하여 고요하고 고요하구나"[130]라고 하였다.

130 "宿業緣墮惡報 今人賤而罪卽消 供諸佛誦此經 功德勝而喩莫及 只如無着無相底 還有果報也無 妄心滅盡業還空 直證菩提越等級 惡因誰作罪誰招 眞性如空不動搖 曠劫無明俱蕩盡 先天後地寂寥寥"『金剛經五家解』「能淨業障分第十六」'宗鏡'.

金剛經 講解

下

제17 마침내 無我에 들다

究竟無我分 第十七
구경무아분 제십칠

爾時에 **須菩提白佛言**하대 **世尊**하 **善男子善女人**이 **發阿耨多**
이시 수보리백불언 세존 선남자선여인 발아녹다

羅三藐三菩提心인댄 **云何應住**며 **云何降伏其心**이닛고 **佛告須**
라삼막삼보리심 운하응주 운하항복기심 불고수

菩提하사대 **若善男子善女人**이 **發阿耨多羅三藐三菩提心者**인
보리 약선남자선여인 발아녹다라삼막삼보리심자

댄 **當生如是心**하대 **我應滅度一切衆生**하리라 **滅度一切衆生已**
당생여시심 아응멸도일체중생 멸도일체중생이

인댄 **而無有一衆生**이 **實滅度者**니라 **何以故**오 **須菩提**여 **若菩**
이무유일중생 실멸도자 하이고 수보리 약보

薩이 **有我相人相衆生相壽者相**이면 **則非菩薩**이니라 **所以者何**
살 유아상인상중생상수자상 즉비보살 소이자하

오 **須菩提**여 **實無有法**일새 **發阿耨多羅三藐三菩提心者**니라
수보리 실무유법 발아녹다라삼막삼보리심자

須菩提여 **於意云何**오 **如來**ㅣ **於燃燈佛所有法**하야 **得阿耨多**
수보리 어의운하 여래 어연등불소유법 득아녹다

羅三藐三菩提不아 **不也**니다 **世尊**하 **如我解佛所說義**로는 **佛**
라삼막삼보리부 불야 세존 여아해불소설의 불

ㅣ於燃燈佛所에 無有法하야 得阿耨多羅三藐三菩提니이다
어연등불소 무유법 득아뇩다라삼막삼보리

佛言하사대 如是如是니라 須菩提여 實無有法일새 如來得阿耨
불언 여시여시 수보리 실무유법 여래득아뇩

多羅三藐三菩提니라 須菩提여 若有法하야 如來得阿耨多羅
다라삼막삼보리 수보리 약유법 여래득아뇩다라

三藐三菩提者인댄 燃燈佛이 則不與我授記하사대 汝於來世에
삼막삼보리자 연등불 즉불여아수기 여어래세

當得作佛하면 號釋迦牟尼라하라 以實無有法일새 得阿耨多羅
당득작불 호석가모니 이실무유법 득아뇩다라

三藐三菩提니 是故로 燃燈佛이 與我授記하시고 作是言하사대
삼막삼보리 시고 연등불 여아수기 작시언

汝於來世에 當得作佛하면 號釋迦牟尼라하라 何以故오 如來
여어내세 당득작불 호석가모니 하이고 여래

者는 卽諸法如義니라 若有人이 言如來ㅣ得阿耨多羅三藐三
자 즉제법여의 약유인 언여래 득아뇩다라삼막삼

菩提라하면 須菩提여 實無有法일새 佛ㅣ得阿耨多羅三藐三
보리 수보리 실무유법 불 득아뇩다라삼막삼

菩提니라 須菩提여 如來所得阿耨多羅三藐三菩提는 於是中
보리 수보리 여래소득아뇩다라삼막삼보리 어시중

이 無實無虛니라 是故로 如來說一切法이 皆是佛法이니라 須菩
무실무허 시고 여래설일체법 개시불법 수보

提여 所言一切法者는 卽非一切法일새 是故로 名一切法이니라
리 소언일체법자 즉비일체법 시고 명일체법

須菩提여 譬如人身長大니라 須菩提言하대 世尊하 如來說
수보리 비여인신장대 수보리언 세존 여래설

人身長大는 卽爲非大身일새 是名大身이니다 須菩提여 菩薩亦
인신장대 즉위비대신 시명대신 수보리 보살역

如是하야 若作是言하대 我當滅度無量衆生이면 則不名菩薩
여시 약작시언 아당멸도무량중생 즉불명보살

이니 何以故오 須菩提여 實無有法을 名爲菩薩이니라 是故로
하이고 수보리 실무유법 명위보살 시고

佛說一切法이 無我無人無衆生無壽者니라 須菩提여 若菩薩
불설일체법 무아무인무중생무수자 수보리 약보살

이 作是言하대 我當莊嚴佛土라하면 是不名菩薩이니 何以故오
작시언 아당장엄불토 시불명보살 하이고

如來說莊嚴佛土者는 卽非莊嚴일새 是名莊嚴이니다 須菩提여
여래설장엄불토자 즉비장엄 시명장엄 수보리

若菩薩이 通達無我法者인댄 如來說名眞是菩薩이니라
약보살 통달무아법자 여래설명진시보살

〈原文547字〉

【字解】

이때에 수보리가 붓다에게 다시 물었다. "세존이시여! 선남자선여인이 무상정등각의 보리심을 일으키려면 어떻게 머물러야 하며, 어떻게 그 마음을 항복받아야 합니까?" 이에 붓다가 말하기를 "선남자선여인이 무상정등각의 마음을 일으켰을 때 '나는 마땅히 일체중생을 멸도에 이르도록 하겠다'라는 마음을 내어야 하느니라. 그러나 일체중생은 이미 멸도하였으므로, 실제로 멸도된 중생은 한 사람도 없느니라. 왜냐하면 수보리여! 만약 보살이 아상 · 인상 · 중생상 · 수자상을 지니고 있으면 보살이 아니니라. 무슨 까닭이냐 하면 수보리여! 실제로

법이 있지 않기 때문에 무상정등각의 마음을 일으킨 것이니라" 그런 후 다시 말했다. "수보리여! 그대 생각은 어떠한가? 내가 연등불 처소에 법이 있어서 무상정등각을 얻었다고 생각하는가?" 수보리가 말했다. "아닙니다. 세존이시여! 제가 스승님의 말씀을 이해하기로는 여래께서는 연등불 처소에 법이 있어 무상정등각을 얻은 것이 아닙니다" 붓다가 말했다. "그렇지, 그렇고 말고…. 수보리여! 실로 어떠한 법도 있지 않기 때문에 내가 무상정등각을 얻은 것이니라" 다시 붓다가 말했다. "수보리여! 만약 어떤 법이 있어 여래가 무상정등각의 지혜를 얻었다면, 연등불이 나에게 수기하기를 '그대는 내세에 마땅히 부처가 될 것이니, 호를 석가모니라 하라'고 하지 않았을 것인즉, 실로 법이 있어서 내가 무상정등각을 얻은 것이 아니기 때문에 연등불이 나에게 수기를 내리면서 말하기를 '그대는 내세에 반드시 부처가 될 것이니, 호를 석가모니라고 하라'고 하였느니라. 왜냐하면 여래는 곧 모든 법이 뜻 그대로인 것이니라. 만약 어떤 사람이 여래가 무상정등각을 얻었다고 말한다면, 수보리여! 실로 법이 있어서 내가 무상정등각을 얻은 것이 아니니라" 붓다가 다시 말했다. "수보리여! 여래가 얻은 바 무상정등각 가운데에는 실다움도 없고 헛됨도 없으므로 여래는 '일체법이 모두 불법佛法'이라 한 것이니라. 그러므로 수보리여! 내가 말한 일체법이라는 것은 곧 일체법이 아니기 때문에 일체법이라고 이름한 것이니라. 수보리여! 비유컨대 어떤 사람의 몸이 장대長大함과 같은 것이니라" 이에 수보리가 말하기를 "세존이시여! 여래께서 설하신 사람의 몸이 장대하다는 것은 큰 몸이 아니라, 이름하여 큰 몸인 것입니다" 붓다가 다시 말했다. "수보리여! 보살도 또한 이와 같아서 만약 '내가 마땅히 무량중생을 제도하리라'고 말한다면 보살이라고 부르지 않느니라. 왜냐하면 수보리여! 실제로 법이 있지 않기 때문에 보살이라 이름한 것이니라. 그래서 내가 설하기를 '일체법에는 아인사상이 없다'고 한 것이니라. 수보리여! 만약 보살이 이와 같이 '내가 마땅히 불토를 장엄하리라'고 한다면 이는 보살이라고 이름할 수 없느니라. 왜냐하면 여래가 말한 불토를 장엄한다는 것은 장엄이 아니라 이름이 장엄이기 때문이니라. 수보리여! 만약 보살이 이러한 무아無我의 법法에 통달하게 되면 여래는 진실로 그를 보살이라고 이름할 것이니라"

【講解】

● **爾時 須菩提白佛言 世尊 善男子善女人 發阿耨多羅三藐三菩提心 云何應住 云何降伏其心 佛告須菩提 若善男子善女人 發阿耨多羅三藐三菩提心者 當生如是心 我應滅度一切衆生 滅度一切衆生已 而無有一衆生 實滅度者 何以故 須菩提 若菩薩有我相人相衆生相壽者相 則非菩薩 所以者何 須菩提 實無有法 發阿耨多羅三藐三菩提心者**

이때 수보리가 붓다에게 "세존이시여! 선남자선여인이 무상정등각의 마음을 일으켰을 때 어떻게 머물러야 하며, 어떻게 그 마음을 항복받아야 합니까?"라고 묻는다. 이에 붓다가 말하기를 "선남자선여인이 무상정등각의 마음을 일으키게 되면 '내가 응당 일체중생을 멸도에 이르도록 하겠다'라는 마음을 내어야 한다. 그러나 일체중생은 이미 멸도되어 있기 때문에, 실제로 멸도한 중생은 한 사람도 없는 것이다. 왜냐하면 수보리여! 만약 보살이 아상 · 인상 · 중생상 · 수자상을 지니고 있으면 그는 보살이 아니기 때문이니라. 무슨 까닭이냐 하면, 수보리여! 실제로 법이 있지 않으므로 무상정등각의 마음을 일으킨 것이다"라고 하였다.

앞서 말했듯이, 이 경의 제16분까지가 상경上經에 해당된다면 제17분은 하경下經의 첫 장이 된다. 그러므로 이 장 첫 구절의 상당 부분은 상경 제2분에서 수보리존자가 붓다에게 질문한 내용이 동어 반복되고 있다. 이를테면 "이때에 장로 수보리가 대중 가운데서 일어나[時 長老須菩提 在大衆中 卽從座起] (…) 모든 보살들에게 잘 부촉하고 있다[善付屬諸菩薩]"라는 법회의 전개 상황과 붓다의 모두교설冒頭敎說 외는 자구字句만 바뀌었을 뿐 "아인사상을 지니고 있으면 보살이 아니다[有我相人相衆生相壽者相 卽非菩薩]"라는 핵심명제는 그대로이다.

그리고 수보리존자가 제2분에서는 "마땅히 어떻게 머물러야 하며 어떻게 항복받을 것인가[應云何住 云何降伏其心]"라는 부분에서 이 장에서는 '應'과 '何'가 도치되어 "어떻게 머물러야 하며 어떻게 항복받을 것인가[云何應住 云何降伏其心]"로 바뀐 것이다. 즉 '응운하주'에서의 '응'은 '어찌[何]'를 강조한 것이고, '운하응주'에서의 '응'은 '머묾[住]'을 강조한 것이다. 이러한 주 · 술(住述)의 바뀜에 대해 붓다는 이 문단의 마지막에 "무엇 때문인가 하면 수보리여! 무상정등각의 마음을 일으키는 데는 실제로 법이 있지 않기 때문이다[所以者何 須菩提 實無有法 發阿耨多羅三藐三菩提心者]"

라고 부연 설명한다.

여기서 우리는 다음 사항에 대해 주목해야 한다. 첫째, 이 경은 제2분에서 마지막(32분)까지 '아인사상을 여읠 것'을 왜 이토록 거듭 강조하고 있는가이다. 이에 대해 역대조사와 선지식들은 '아인사상을 극복하지 못하면 『금강경』을 이해할 수 없을 뿐 아니라, 불교의 핵심인 무상정등각의 지혜에 이를 수 없다'고 한다. 즉 몇 십 년을 법당에서 참선·염불을 한다 하더라도 몸만 오고 갔을 뿐 허송세월이라는 것이다. 둘째, 제2분에서 제시한 '무상정등각의 마음'이 깨달음의 마음을 일으키기 이전의 문제라면, 이 장에서는 머묾 없는 머묾을 깨우친[覺住無住] 뒤 '무상정등각의 지혜'를 말했다는 점이다. 셋째, 이 장의 중제中題인 '마침내 무아에 들다[究竟無我分]'[131]에 나타냈듯 이 장에서는 '무아경지無我境地'에 이르렀음을 말한다. 다시 말해 제16분까지 붓다와 수보리와의 문답에서 1250여 명의 비구들이 아인사상을 뛰어넘어 '마침내 내가 없는 무아의 경계'를 이해하고 있음을 간접적으로 나타낸 것이다. 그러므로 이 문단에서 다시 아인사상을 반복한 의미는 매우 큰 것임을 알아야 하는 것이다.

하지만 역자를 비롯한 중근기中根機나 하근기下根機 중생들이 갖는 현

131 이 경의 중제인 '究竟無我分'을 역자는 불교용어로서 선행연구자들의 해석에 따라 '마침내 無我에 이르다'라고 옮겼다. 하지만 혹자는 '究竟(jiūjìng)'을 현대 중국어의 부사로서 '도대체'라고 번역하여 '도대체 無我는 무엇인가'라며 캐묻는 의문문으로 해석하기도 한다. 하지만 역자가 종래의 해석대로 '마침내 無我에 이르다'라고 한 것은, 無我에 이르러야 일체중생을 하나로 볼 수 있고(제18분), 色을 떠나 相을 여읠 수 있다(제21분). 그리고 無斷無滅分(제27분)이 되어야 一合理相(제30분)이 되어, 마침내 如如不動(제32분)하기 때문이다.

상적 해석은 다음과 같다. 즉 이 경 제1분에서 역자는 장로 수보리와 큰비구 1250여 명이 이 법회의 대고중對告衆이자 청법자라고 밝혔다. 그러나 붓다의 교설이 길어지자 아마도 몰랐거나 늦게 온 사람도 있었을 것이며, 또한 붓다의 설법이 이전과 다른 특별함을 알고, 다시 한 번 더 설해 주기를 바라는 재청再請도 있었을 것이다. 그래서 청중의 요청에 따라 붓다가 설법을 반복한 것이라고도 할 수 있다.

이러한 상황의 근거는 이 경의 종장인 32장에 "붓다가 이 경의 설함을 마치자 수보리를 비롯한 비구, 비구니 및 우바새, 우바니, 그리고 일체 세간의 천인 · 아수라들이 모두 다 기뻐하면서 이 경을 믿고 받들었다"라는 구절에서 논거할 수 있다. 즉 제1분의 대고중은 수보리와 비구 1250여 명이라 했으나, 마지막 제32분에서는 '비구니'와 '우바새' '우바니' '천인' '아수라' 등 청중이 늘어난 것에서 논증할 수 있는 것이다.

여기서 육조는 "붓다가 말하기를 '마땅히 모든 중생을 해탈시키겠다는 마음을 일으켰으니, 일체중생이 해탈에 이르러 모두 성불하였으므로 한 중생도 내가 제도했다고 볼 수 없는 것이다'고 설한 것은 무슨 까닭인가! 상대적인 마음[能所心]을 제거하고 중생이라는 견해가 없으며, 또한 나라는 견해도 없기 때문이다"[132]며 붓다가 본성론적本性論的으로 설한 것임을 논증하였다.

그리고 보살의 아인사상에 대해 육조는 "보살이 만약 중생을 제도

132 "佛言 當發度脫一切衆生心 度脫一切衆生 盡得成佛已 不得見有一衆生 是我度者 何以故 爲除能所心也 除有衆生見也 亦除我見也"『金剛經五家解』「究竟無我分第十七」'六祖'.

할 수 있다고 한다면 이는 곧 아상이고, 중생을 제도한다는 마음이 있으면 인상이며, 열반을 구할 수 있다고 하면 이는 중생상이고, 열반을 가히 증득하였다고 보면 수자상이니 이 네 가지 상이 있으면 보살이 아닌 것이다"[133]라고 천명闡明하였다.

또 함허는 "무엇 때문에 모름지기 교화한다는 생각을 내지 말아야 하는가? 만약 내가 중생을 제도할 수 있고, 내가 발심하였다고 한다면, 너와 나의 다툼이 일어나 능소能梳가 어지러워져 보살이 아닌 것이다. 나는 능하고 나는 옳다고 하는 것을 어찌 보살이라 하는가? 실제로 진리의 자리에는 일찍이 이 같은 일이 없음이니, 나와 네가 단박에 없어지고, 능과 소가 함께 고요해져 비로소 실제와 더불어 서로 호응하기 때문이다'[134]고 하였다.

● **須菩提 於意云何 如來 於燃燈佛所有法 得阿耨多羅三藐三菩提不 不也 世尊 如我解佛所說義 佛於燃燈佛所 無有法 得阿耨多羅三藐三菩提 佛言 如是如是 須菩提 實無有法 如來得阿耨多羅三藐三菩提**

붓다가 다시 물었다. "수보리여! 그대 생각은 어떠한가? 내가 연등불 처소에서 법이 있어 무상정등각을 얻었다고 생각하는가?" 수보리가

133 "菩薩 若見有衆生可度 卽是我相 有能度衆生心 卽是人相 謂涅槃可求 卽是衆生相 見有涅槃可證 卽是壽者相 有此四相 卽非菩薩也"『金剛經五家解』「究竟無我分第十七」'六祖'.

134 "因甚道要須不生於化 若謂我能度生 我是發心者 我人競作 能所紛然 卽非菩薩 我能我是 因甚道非菩薩 實際理地 曾無伊麽事 我人頓盡 能所俱寂 方與實際 相應去在" 上揭書, '說誼'.

말했다. "아닙니다. 세존이시여! 제가 스승님의 말씀을 이해하기로는, 스승님께서는 연등불 처소에 법이 있어 무상정등각을 얻은 것이 아닙니다" 붓다가 말했다. "그렇지, 그렇고 말고…. 수보리여! 실제로 어떠한 법도 있지 않았기 때문에 내가 무상정등각을 얻은 것이니라"

여기서 붓다는 제10분에서 수보리에게 "여래가 옛적에 연등불소에서 법에 관해 얻은 바가 있는 것인가[如來 昔在燃燈佛所 於法 有所得不]"라고 물은 것을 반복하고 있다. 즉 '옛 석昔' 자 대신 어조사인 '어於'로 바꾸어 전치前置하고, 부정사인 '아니 불不'을 '아뇩다라삼막삼보리' 뒤에 도치倒置하여 의문문으로 바뀌었을 뿐, 문장의 뜻이 달라진 것은 아니다. 그런데 붓다는 왜 수보리에게 "내가 연등불에게서 법을 수기 받았다고 생각하는가?"라며 반복하여 묻고 있는가?

연등불(燃燈佛, Dīpaṅkara Tathāgata)은 경전상 과거세의 부처로서 석가모니붓다 이전에 이 세상에 출현한 24불佛 가운데 한 부처이다. 여러 불전에 따르면 석가모니붓다가 전세前世에 보살도를 행하며 고행할 때, 험한 길에서 자신의 몸을 눕혀 연등불을 건네준 공덕으로 연등불로부터 '그대는 다음 세상에 석가모니부처가 되리라'는 수기를 받았다고 한다. 수기(授記, Vyākaraṇa)란, 부처가 보살이나 성문聲聞・연각緣覺에게 '다가오는 세상에 반드시 부처가 될 것이며, 이름은 ○○이다'라고 예언하는 것을 말한다. 이러한 수기의 의미가 붓다 재세시在世時에는 외도들에 의해 스승이 뛰어난 제자에게 자신이 체득한 법을 전해 주는 것으로 인식되었다. 그래서 붓다는 이 장에서 수보리에게 '내가 이러구러한 법을 받았다고 생각하느냐?'며 강한 부정을 반복하여 드러내면서 무유정법無有定法과 무위법無爲法을 강조한 것이다.

요컨대 붓다가 지금까지 설한 것은 '불성佛性이란 의식意識을 넘은 무의식無意識에 바탕 한 무위법으로, 이러한 무위법을 깨달았을 때를 견성성불見性成佛이라고 하였다. 그러므로 무위법은 누가 알아서 안겨 주는 것이 아니다. 모든 중생에게 본디 갖추어져 있으므로 오로지 스스로 깨달아야 한다'는 것이 한결같은 메시지이다. 요컨대 붓다가 연등불이 지닌 법을 이어받은 바가 있다면, 결코 연등불의 수기를 받을 수가 없는 것이다. 왜냐하면 붓다가 말하는 불성에 이르고자 하는 법은 문자 그대로 특정한 모양[相]이나 집착이 없는 무위無爲이다. 만약 모양과 집착이 있다면 무상정등각의 지혜도 아닐뿐더러, 깨달음은 더욱 아니라는 것이다.

다시 말해 불가에서 말하는 존재의 본질이란, 취取하거나 버림捨이 없는 본디의 자리를 깨달아 나도 없고 대상도 없으며, 갖춤도 없는 아공我空·법공法空·구공俱空이다. 그래서 연등불이 석가모니붓다에게 수기한 것은 이와 같이 상과 집착이 없는 보살행을 보고 수기를 내렸을 뿐, 당시 바라문교나 자이나교에서처럼 별도의 법을 전하거나 받은 것이 아니었음을 명확히 구분하고자 한 것이다.

이 같은 무소득에 대해 함허는 "앞에서는 보살의 무아無我에 대해 밝히고, 지금은 자신의 얻은 바 없음을 거론하여 거듭 무아의 뜻을 밝힌 것이다. 붓다는 얻음이 없음을 밝히고자 임시로 '얻음이 있는가?'라며 묻는다. 이에 수보리[空生]가 붓다의 뜻을 잘 맞추어 얻음이 없다고 답하여, 스승과 제자의 지음관계知音關係가 된 것이다. '그럼 그렇지, 그렇고 말고'라며 재삼 찬탄한 것을 눈여겨 본다면, 입안 가득 저 집안의 가풍家風을 보게 됨이라"[135]고 하였다.

그리고 규봉은 "논論에 이르되 '그때에 내가 행한 모든 수행에는 아뇩다라삼막삼보리를 얻는 법이 하나도 없었다'며 『공덕시보살론功德施菩薩論』에 기록된 붓다의 교설을 끌어당겨 논증하였다. 만약 부처를 보면 곧 자신을 보는 것이고, 자신의 청정함을 보면 일체가 청정함을 보는 것이며, 청정한 지혜를 보는 것 또한 청정함이니, 이것이 부처를 본다는 것이다. 내가 이와 같이 연등여래를 보고 무생인을 얻으니, 일체의 지혜가 밝고 명료하게 드러나 즉시 수기를 얻게 되었다. 이 수기하는 소리가 귀에 이르지 않았으면, 또한 다른 지혜로 능히 알 수 있는 것도 아니다. 내가 이때에도 어리석고 몽매함을 깨닫지 못한 것은 아니나 그렇다 하더라도 얻은 바가 없는 것이다"[136] 고 하였다.

● **須菩提 若有法 如來得阿耨多羅三藐三菩提者 燃燈佛 則不與我授記 汝於來世 當得作佛 號釋迦牟尼 以實無有法 得阿耨多**

---

135 "上明菩薩 無我之意 今擧自己 無所得 重明無我之意 佛欲明無得 假以有得問也 空生善契佛意 答以無得 可謂好知音者也 再歎如是 須着眼 滿口許他見家風"『金剛經五家解』「究竟無我分第十七」'說誼'.

136 "論云 我於彼時 所修諸行 無有一法 得阿耨菩提 功德施論 引佛說云 若見於佛 卽見自身 見身清淨 見一切清淨 見清淨智 亦復清淨 是名見佛 我如是見燃燈如來 得無生忍 一切智智 明了現前 卽得授記 是授記聲 不至於耳 亦非餘智之所能知 我於此時 亦非惛矇無覺然無所得" 上揭書 '圭峰'.

羅三藐三菩提 是故 燃燈佛 與我授記 作是言 汝於來世 當得作佛 號釋迦牟尼 何以故 如來者 卽諸法如義 若有人 言如來得阿耨多羅三藐三菩提 須菩提 實無有法 佛得阿耨多羅三藐三菩提

다시 붓다가 말했다. "수보리여! 만약 어떠한 법이 있어 여래가 무상정등각의 지혜를 얻었다면 연등불이 나에게 수기하기를 '그대는 내세에 마땅히 부처가 될 것이니, 호를 석가모니라 하라'고 하지 않았을 것이다. 그러나 실제로 법이 없기 때문에 내가 무상정등각을 얻은 것이다. 그래서 연등불이 나에게 수기를 내리며 말하기를 '그대는 반드시 부처가 될 것이며, 호를 석가모니라 하라'고 한 것이다. 왜냐하면 여래라 함은 곧 모든 법이 여여如如하다는 뜻이니라. 만약 어떤 사람이 내가 무상정등각의 지혜를 얻었다고 말한다면, 수보리여! 실제로 정해진 법이 없기 때문에 내가 무상정등각을 얻은 것이다"

주지하듯, 석가모니(釋迦牟尼, Śākya-munī)는 석가씨釋迦氏의 성자聖者라는 뜻이다. 중인도 가비라(迦毘羅, Kapila)성의 성주 정반왕(淨飯王, Suddhodana)의 태자이며 어머니는 마야(摩耶, Mahāmāyā)부인으로, 기원전 623년 룸비니동산의 무우수無憂樹 아래에서 태어났다. 태어날 때 사방 일곱 걸음을 걸으면서 '천상천하유아독존天上天下唯我獨尊'이라고 외쳤다 한다. 이 말은 석가모니붓다만이 홀로 존귀하다는 것이 아니다. 살아 있는 존재는 모두 존귀하다는 생명존중사상인 동시에 인류 최초의 자유와 평등과 자애를 선언함으로써 가장 본질적인 인간혁명으로 평가 되고 있다.

그는 유년기부터 학문과 무예를 닦았고, 선각왕善覺王의 딸인 야수다라(耶輸多羅, Yasodharā)와 결혼하여 아들 나후라(羅睺羅, Rahura)를 낳았다. 하지만 생사고락의 일대사인연一大事因緣을 규명하기 위해 29세 때 출가하여 6년이 지난 35세 때 붓다가야(佛陀伽耶, Buddhagaya)의 보리수 아래에서 활연대오豁然大悟하여 부처가 되었다. 그 후 49년간 맨발로 중생교화에 헌신하다 기원전 544년 세수 80세로 열반에 들었다. 여기서 붓다가 말한 '모든 법의 뜻은 여여하다[諸法如義]'라고 한 것은 나고 죽음이 같고, 중생과 부처가 같으니, 모든 법은 하나라고 하여 '진여眞如'라 하였다. 그리고 이러한 일여진경一如眞境에 이른 것이 바로 여래如來라고 한 것이다.

이 제법여의諸法如義에 대해 육조는 "모든 법이 뜻 그대로라는 말에서 제법은 곧 색·성·향·미·촉·법인 것으로 육진 가운데서 잘 분별할 수 있다. 그러나 본체는 담연湛然하여 물들지 않고, 집착이 없어 일찍이 변함이 없으며, 마치 허공과 같이 움직이지 않고, 두루 통하여 맑고 훤한 것이 몇 겁을 지나도 항상 있으므로, 이것을 '제법여의'라 이름한다"[137]라고 하였다.

---

137 "言諸法如義者 諸法 卽是色聲香味觸法 於此六塵中 善能分別 而本體湛然 不染不着 曾無變異 如空不動 圓通瑩徹 歷劫常存 是名諸法如義"『金剛經五家解』「究竟無我分第十七」'六祖'.

● **須菩提 如來所得阿耨多羅三藐三菩提 於是中 無實無虛 是故 如來說一切法 皆是佛法 須菩提 所言一切法者 卽非一切法 是故 名一切法 須菩提 譬如人身長大 須菩提言 世尊 如來說人身長大 卽爲非大身 是名大身**

붓다가 말했다. "수보리여! 여래가 얻은 바 무상정등각의 지혜 가운데는 실다움도 헛됨도 없다. 그러므로 여래가 설한 일체의 법은 모두 불법佛法인 것이다. 그러나 수보리여! 내가 말한 일체법이라는 것은 바로 일체법이 아니고 이름이 일체법인 것이다. 수보리여! 그것은 어떤 사람의 몸이 장대長大하다는 것과 같은 비유이다" 이에 수보리가 말하기를 "세존이시여! 여래께서 설하신 사람의 몸이 장대하다는 것은 몸이 큰 것이 아니라, 이름이 큰 몸인 것입니다"라고 하였다.

붓다는 수보리에게 '내가 체득한 무상정등각의 지혜는 무실무허無實無虛이다. 그러므로 내가 설한 일체법이 모두 불법인 것이다'라고 말한다. 일체법이란 우주의 모든 현상인 삼라만상森羅萬像을 말하며, 이 모든 현상이 다 불법이라 하였다. 즉 색성향미촉법 또한 모두 불법이지만, 이러한 육경六境과 육진六塵에서 잘 분별하여 이것에 끄달리지 않고, 이것의 집착에서 벗어나 항상 청정무구한 공성空性에 머물러야 깨달음을 이룰 수 있다는 것이다.

요컨대 형상이 있거나 없거나, 산하山河에 물 흐르고 꽃 피거나, 또는 편의점의 '1+1'에도 웃고 우는 것이 모두 다 불법이지만, 여래가 말한 일체법은 이러한 일체법이 아니기 때문에 일체법이라고 이름했을 뿐이라는 것이다. 즉 일체법이 불법이라고 한 것은 (악법도 법이라 하듯) 나와 우리를 에워싼 모든 현상을 가리킨 것으로 정법正法만을 말한 것은 아니다. 이것을 붓다는 수보리에게 인신장대人身長大를 비유하여 다음과 같이 말한다.

일체법이 실다움도 없고 헛됨도 없는 이름뿐이라는 것은, 가령 '사람의 몸이 수미산만 하다'고 말하는 것과 같다고 한다. 그것은 언어로 표현하기 위한 말로써 '큰 몸'이고, 이름만 '큰 몸'이라는 것이다. 그러나 '큰 몸'이 있다 하더라도 지혜가 없거나 수행이 없으면 그 큰 몸도 법신이 아닌 색신이기 때문에 곧 사라질 뿐이다. 따라서 일체법의 실체가 없다는 것도 이와 같아서 말과 이름뿐이라는 것이다.

이 같은 무실무허無實無虛에 대해 함허는 "앞에서는 붓다를 말하여 얻음도 없고 실다움도 없음[無得無實]을 밝히고, 여기서는 법을 말하여 얻은 바에 헛됨이 없음[所得無虛]을 밝혔다. 만약 부처의 뜻을 논한다면 마치 큰 허공과 같이 확연廓然하여 모든 상이 없고, 적연寂然하여 오고 감도 없고 머묾도 없으니, 시방세계가 모두 한 몸인 것이다. 다시는 다른 모습[二相]이 없으니 전傳한다는 것은 무엇이며 얻는다는 것은 무엇인가! 그래서 실로 법이 있어 여래가 아뇩다라삼막삼보리 등을 얻은 것이 아니라고 말한다. 만약 법의 뜻을 논한다면, 저 허공의 밝은 해와 같아서 삼라만상을 구별함에 한 몸이고, 보고 들어 깨달아 아는 것의 쓰임에 거리낌이 없음이니, 저 안에는 설하고 들음도 없지 않으며, 전하고 얻음 또한 없지 않은 것이다. 그러므로 무실무허라 말하니, 비록 참됨이 없다고 하나 또한 참됨이 없음도 아닌 것이다"[138]고 하였다.

또 일체법一切法에서 육조는 "모든 법에 있어 마음에 취사가 없고 능소 또한 없으면, 치열하게 일체법을 세우더라도 마음은 항상 공적하므로 일체법이 모두 불법임을 알게 된다. 하지만 미혹한 사람은 일체법에 탐착하여 불법으로 삼을까 두려워한 나머지 이 병을 고치기 위해 일체법이 아니라고 말한 것이다. 마음에 능소가 없어 고요하게 항상 비추니, 정定과 혜慧를 같이 행하고, 체體와 용用이 일치하므로 일체법이라 이름한 것이다"[139]고 하였다.

● **須菩提 菩薩亦如是 若作是言 我當滅度無量衆生 則不名菩薩 何以故 須菩提 實無有法 名爲菩薩 是故 佛說一切法 無我無人無衆生無壽者 須菩提 若菩薩 作是言 我當莊嚴佛土 是不名菩薩 何以故 如來說莊嚴佛土者 卽非莊嚴 是名莊嚴 須菩提 若菩薩 通達無我法者 如來說名眞是菩薩**

붓다가 말했다. "수보리여! 보살도 또한 이와 같아서 만약 보살이 '내가 마땅히 무량중생을 제도했다'고 말한다면, 나는 그 사람을 보

138 "前言佛 以明無得無實 此言法 以明所得無虛 若論佛義 猶如太虛 廓然無諸相 寂然無去住 盡十方世界 都盧是一身 更無二相 傳介什麽 得介什麽 所以 道實無有法如來阿耨菩提等 若論法義 如彼太虛 白日相似 萬像森羅 差別全身 見聞覺知 應用無妨 這裏 說聽亦不無 傳得亦不無 所以 道無實無虛 雖然無實 亦非無實也『金剛經五家解』「究竟無我分第十七」'說誼'.

139 "能於諸法 心無取捨 亦無能所 熾然建立一切法 而心常空寂 故知一切法 皆是佛法 恐迷者 貪着一切法 以爲佛法 爲遣此病故 言卽非一切法 心無能所 寂而常照 定慧齊行 體用一致 是故 名一切法也" 上揭書, '六祖'.

살이라 이름하지 않는다. 왜냐하면 수보리여! 실로 법이 있지 않기 때문에 보살이라 이름한 것이다. 그래서 내가 설한 일체법에는 아인사상이 없는 것이다. 수보리여! 만약 보살이 '내가 마땅히 불토를 장엄하리라'고 말한다면, 이 사람도 보살이라고 이름하지 않는다. 왜냐하면 여래가 말한 불토를 장엄한다는 것은 장엄이 아니라, 이름이 장엄이기 때문이다. 수보리여! 만약 보살이 이러한 무아無我의 법을 통달한다면, 나는 진실로 그를 보살이라고 이름할 것이다"

이어 붓다가 말하기를 "내가 마땅히 무량중생을 제도했다고 자신하는 보살이 있다면 나는 그를 보살이라 부르지 않겠다"고 하였다. 왜냐하면 그 같은 말을 내뱉는 보살은 아직도 아인사상을 여의지 못했기 때문에 보살이 아닌 것이다. 다시 말해 '제도된 내가 있고, 제도받을 중생이 있고, 제도하는 법이 있다'라고 분별하는 마음이 있으면 그것은 곧 상相이며, 이러한 상에서 벗어나지 못하면 보살이 아닌 것이다. 또 "내가 마땅히 불토를 장엄하리라"고 한다면 이 사람도 보살이라 이름하지 않는다. 왜냐하면 내가 말한 불토장엄이라는 것도 장엄이 아니라 이름이 장엄일 뿐이기 때문이다. 따라서 '실제 법이라는 것은 있지 않음[實無有法]'을 깨달아야 보살이라 이름할 수 있는 것이다.

그런 후 붓다는 '내가 없는 무위법에 통달한 사람이 진정한 보살'[通達無我法者 眞是菩薩]이라며 이 장에서의 결론을 내린다. 그렇다면 '무아無我'는 어떠한 경지이며, '무아법無我法'은 어떤 경계인가?

무아(無我, anātman)의 사전적 의미는 첫째, 우리의 몸과 마음을 주재

主宰하는 영구주체를 '나[我]'라고 하나, 이것은 외도나 범부의 잘못된 인식이므로 실제 이 같은 '나'라는 주체는 없다. 즉 우리의 몸과 마음은 연기緣起에 따라 오온五蘊으로 이루어진 것인데, 범부는 그 작용에 미혹되어 자아自我라고 인식하게 된다. 하지만 인연因緣이 다하면 사라져 버리는 존재가 인무아人無我인 것이다. 둘째, 외도와 범부는 일체법에 대해 일체 현상 속에 자아가 존재한다며 만상萬象이 실재한다고 인식한다. 하지만 이것 또한 연기緣起에 따라 생겨나는 가상假像·가유假有의 현상으로서 정해진 법이라 할 수 없으므로 법무아法無我이다.

무아법은 '내가 없는 법'이므로, 내가 없으면 법 또한 없다는 것이다. 그렇다면 붓다는 이 경의 처음에서부터 지금까지 무아법을 설하였고, 수보리를 비롯한 1250여 명의 청중들은 이미 무아법을 깨달았다고 할 수 있다. 다시 말해 '내가 없다[無我]' 또는 '내가 없는 경지에 이르다[究竟無我]'는 것을 확대해석하면 대아大我와 진아眞我를 뜻한다.

그래서 붓다는 이 경의 제4분에서 보시 공덕에 대해 '동방의 허공과 남서북방사유상하의 허공'은 아무것도 없기 때문에 우주의 삼라만상을 다 품을 수 있다고 하였다. 마찬가지로 무상정등각의 지혜를 성취한 보살도 '나'라는 아상我相과 '내 것'이라는 아소집我所執이 없고 '없애야 한다'는 생각마저 비워진다면 시간과 공간에서 자유자재한 보살이 될 수 있다는 것이다. 다음은 '구경무아'에 관련한 『중아함경』 한 부분을 인용코자 한다.

석가모니붓다가 생존해 있을 때 두 비구比丘가 당시 기원정사에서 대중과 함께 수행하다가, 외딴 산중에서 두 사람만의 토굴생활을 하게 되었다. 토굴생활이란 흙구덩이를 파놓고 그 안에서 사는 혈거穴居생활을 말하는 것이 아니다. 비바람과 추위를 피할 정도의 초암草庵에서 스스로 숙식하고 공부하는 수행생활을 말한다. 즉 대중생활은 새벽 3시에 일어나 예불·정진·공양·취침 등의 시간에 맞춰야 하지만, 토굴생활은 24시간을 수행에 전념할 수 있기 때문에 예나 이제나 토굴에서 정진하는 수행자가 많다. 이때의 두 비구도 스승과 도반道伴이 되어 공부가 막히면 서로 탁마琢磨하는 힘든 수행생활을 이어 가고 있었다.

어느 겨울날, 식량이 떨어져 A스님은 산아랫마을로 탁발托鉢을 가고 B스님만 남았다. 그런데 해질 무렵 갑자기 날씨가 흐려져 함박눈이 내리기 시작하자 순식간에 산길이 막혀 오도 가도 못하게 되었다. 산 아래 A스님은 토굴에서 끼니를 거르고 있을 B스님을 생각하며 하룻밤을 마을에서 지새었고, B스님은 A스님의 무사환처無事還處를 바라면서 홀로 밤을 지새우게 되었다.

그때 토굴 밖에서 인기척이 있어 나가 보니, A스님의 여동생이 오빠의 일용양식을 가지고 와 있었고, 집으로 돌아갈 수가 없어 부득이 하룻밤을 묵게 되었다. 토굴에 들어온 이들은 처음에는 존경과 보살핌으로 지내다가 시간이 흐르면서 세간의 습習을 떨치지 못하여 통정通情하였다. 날이 새고 여인이 떠난 후, B스님은 수행자가 지켜야 할 사음계邪淫戒를 파破한 것에 대해 통곡하였고, 산 아래 A스님은 끼니를 거른 B스님을 위해 눈길을 오르다 토굴에서 내려오는 여동생의 행색을 보고 다그쳐 물은 뒤, 도반을 파괴시킨 마군魔軍이라며 윽박지르다가 죽게 하였다. 그래도 분을 삭이지 못한 A스님은 B스님에 대한 배신감으로 단숨에 토굴까지 달려가 B스님까지 해치려 하였다.

하지만 자신의 파계로 통곡하고 있는 B스님을 마주하자, 그때서야 A스님은 B스님보다 더한 살생계殺生戒를 범한 것을 알고 망연자실하였다. 두 스님의 파행을 목격한 사람은 아무도 없었지만, 자신을 속일 수 없었던 그들은 자책自責으로 스스로 목숨을 끊으려 했으나, 그 또한 중죄重罪임을 알므로 죽지도 못했다.

생각다 못한 그들은 당시 참회계사懺悔戒師이자 지계제일持戒第一인 우바리(優婆離, upali)존자를 찾아가 그간의 사정을 고백한 후, 참회시켜 달라고 하였다. 그러나 우바리존자는 대노大怒하여 "이 세상에 천만억분千萬億分의 부처가 출현한다 하더라도 그대들이 지은 죄업罪業은 속죄받을 수 없다"며 참회조차 받아들이지 않았다. 이에 두 스님은 땅바닥에 앉아 통곡하였고, 이들의 통곡을 이상하게 여긴 사람들이 하나 둘 모이기 시작하였다.

이때 이곳을 지나던 붓다의 유발상좌인 유마거사維摩居士가 걸음을 멈추고 우바리존자에게 두 스님에 관해 물었다. 존자로부터 전후 사정을 들은 유마거사는 존자에게 "저들이 진실로 죄과罪過를 뉘우치고 있으니, 참회시켜야 하지 않느냐!"며 참회를 촉구하였다. 그러나 우바리존자는 "붓다의 가르침을 저버렸을 뿐 아니라, 교단敎團의 명예와 규율을 위해서라도 속죄할 수 없다"며 버텼다. 이때 유마거사가 우바리존자에게 "죄의 자성自性이 본디 없는데 어떻게 참회시킬 수 없다는 것인가!"라며 일갈一喝하자, 우바리존자를 비롯한 두 스님과 이들을 둘러싼 많은 대중들이 활연대오豁然大悟하였다. 두 스님은 참회와 속죄를 거친 후 훌륭한 사문沙門이 되어 훗날 많은 중생을 교화했다고 한다.

다음은 『화엄경』「보현행원품」에 나오는 '참회게'이다.

罪無自性從心起ㅣ니　心若滅是罪亦亡이라
罪亡心滅兩俱空이면　是卽名爲眞懺悔ㅣ라

죄의 자성은 본디 없어 마음 좇아 일어나니
마음이 없어지면 죄도 또한 없어짐이라
죄도 없고 마음도 없어 둘 다 비워지면
이를 이름하여 진실한 참회라 이른다네

●●

제18 중생과 부처를 한 몸으로 보다

一體同觀分 第十八
일체동관분 제십팔

須菩提여 於意云何오 如來ㅣ有肉眼不아 如是니다 世尊하
수보리 어의운하 여래 유육안부 여시 세존

如來有肉眼이니다 須菩提여 於意云何오 如來ㅣ有天眼不
여래유육안 수보리 어의운하 여래 유천안부

아 如是니다 世尊하 如來有天眼이니다 須菩提여 於意云何
여시 세존 여래유천안 수보리 어의운하

오 如來ㅣ有慧眼不아 如是니다 世尊하 如來有慧眼이니다
여래 유혜안부 여시 세존 여래유혜안

須菩提여 於意云何오 如來ㅣ有法眼不아 如是니다 世尊하
수보리 어의운하 여래 유법안부 여시 세존

如來有法眼이니다 須菩提여 於意云何오 如來ㅣ有佛眼不
여래유법안 수보리 어의운하 여래 유불안부

아 如是니다 世尊하 如來有佛眼이니다 須菩提여 於意云何
여시 세존 여래유불안 수보리 어의운하

오 如恒河中所有沙를 佛說是沙不아 如是니다 世尊하 如
여항하중소유사 불설시사부 여시 세존 여

來說是沙니다 須菩提여 於意云何오 如一恒河中所有沙하
래설시사 수보리 어의운하 여일항하중소유사

고 有如是沙等恒河어든 是諸恒河所有沙數佛世界ㅣ如是
유 여 시 사 등 항 하 시 제 항 하 소 유 사 수 불 세 계 여 시

가 寧爲多不아 甚多니다 世尊하 佛告須菩提하사대 爾所國土
영 위 다 부 심 다 세 존 불 고 수 보 리 이 소 국 토

中所有衆生은 若干種心을 如來悉知하시니 何以故오 如來說
중 소 유 중 생 약 간 종 심 여 래 실 지 하 이 고 여 래 설

諸心이 皆爲非心일새 是名爲心이니라 所以者何오 須菩提여 過
제 심 개 위 비 심 시 명 위 심 소 이 자 하 수 보 리 과

去心不可得이며 現在心不可得이며 未來心不可得이니라
거 심 불 가 득 현 재 심 불 가 득 미 래 심 불 가 득

〈原文244字〉

【字解】

붓다가 물었다. "수보리여! 그대 생각은 어떠한가. 여래에게 육안肉眼이 있는가?" 수보리가 말했다. "그렇습니다. 세존이시여! 여래께선 육안이 있습니다" 붓다가 다시 물었다. "수보리여! 여래에게 천안天眼이 있는가?" 수보리가 답했다. "그렇습니다. 세존이시여! 여래께선 천안이 있습니다" 붓다가 물었다. "수보리여! 여래에게 혜안慧眼이 있는가?" 수보리가 답했다. "그렇습니다. 세존이시여! 여래께선 혜안이 있습니다" 붓다가 또 물었다. "수보리여! 여래에게 법안法眼이 있는가?" 수보리가 말했다. "그렇습니다. 세존이시여! 여래께선 법안이 있습니다" 붓다가 물었다. "수보리여! 여래에게 불안佛眼이 있는가?" 수보리가 답하기를 "그렇습니다. 세존이시여! 여래께선 불안을 지니고 있습니다"라고 하였다. 이어 붓다가 물었다. "수보리여! 그대 생각은 어떠한가. 항하 가운

데 있는 모래와 같다며 내가 모래 수를 말한 적이 있는가?" 수보리가 말했다. "그렇습니다. 세존이시여! 여래께선 모래알을 언급한 적이 있습니다" 붓다가 다시 물었다. "수보리여! 그렇다면 만약 항하 가운데 있는 모래알 수만큼 항하가 있고, 이 모든 항하에 있는 모래알만큼 부처의 세계가 있다고 한다면, 이것은 정녕 많다고 하겠는가, 적다고 하겠는가?" 수보리가 답했다. "매우 많습니다. 세존이시여!" 이에 붓다가 말했다. "그렇게 많은 국토(불국토) 가운데 있는 모든 중생의 갖가지 마음을 나는 다 꿰뚫고 있느니라. 무슨 까닭인가 하면, 내가 말하는 모든 마음이란, 마음이 아닌 것으로 이름이 마음인 것이니라. 왜 그런가 하면, 수보리여! 과거의 마음도 얻을 수 없고, 현재의 마음도 얻을 수 없으며, 미래의 마음도 얻을 수 없기 때문이니라"

【講解】

● **須菩提 於意云何 如來 有肉眼不 如是 世尊 如來有肉眼 須菩提 於意云何 如來 有天眼不 如是 世尊 如來有天眼 須菩提 於意云何 如來 有慧眼不 如是 世尊 如來有慧眼 須菩提 於意云何 如來 有法眼不 如是 世尊 如來有法眼 須菩提 於意云何 如來 有佛眼不 如是 世尊 如來有佛眼**

붓다가 물었다. "수보리여! 그대 생각은 어떠한가. 여래에게 육안이 있는가?" 수보리가 말하기를 "그렇습니다. 세존이시여! 여래께선 육안이 있습니다"라고 하자, 붓다가 다시 물었다. "수보리여! 또 묻겠다. 여래에게 천안이 있는가?" 수보리가 답하기를 "그렇습니다. 세존이시여!

여래께선 천안을 지니고 있습니다"고 하자, 붓다가 물었다. "수보리여! 여래에게 혜안이 있는가?" 수보리가 답하기를 "그렇습니다. 세존이시여! 여래께선 혜안을 지니고 있습니다"고 하자 붓다가 또 물었다. "수보리여! 여래에게 법안이 있는가?" 수보리가 말하기를 "그렇습니다. 세존이시여! 여래께선 법안을 지니고 있습니다"고 하자, 붓다가 또 물었다. "수보리여! 여래에게 불안이 있는가?" 수보리가 답하기를 "그렇습니다. 세존이시여! 여래께선 불안을 지니고 있습니다"고 하였다.

육안(肉眼, mansa-cakṣus)은 글자 그대로 사람 몸에 갖추어져 있는 눈이다. 하지만 육안은 사물의 형태나 빛깔을 보는 것에만 한정되어 부자유한 것이다. 즉 가까운 것을 보면 먼 곳을 볼 수 없고, 앞을 보면 뒤를 보지 못하고, 위를 보면 아래를 보지 못한다. 종이 한 장만 가려도 앞을 보지 못할 뿐만 아니라, 인식에 대한 판단도 정확하지 못하여 번뇌가 쌓이는 것이 범부凡夫의 눈이다.

천안(天眼, divya-cakṣus)은 하늘에 태어나거나 선정禪定을 닦아 얻은 것으로 보통 사람이 볼 수 없는 것까지 볼 수 있는 신이神異한 눈이다. 즉 원근遠近과 미물微物도 볼 수 있으며, 중생이 나고 죽는 모양도 미리 알 수 있다. 이같이 하늘에서 태어나 얻는 것은 생득천안生得天眼이고, 인간 세상에서 선정을 닦아 얻는 것은 수득천안修得天眼이라 한다.

혜안(慧眼, prajňā-cakṣus)은 우주의 진리를 밝게 보는 지혜의 눈으로 만유의 일체현상은 공空하고 무상無相 · 무작無作 · 무생無生 · 무멸無滅함을 알아 모든 집착을 여의고 차별의 현상계를 보지 않는 지혜이다. 하지만 이 지혜는 이승(二乘, 聲聞·緣覺)이 체득한 지혜이므로 중생을 제도하는 것에는 미치지 못하는 눈이다.

법안(法眼, dharma-cakṣus)은 일체법을 분명하게 비춰 보는 눈으로서 보살菩薩은 이 눈으로 모든 법의 진상을 살펴 중생을 제도한다.

불안(佛眼, buddha-caḳsus)은 부처가 지니고 있는 눈으로서 육안·천안·혜안·법안을 모두 갖추어 우주만유宇宙萬有와 시방세계十方世界를 훤히 비추어 보지만, 이를 알아보는 이는 없고, 이를 나타내는 경계도 없는 눈이다. 이 같은 오안五眼을 붓다는 수보리에게 하나하나 지루하도록 열거하여 물으면서 자신이 지닌 지견知見은 광대하고 섬세하여 비추지 못하는 곳이 없음을 말한 것이다.

이에 육조는 말한다. "모든 사람에게 다 오안이 있지만, 미혹에 가려 스스로 볼 수 없으므로 붓다가 말하기를 미혹한 마음을 없애면 바로 오안이 뚜렷이 밝아진다고 하였다. 생각 생각에 반야바라밀법을 수행하여 처음으로 미혹한 마음을 없애면 육안이라 이름하고, 일체중생이 모두 불성을 가졌음을 보고 연민의 마음을 일으키면 이를 천안이라 하며, 어리석은 마음이 생기지 않음을 혜안이라 하고, 법에 집착하는 마음을 없애면 법안이라 하며, 미세한 의혹조차 영원히 밝게 통하여 두루 비추게 되면 불안이라 이름한다. 또 이르되, 색신 가운데 법신이 있음을 보면 육안이라 하고, 모든 중생이 각기 반야의 성품을 갖췄음을 보면 천안이라 하며, 반야바라밀이 삼세三世의 일체법을 나타내면 혜안이라 하고, 일체의 불법이 본디 스스로 갖춰져 있음을 보게 되면 법안이라 하며, 성품이 밝고 투명하여 능소[主體와 客體]가 영원히 없음을 보게 되면 불안이라고 한다"[140]

● **須菩提 於意云何 如恒河中所有沙 佛說是沙不 如是 世尊 如來說是沙 須菩提 於意云何 如一恒河中所有沙 有如是沙等恒河 是諸恒河所有沙數佛世界 如是 寧爲多不 甚多 世尊 佛告須菩提 爾所國土中所有衆生 若干種心 如來悉知**

붓다가 말하기를 "수보리여! 어떻게 생각하는가? 내가 '항하에 있는 모래알과 같다'며 모래알을 말한 적이 있는가?"라고 하자, 수보리가 말했다. "그렇습니다. 세존이시여! 여래께선 모래알을 언급한 적이 있습니다" 그러자 붓다는 "수보리여! 그렇다면 만약 항하 가운데 있는 모래알 수만큼의 항하가 있어, 이 모든 항하에 있는 모래알의 수만큼 부처의 세계가 있다면, 이것은 정녕 많다 하겠는가, 적다 하겠는가?"라고 물었다. 이에 수보리가 "매우 많습니다. 세존이시여!"라고 하자, 붓다가 말하기를 "그렇게 많은 국토[佛國土] 가운데 있는 모든 중생의 갖가지 마음을 여래는 다 꿰뚫고 있다"고 하였다.

항하恒河는 오늘날의 갠지스강이다. 기원정사에서 가까운 곳이므로

140 "一切人 盡有五眼 爲迷所覆 不能自見故 佛教除却迷心 卽五眼圓明 念念修行般若波羅蜜法 初除迷心 爲明肉眼 見一切衆生 皆有佛性 起憐憫心 是名天眼 癡心不生 名爲慧眼 着法心除 名爲法眼 細惑永盡 圓明徧照 名爲佛眼 又云 見色身中有法身 名爲肉眼 見一切衆生 各具般若性 名爲天眼 見般若波羅蜜 能出生三世一切法 名爲慧眼 見一切佛性 本來自備 名爲法眼 見性明徹 能所永除 名爲佛眼也"『金剛經五家解』「一切同觀分第十八」'六祖'.

붓다는 '항하의 모래알'을 자주 언급하였다. 특히 이 경에서는 여러 차례 비유하여 독자들에겐 익숙한 강이다. 여기서 붓다는 수보리에게 "내가 항하의 모래알을 언급한 적이 있는가?"라면서 이러한 "모든 항하의 모래알 수만큼의 부처의 세계가 있다고 한다면 많다 하겠는가, 적다 하겠는가?"를 묻고 있다. 즉 붓다는 자신이 이 땅에 나투기 이전의 시간과 공간에서 수많은 부처가 출현하여 불국토가 이어져 왔으며, 또한 그 불국토 가운데 존재했던 중생의 갖가지 마음을 다 헤아리고 있다는 것을 말한다. 그렇다면 붓다는 무슨 까닭으로 헤아릴 수 없는 시간과 공간에서 수많은 부처와 불국토를 언급하면서 사바세계에 존재했던 중생의 마음까지 꿰뚫고 있음을 말하는가? 그것은 붓다 자신이 다섯 가지의 눈을 지니고 있음을 말하기 위한 것이며, 이러한 오안으로 과거 · 현재 · 미래세를 설하기 위해, 제1분에서 마지막까지 일반 독자라면 몇 차례 책장을 덮을 만큼 동어반복하고 있는 것이다.

● **何以故 如來說諸心 皆爲非心 是名爲心 所以者何 須菩提 過去心不可得 現在心不可得 未來心不可得**

붓다가 말하기를 "무슨 까닭인가 하면, 내가 말하는 모든 마음은, 모두 마음 아닌 것으로 이름을 마음이라 하는 것이다. 왜 그런가 하면, 수보리여! 마음에는 과거의 마음도 얻을 수 없고, 현재의 마음도 얻을 수 없으며, 미래의 마음도 얻을 수 없기 때문이다"고 하였다.

여기서 '여래가 말한 모든 마음이란, 마음이 마음 아니라 이름을 마음이라 한다'고 하였다. 이 같은 반어적 논리는 이 경 전체에서 일관되게 전개되고 있다. 즉 제8분 '이른바 불법이라는 것은 불법이 아니다[所謂佛法者 卽非佛法]'와 제10분 '불토를 장엄한다는 것은 장엄이 아니라, 이름이 장엄인 것이다[莊嚴佛土者 卽非莊嚴 是名莊嚴]', 제13분 '내가 말한 반야바라밀은 반야바라밀이 아니고, 이름이 반야바라밀이다[佛說般若波羅蜜 卽非般若波羅蜜 是名般若波羅蜜]'와 '여래가 말한 32상은 상이 아니고, 이름이 32상이다[如來說三十二相 卽是非相 是名三十二相]', 제14분 '여래가 말한 제일바라밀은 제일바라밀이 아니고, 이름이 제일바라밀이다[如來說第一波羅蜜 卽非第一波羅蜜 是名第一波羅蜜]'와 제17분의 '내가 말한 일체법은 일체법이 아니고, 이름이 일체법이다[佛說一切法 卽非一切法 是名一切法]' 등이다.

이러한 논리 전개에 따라 이 장에서도 '내가 말한 모든 마음이란, 마음이 마음 아니라 이름을 마음이라 한다[如來諸心 皆爲非心 是名爲心]'고 하였다. 즉 붓다는 이러한 논리상의 어려움을 청중들에게 이해시키기 위해 반드시 '왜 그런가?'라며 부언 전제하는 것이다. 그러면서 마음이란, 과거의 마음도 얻을 수 없고, 현재의 마음도 얻을 수 없으며, 미래의 마음도 얻을 수 없기 때문이라고 설하는 것이다.

요컨대 마음이란, 텅 빈 공성空性이기 때문에 범부가 과거·현재·미래의 마음으로 분석하여 필요에 따라 논하고 있지만, 그것은 멈출 수도 없고 손에 쥘 수도 없으므로 형용하여 '마음'이라고 했을 뿐이다. 다시 말해 과거는 이미 지나가 버렸으니 취할 수 없고, 미래는 아직 오지 않았으므로 취할 수 없으며, 현재는 이러한 과거와 미래의 교착점交着點으로서, 현재라고 생각하면 이미 지나간 과거가 되고, 미래가 다시 현재로 다가오는 것이다. 그래서 지나간 현재가 과거가 되고, 다가오는 현재는 미래가 되므로, 범부가 과거·현재·미래라 하는 것은 결국 시간의 교착점을 가정假定한 것에 지나지 않는 것이다.

그래서 붓다는 이 같은 공허한 현재에 대해 무엇으로 현재의 마음을 찾을 것이며, 또한 지금 있지도 않고 미처 알 수도 없는 것이 과거와 미래심인데, 이러한 마음은 붓다의 오안으로도 규명할 수 없다고 한 것이다. 요컨대 붓다가 출가하여 수행한 것은 생사일대사를 규명하기 위해서지만, 그 일대사의 요체要諦는 바로 '마음'이었다. 그래서 역대 조사와 동서東西의 성현들도 결국 이 '마음'에서 인간의 존재와 본질을 밝히려 한 것이다. 이를 원효 스님은 『대승기신론소』에서 "맑고 고요하고 텅빔이 충만하여 이름할 수 없고 모양을 볼 수 없다[蕭焉空寂하고 湛爾冲虛하야 無名可名하고 無相可睹故也]라]"고 하였다.

따라서 우리는 마음- 마음- 마음이라며 하루 수십 번을 되뇌고 있지만, 본디 없으므로 찾을 수 없고 형용할 수 없는 것이다. 그래서 붓다는 '이름이 마음일 뿐, 마음이 마음 아닌 것'이라 하였다. 다시 말해 버스정류장에서 버스를 놓쳤을 때는 일찍 서둘지 못한 것을 아쉬워하지만, 지나간 버스를 탈 수는 없다. 또한 마음이 바쁘다고 오지 않은 버스를 탈 수도 없는 것이다. 여기서 시간에 쫓기는 사람은 초조할 것이고, 그렇지 않은 사람은 느긋할 것이다. 그러나 초조한 마음에서든 느긋한 마음에서든, 어떠한 마음으로도 과거의 마음은 얻을 수 없고 현재의 마음도 얻을 수 없으며 미래의 마음도 얻을 수 없는 것이다.

이 같은 마음을 함허는 "신령스러운 그 자리 깊고 고요하여 본디 저

절로 생겨남이 없는데, 한 생각의 물결이 일어나니 모든 망념이 덩달아 일어난다. 물결은 물의 성품이 아니며, 망념은 진리의 근원이 아니므로, '허망하고 덧없는 마음'이라 하는 것이다. 또한 앞의 생각과 지금의 생각, 뒤의 생각들이 끝없이 좋은 일과 악한 일을 생각함에, 연이어 흘러서 일어나고 멸함이 멈추지 않는다. 이와 같은 마음들을 모든 마음이라 이름하는 것이다. 이 모든 마음은 찰나라도 생겨나는 상이 없고, 찰나에 멸하는 상도 없어, 다시는 생멸 없이 멸한 그것을 마음 아닌 것이라 이름한다. 이미 생멸이 없어 멸하였음인데, 오직 하나 미묘하고 원만한 참된 마음이 항상 머물러 멸하지 않는 이것을 마음이라 이름하는 것이다"[141]고 하였다.

만일 누가 이 같은 마음을 거론한다면, 그것은 망령된 소리이다. 이 때문에 『반야심경』에서 "눈앞의 경계에서 의식의 경계까지도 없으니, 어둠도 없고 또한 어둠의 다함도 없으며, 늙어 죽음도 없다[無眼界 乃至無意識界 無無明 亦無無明盡 乃至無老死]"라고 하였다. 따라서 붓다는 이러한 마음을 통하여 무량중생의 갖가지 마음을 꿰뚫어 알게 된 것이며, 일체법 또한 오안을 통해 모두 알았다는 것이다. 그러나 무량중생의 마음과 무량일체법, 그리고 오안으로 보는 것도 의식 이전의 마음일 뿐이다. 이러한 의식 이전의 마음을 바탕으로 말한다면 중생과 부처, 과거

141 "靈源湛寂 本自無生 一念波興 諸妄競作 波非水性 妄非眞源 是可名爲虛妄浮心 又前念今念後念 念念 思無量善事 思無量惡事 念念還流 起滅不停 如是等心 是名諸心 而此諸心 刹那無有生相 刹那無有滅相 更無生滅可滅 是名非心 旣無生滅可滅 唯一妙圓眞心 常住不滅 是名爲心"『金剛經五家解』「一切同觀分第十八」'說誼'.

와 현재와 미래의 마음도 얻을 수 없다는 것이다.

이와 같이 '과거의 마음도 얻을 수 없으며, 현재의 마음도 얻을 수 없으며, 미래의 마음도 얻을 수 없다[過去心不可得 現在心不可得 未來心不可得]'는 경구經句에서 만당晩唐의 덕산 선감(德山宣鑒, 780~865) 선사와 떡장수 노파의 일화는 빠뜨릴 수 없다.

덕산은 사천성 성도四川省成都 출신으로 속성은 주周 씨이다. 일찍이 율종으로 입문하여 율학에 밝은 한편 『금강경』에 정통하였다. 특히 청룡靑龍 법사가 지은 '소초疏抄'를 깊이 연구하고 강론하여 주금강周金剛이라 불렸다. 그런데 남방에서 혜능의 영향으로 선학禪學이 크게 성행한다는 소리를 듣고 개탄하기를 "수많은 정법대중들이 의식儀式과 교학敎學에 일생을 바쳐도 성불하기 어려운데, 직지인심直指人心 견성성불見性成佛이라니…. 내 그들의 소굴로 들어가 그 종자를 없애고, 불은佛恩에 보답하리라"며 장대소쿠리에 『금강경청룡소초본』을 꿰어 짊어지고 용담龍潭 선사가 있는 호남湖南을 향했다.

몇 개월이 지나 용담 스님이 주석하는 용담사龍潭寺 인근 풍주豐州에 이르렀을 때, 길에서 떡을 팔고 있는 노파를 보자 견물생심見物生心한 끝에 점심 요기로 떡을 달라고 하였다. 이때 노파는 장대소쿠리를 가리키며 "떡을 파는 것은 어렵지 않으나, 스님의 등에 지고 있는 게 무엇이오?"라며 묻자, 덕산은 "이것은 내가 평생 연구한 『금강경청룡소초』요"라고 대답했다. 그러자 떡장수 노파는 "그러면 제가 『금강경』에 관해서 한 가지만 여쭙겠는데 답해 주시면 오늘 점심 요기는 그냥 드시

고, 그러지 못하면 옆 사람에게 사 드십시오"라면서 "과거심도 얻을 수 없고, 현재심도 얻을 수 없으며, 미래심도 얻을 수 없다 했는데, 화상께선 어느 마음에 점심을 때우시렵니까?"라고 물었다.

점심點心이란, 시장기를 면할 만큼 마음에 점點 하나 찍듯 하는 요기療飢이다. 그런데 노파의 '어느 마음에 점을 찍을 것이냐'라는 칼날 같은 질문에 덕산은 즉답卽答하지 못하고 당황하였다. 즉 점심을 먹어야 하겠다고 작정한 마음은 노파에게 오기 전의 지나간 마음[過去心]이므로 답이 될 수 없고, 아직 다가오지 않은 미래의 마음[未來心]도 답이 될 수 없으며, 지금 현재의 마음에 답을 찾으려 하나 '현재'라고 생각하는 순간, 그것은 이미 지나간 과거가 되기 때문에 현재심現在心이라고도 답할 수 없었다.

『금강경』에 관해선 낱낱이 해석하여 중원천하中原天下에 이름난 강백講伯이 된 덕산은 이 궁벽한 시골 난전의 떡장수 할멈에게 변명조차 못하고 자리를 떠나 황망하게 용담사龍潭寺 절 문으로 들어섰다. 그러고는 "내 용담龍潭에 오고 싶어 왔건만, 용龍도 없고 담潭도 없는데 어찌 용담이라 하는가!"라며 떡장수 노파에게 당한 분기憤氣를 용담사 문전에서 쏟아내었다. 그때 선실禪室에서 용담 선사가 나와 "아닐세, 그대는 용담에 제대로 온 것이라네"라고 답했으나, 덕산은 용담 선사의 자애慈愛에 찬 선문禪問에도 답하지 못하고 미적대다 객실客室로 들어갈 수밖에 없었다.

선문답禪問答이란, 선종에서 선정禪定을 닦는 수행자들이 주고받는 법거량法去量이다. 이들의 문답은 이심전심以心傳心을 바탕으로 한 역설과 반어로서 상대의 수행증득修行證得을 가늠하는 잣대가 되므로, 궁리하여 묻고 답하는 것이 아니라 즉문즉설로 이뤄지는 담금질이자 패러독스paradox이다. 즉 덕산이 '용도 없고, 담도 없다'고 한 말은 떡장수 할멈에게 당한 분기였듯, 용담 선사가 '제대로 찾아왔다'라고 말한 것은 '그대를 위해 깨우침의 꼭지를 따 주겠다'는 무량자비의 법문이었으나 덕산은 자신의 논리에 갇혀 허둥대다 놓친 것이다.

어느 날 덕산은 용담 선사와 밤늦게 차담茶談을 나눈 후, 자신의 처소로 돌아가다 되돌아와 용담 선사에게 청하기를 "스님! 밖이 너무 어두워 한 걸음도 뗄 수가 없으니, 스님 방의 등잔을 얻고자 합니다"고 하였다. 이때 용담은 등잔불을 건넨 후, 덕산이 받으려는 찰나 그 불을 훅 꺼 버렸다. 순간 사위는 칠흑같이 캄캄해졌고, 덕산은 그 자리에 엎드린 후 일어날 수가 없었다. 이때 선사가 "무엇을 보았는가?"라고 묻자, 덕산이 말하기를 "이제부턴 노승진념老僧眞念에 대해 절대 의심하지 않겠습니다"며 감례感禮를 표하고 물러났다. 이튿날 아침 그는 『금강경청룡소초』를 법당 앞에 쌓아 놓고 "(불태우며 말하기를) 번쇄한 논리는 허공에 날리는 터럭과 같고, 세간의 재능은 깊이를 알 수 없는 바다 가운데 한 방울의 물과 같도다[擧火炬曰 窮諸玄辯 若一毫置太虛 竭世樞機 似一滴投于巨壑]"고 하면서 자신이 그동안 보아 온 책을 모두 불태워 버렸다.(『指月』 권15, 9頁)[142]

142 聖一宗師 강해 / 徐在鴻 역주, 『般若心經 禪解』, PP.44~45.

제19 붓다의 法을 세상에 펴다

法界通化分 第十九
법계통화분 제십구

須菩提여 於意云何오 若有人이 滿三千大千世界七寶로 以用
수보리 어의운하 약유인 만삼천대천세계칠보 이용

布施하면 是人이 以是因緣으로 得福多不아 如是니다 世尊하
보시 시인 이시인연 득복다부 여시 세존

此人이 以是因緣으로 得福이 甚多니다 須菩提여 若福德이 有
차인 이시인연 득복 심다 수보리 약복덕 유

實인댄 如來 不說得福德多니 以福德이 無故로 如來說 得福
실 여래 불설득복덕다 이복덕 무고 여래설 득복

德多니라 〈原文75字〉
덕다

【字解】

다시 붓다가 말했다. "수보리여! 그대 생각은 어떠한가. 만약 어떤 사람이 삼천대천세계에 가득한 칠보로써 보시한다면, 이 사람은 이러한 인연으로 얻는 복이 많겠는가?" 수보리가 말했다. "그렇습니다. 세존이시여! 그 사람은 그러한 인연으로 복덕이 매우 많을 것입니다" 붓

다가 말했다. "수보리여! 만약 복덕이 실제로 있는 것이라면, 내가 복덕의 얻음이 많다고 말하지 않겠지만, 복덕이 없기 때문에 내가 복덕의 얻음이 많다고 말한 것이니라."

【講解】

● **須菩提 於意云何 若有人 滿三千大千世界七寶 以用布施 是人 以是因緣 得福多不 如是世尊 此人 以是因緣 得福甚多 須菩提 若福德有實 如來 不說得福德多 以福德無故 如來說 得福德多**

붓다가 말했다. "수보리여! 그대 생각은 어떠한가. 만약 어떤 사람이 삼천대천세계에 가득한 칠보로써 보시한다면 이 사람은 이러한 인연으로 얻는 복이 얼마나 되겠는가?" 수보리가 말했다. "그렇습니다. 세존이시여! 그 사람은 그러한 인연으로 복덕이 매우 많을 것입니다" 붓다가 말했다. "수보리여! 만약 복덕이 실제로 있다고 한다면, 내가 복덕의 얻음이 많다고 말하지 않겠지만, 복덕이 없기 때문에 내가 복덕의 얻음이 많다고 말한 것이다"

법계(法界, dharmadhātu)는 달마타도達磨馱都라고 음역하며, 다음 세 가지의 뜻이 있다. 첫째, 계界는 인因의 뜻이며, 법法은 성법聖法으로서 성법의 원인이 되는 진여眞如를 말한다. 둘째, 계界는 성性의 뜻이고, 법은 일체의 모든 법으로서 만유제법萬有諸法의 체성이 되는 진여이다. 셋째, 계는 분제(分齊, 범위 · 경계)라는 뜻이고, 법은 일체법이므로 분제가 같지 않은 모든 법의 모양, 즉 만유제법을 포함하여 말한다. 이러한 법계의 개념을 불가에서는 간추려 진여의 세계, 또는 깨달음의 세계[佛法]라고 말한다. 고故로 이 장에서는 '깨달음의 법으로 세상에 펴다'라고 할 수 있다.

이에 따라 붓다가 제11분에서 "만약 선남자선여인이 항하의 모래알과 같이 삼천대천세계에 가득 찬 칠보로 보시한다면, 그 복덕의 얻음이 많겠는가"라고 한 것을 이 장에선 '선남자선여인'을 '어떤 사람'으로 바꾸고 '항하의 모래알 수'를 뺀 채 다시 반복하고 있다. 그러면서 "실제로 복덕이 있는 것이라면, 내가 복덕의 얻음이 많다고 말하지 않겠지만 복덕이 없기 때문에 내가 복덕의 얻음이 많다고 말한 것이다"라고 하였다. 이 말에 대해 경전 공부를 웬만큼 한 사람이나 상근기의 사람은 알아차릴 수 있지만, 초심자는 혼동할 수밖에 없다.

즉 우주를 가득 채우고도 남을 칠보로써 다른 사람을 위해 베풀었다 하더라도 대가를 염두에 둔 보시는 유위복有爲福이 되고, 이 유위복은 아무리 많이 지었다 하더라도 언젠가 새어 나갈 유루복有漏福이 되고 만다. 하지만 내가 베푼 것에 연연하지 않고 마음에 거리낌 없는 무주상보시無住相布施는 영원히 새지 않는 무루복無漏福이므로 온 우주를 덮고도 남는다. 이러한 큰 복덕이 바로 '머묾 없이 머무는 깨달음[覺住無住]'으로 이어져 진여의 세계에 이른다고 하였다. 그래서 붓다는 "실제로 복덕이 있다면 내가 복덕의 얻음이 많다고 말할 필요가 없지만, 이러한 유루의 복덕은 끝내 없어지기 때문에 무루의 공덕을 쌓을 때까지 방편으로 복덕의 얻음이 많다고 하였다"라며 수보리와 청중들에게 에둘러 말한 것이다.

여기서 우리는 이 장의 마지막 글귀인 "만약 복덕이 진실로 있다고 한다면 내가 복덕의 얻음이 많다고 말하지 않겠지만, 복덕이 없기 때문에 내가 복덕의 얻음이 많다고 말한 것이다[若福德有實 如來 不說得福德多 以福德無故 如來說 得福德多]"라는 말에 주목해야 한다. 글귀 그대로 해석하면 붓다가 청중들에게 거짓말하는 것이거나, 아니면 역설逆說 내지 희론戱論이 된다. 하지만 이 글귀 이외, 다시 말해 이 글의 행간行間에 없는 부분을 끌어당겨 확대해석하면, 누구나 무릎을 치면서 공감할 수 있는 것이다. 따라서 이 글의 어려움을 푸는 열쇠는 바로 '유루복'과 '무루복'에 있음을 명심銘心해야 할 것이다.

이것을 함허는 "복이 있다는 것은 상을 취함이고, 복이 없다는 것은 상을 떠난 것이다. 경 가운데 꾸짖는 까닭은 상에 머무는 것을 경책하는 것이고, 찬탄하는 것은 그 상을 여의는 것에 나아가도록 함이다. 상을 떠나 보시를 행하는 이것이 참다운 수행인 것이다. 그러므로 무릇 보시를 말하는 것은 다만 경의 뛰어남을 헤아리려는 것이 아니라, 대개 상에 머무는 것을 경책하려는 것임을 알아야 한다. 앞에서 상에 머무는 것을 꾸짖은 것은 칠보를 베푼 복덕이 세간상의 도리인 유루有漏로 다 돌아가기 때문이고, 바로 아인사상我人四相과 무주상보시無住相布施를 가르친 것은 칠보를 베푼 복덕이 참으로 깨끗한 무루無漏로 돌아가기 때문이다"[143]고 설명하였다.

143 "福有者 取相也 福無者 離相也 經中 凡所以訶之者 警其住相也 贊之者 進其離相也 離相行施

그리고 종경은 "보시의 인연은 실제로 인천人天에 있어 유루의 과보이고, 무위복덕은 범부를 넘어 성인에 미치는 교화의 공덕이다. 오호라! 유루가 비록 거짓이긴 하나 이를 버리면 공행功行을 이루지 못하고, 무루가 비록 참되긴 하나 이것을 헤아리면 성과聖果를 증득하기 어렵다. 또 이르기를, 헤아리지 않고 버리지도 않으면, 무엇을 깨달음의 제일의第一義라 하겠는가?"[144]라고 하였다.

是眞修行 故知凡言施者 非但爲較量經勝 蓋責其住相也 前則責其住相故 寶施福德 皆歸世諦有漏 此則直示無相無住故 寶施福德 得歸眞淨無漏", 『金剛經五家解』「法界通化分第十九」'說誼'.

144 "布施因緣 實人天有漏之果 無爲福德 超凡聖通化之功 噫 有爲雖僞 棄之則功行不成 無爲雖眞 擬之則聖果難證 且道 不擬不棄時 如何是聖諦第一義" 『金剛經五家解』「法界通化分第十九」'宗鏡'. ※ 功行은 베풂의 功德을 말한다.(역자 註)

제20 색신과 32相을 떠나다

離色離相分 第二十
이색이상분 제이십

須菩提여 於意云何오 佛을 可以具足色身으로 見不아 不也니
수보리 어의운하 불 가이구족색신 견부 불야

다 世尊하 如來를 不應以具足色身으로 見이니 何以故오 如來
세존 여래 불응이구족색신 견 하이고 여래

說 具足色身은 卽非具足色身일새 是名具足色身이니다 須菩提
설 구족색신 즉비구족색신 시명구족색신 수보리

여 於意云何오 如來를 可以具足諸相으로 見不아 不也니다 世
어의운하 여래 가이구족제상 견부 불야 세

尊하 如來를 不應以具足諸相으로 見이니 何以故오 如來說 諸
존 여래 불응이구족제상 견 하이고 여래설 제

相具足은 卽非具足일새 是名諸相具足이니다 〈原文103字〉
상구족 즉비구족 시명제상구족

【字解】

붓다가 물었다. "수보리여! 그대 생각은 어떠한가. 내가 색신을 지니고 있다고 보는가?" 수보리가 답했다. "아닙니다. 세존이시여! 여래께서는 색신을 지니고 있다고 볼 수 없습니다. 왜냐하면 여래께서 설한

'색신을 가지고 있다'라는 것은 곧 색신이 아니라 이름이 색신이기 때문입니다" 붓다가 다시 물었다. "수보리여! 그럼 이것은 어떻게 생각하는가. 내가 모든 형상(32상)을 지니고 있다고 보는가?" 수보리가 답했다. "아닙니다, 세존이시여! 여래께서는 모든 형상을 지니고 있다고 볼 수 없습니다. 왜냐하면 여래께서 설한 '모든 형상을 갖추었다'는 것은 다 갖추었다는 것이 아니라, 이름이 모든 상을 갖추었다는 것입니다"

【講解】

● **須菩提 於意云何 佛 可以具足色身 見不 不也 世尊 如來 不應以具足色身 見 何以故 如來說 具足色身 卽非具足色身 是名具足色身**

붓다가 물었다. "수보리여! 그대 생각은 어떠한가. 내가 색신色身을 지니고 있다고 보는가?" 수보리가 답했다. "아닙니다. 세존이시여! 여래께서는 색신을 지니고 있다고 볼 수 없습니다. 왜냐하면 여래께서 '색신을 갖추고 있다'고 한 것은 곧 색신의 갖춤이 아니라, 이름이 색신의 갖춤이기 때문입니다"

구족색신具足色身은 빛깔과 모양을 갖춘 몸으로서, 빛깔도 없고 모양도 없는 법신法身의 상대어이다. 이것은 32상相과 80종호種好[145]를 갖춘

145 80종호八十種好는 80수형호八十隨形好라고도 한다. 즉 부처의 몸에는 일반 사람과 다른 뛰어난 80가지의 형상이 있다. 예컨대 손톱이 길고 좁으며, 얇고 분홍색이며, 손과 발이 각기 같아서 다름이 없다. 또한 신통력으로 자신을 지탱하고 남의 부축을 받지 않는 등의 여러 특징을 말한다.

석가모니붓다의 육신을 가리킨다. 붓다는 보통 사람과 다른 상호相好를 지니고 있기 때문에 여기서 붓다는 수보리에게 "내가 일반 사람과 다른 특징이 있기 때문에 나를 부처라 하느냐?"라고 물은 것이다. 다시 말해 "그대는 나의 겉모습을 보고 나를 부처라 부르느냐?"고 물은 것과 같은 것이다.

붓다는 앞 장에서 '중생과 부처의 마음이 공하여 한 마음'이고, 또한 '보시의 공덕도 공하여 무실무허無實無虛'라고 하였다. 이러한 깨침의 과보로 붓다는 32상과 80종호를 갖추고 이 땅에 나툰 것이다. 그런데 이 자명한 사실을 두고 "내가 색신을 가지고 있다고 보는가?"라고 묻는 것은 '나도 없고 법도 없다'는 무위법에서 32상과 80종호가 있을 수 없는 것임에도 이 같은 과보가 있다면 별도의 가르침이 있지 않을까라는 하근기 중생의 의심을 풀어 주기 위한 것이 아닌가 한다. 하지만 붓다의 이러한 심려를 알아차린 수보리는 "아닙니다. 여래께선 마땅히 색신을 가지고 있다고 볼 수 없습니다"라면서 여래께서 설한 '색신을 지니고 있다'라고 한 것은 색신이 아니라 이름이 색신일 뿐이라고 답한 것이다.

즉 붓다가 갖춘 32상과 80종호의 육신도 늙고 병들게 되면 덧없고 허망한 것이므로 영원한 법신이 될 수 없다. 그래서 방편으로 이름을 법신이라 한 것이다. 비유컨대 법신이 허공에 뜬 달이라면 색신은 물에 비친 달이다. 따라서 물에 비친 달은 이름만 달일 뿐, 실제의 달이 아니다. 마찬가지로 아무리 32상과 80종호를 갖춘 색신이라도 그것은 이름뿐이고, 그것을 과보로 여기는 것은 마음의 본체를 모르는 중생들의 생각이다. 그러므로 참다운 법신은 '텅 빈 그곳'을 고요히 비추어 보는[寂照] 지혜智慧와, 베푼다는 생각도 없이 베푸는 대자대비大慈大悲인 것이다.

이러한 구족색신具足色身을 육조는 "32상은 곧 색신의 다 갖춤이 아니라, 안으로 32가지의 청정행을 갖추어야 이를 구족색신이라 하는 것이다. 청정행이란 바로 육바라밀을 말한 것으로, 오근五根 가운데서 육바라밀을 닦고, 의근意根 가운데서 선정과 지혜를 같이 수행하는 이것을 구족색신이라 이름한다. 다만 여래의 32상만 좋아하고, 안으로는 32가지의 청정행을 행하지 않으면 구족색신이 아니다. 여래의 색상色相을 귀히 여기지 않고 능히 스스로 청정행을 지켜 나간다면 또한 색신을 다 갖추었다고 이름을 하는 것이다"[146]고 하였다.

● **須菩提 於意云何 如來 可以具足諸相 見不 不也 世尊 如來 不應以具足諸相 見 何以故 如來說 諸相具足 卽非具足 是名諸相具足**

붓다가 다시 물었다. "수보리여! 그럼 이것은 어떻게 생각하는가. 내가 모든 형상(32상)을 지니고 있다 보는가?" 수보리가 답했다. "아닙니다, 세존이시여! 여래께선 모든 형상을 지니고 있다고 볼 수 없습니다.

146 "三十二相 卽非具足色身 內具三十二淸淨行 是名具足色身 淸淨行者 卽六波羅蜜是也 於五根中 修六波羅蜜 意根中 定慧雙修 是名具足色身 徒愛如來三十二相 內不行三十二淸淨行 卽非具足色身 不愛如來色相 能自持淸淨行 亦得名具足色身"『金剛經五家解』「離色離相分第二十」'六祖'.

왜냐하면 여래께서 '모든 형상을 지니고 있다'라고 말한 것은 형상을 갖췄다는 것이 아니라, 이름이 제상구족이라고 한 것입니다"

구족제상具足諸相은 앞에서 서술한 32상을 갖춘 붓다의 모습을 말한다. 이에 따라 붓다는 수보리에게 "내가 색신을 가지고 있는가?"라고 한 것과 같이 "내가 32상을 지니고 있다 보는가?"라고 물었고, 이에 수보리는 붓다의 의도를 알아채고 "여래가 설한 상相의 갖춤은 갖춤이 아니라, 이름이 형상의 갖춤일 뿐입니다"라고 말한 것이다.

다음은 형상과 존재의 본질에 관한 것으로 석가모니붓다가 기원정사에 머물 때 고타미Gotami 여인과 겨자씨[芥子]에 관한 고사故事이다.

고타미의 전생은 빠두뭇따라붓다가 세상에 나투었을 때 항사와띠성시城市에서 태어났다. 결혼을 앞둔 어느 날, 그녀는 붓다의 가까이에서 설법을 듣고 있었다. 그때 붓다가 누더기[糞掃衣]를 걸친 한 비구니를 대중의 가운데 자리에 세우는 것을 본 후, 그 비구니의 공덕을 찬탄하면서 자신도 그 자리에 서기를 서원誓願하였다. 이 여인은 10만겁 동안 천신과 인간으로 윤회하여 석가모니붓다가 세상에 나투었을 때, 사왓티성의 가난한 집에 다시 태어났다. 그녀의 이름은 고타미였으며, 몸이 가늘어 카사고타미Kasa Gotami라고도 불렸다.

훗날 결혼을 하자 시집 식구들은 그녀를 '가난한 집의 딸'이라고 업신여겼으나, 아들을 낳고 겨우 며느리로 인정받게 되었다. 그러나 불행하게도 그녀의 아들이 들에서 놀다 언덕에서 떨어져 죽었다. 고타미는 아들을 잃은 충격으로 정신을 놓쳤다. 그녀는 죽은 아들을 등에 업고 "아들을 살릴 수 있는 약을 달라"며 성시의 가가호호를 떠돌았다. 사람들은 "죽음에는 치료약이 없는데 어디서 약을 구한단 말인가?"라며 안타까워했으나, 여인은 그들의 말을 알아들을 수 없었다. 그때 한 현자賢者가 '이 여인은 아들을 잃고 실성失性한 사람'이라며 불쌍히 여긴 나머지 이 여인에게 다음과 같이 말했다. "당신의 아들을 살릴 약은 기원정사에 있는 석존밖에 없소이다"

이 말을 들은 여인은 황급히 기원정사로 가서 "세존이시여! 제 아들을 살릴 수 있는 약을 주십시오"라고 애원하였다. 석존은 여인의 행색을 살핀 후, "성시로 돌아가 어느 집이든 사람이 죽지 않은 집에서 흰 겨자씨 여섯 개를 구해 오라"고 하였다. 여인은 성시로 돌아와 집집마다 다니면서 "내 아들을 살릴 겨자씨를 주십시오. 그러나 이 댁에 죽은 사람이 있으면 얻어갈 수 없습니다"라고 하였다. 하지만 사람이 죽지 않은 집이 없어 한 톨의 겨자씨도 구할 수 없었다. 이같이 여러 집을 다니다 그때서야 그녀는 '누가 죽은 사람을 헤아릴 수 있으며, 또한 겨자씨가 무슨 소용이 있겠는가'라고 정신을 차린 후 아들의 주검을 언덕에 묻고, 다시 붓다를 찾아갔다.

그때 석가모니붓다는 "고타미여! 겨자씨는 구했는가?"라고 물었다. 이에 고타미가 "세존이시여! 이제 저에게 겨자씨에 관한 일은 끝났습니다. 죽음은 세간의 법도 아니고, 가정의 법도 아닙니다. 천신을 포함한 세계의 모든 존재는 항상하지 않습니다"라고 말하자 붓다는 다음과 같은 사구게를 읊었다.

Though one live a hundred years,

And see not the Deathless state

It is better to live for a day

And see the Deathless state

비록 인생은 백년이지만

죽음의 현상을 보지 말고

하루를 충실히 살아야 하며

나고 죽음이 없는 현상을 보라[147]

큰 폭우가 잠든 마을을 휩쓸어 가는 것처럼

죽음은 온갖 것에 집착한 사람을 휩쓸어 가누나

백년을 살면서 죽지 않는 경지를 못 보는 것보다

하루를 살아도 죽지 않는 경지를 봐야 하느니라[148]

147 『增一阿含經』「芥子故事」, pali語 英譯本 'Kisa Gotami and the mustard seed', T. W. Rhys Davids (London: Society for Promoting Christian Knowledge, 1912), pp. 133-34. "Kisa Gotami: There Is No Cure for Death" Buddhist Parables, translated from the original Pali by Eugene Watson Burlingame (New Haven: Yale University Press, 1922), pp. 92-94.'.

148 위의 사구게는 팔리어로 기록한 것을 '니까야Nikaya 원전'이라 하며, 산스크리트어에서 漢譯한 것이 『阿含經(Agama)』으로 곧 南傳佛典이다. 따라서 위의 사구게는 『아함경』의 英譯에서 우리말로 의역한 것이다.

이 같은 붓다의 사구게가 끝나자 고타미는 아라한과阿羅漢果를 성취하고 세 가지의 누더기를 걸쳤다. 그때 붓다는 제따와나(힌두교당의 중앙자리)에 앉아 여러 비구니들을 차례대로 세우면서 고타미를 제일 가운데에 세웠다.

이와 같은 상相의 허망함에 대해 함허 선사는 "체體는 텅 비어 터럭 한 올도 보이지 않거늘, 연緣을 대하니 만 가지 형상을 드리워 보이는구나"[149]라고 하였다.

149 "體虛不見一絲毫 對緣垂示萬般形"『金剛經五家解』「離色離相分第二十」'說誼'.

제21 說한 바 說함이 아니다

非說所說分 第二十一
비설소설분 제이십일

須菩提여 汝勿謂하라 如來作是念하대 我當有所說法하라 莫
수보리 여물위 여래작시념 아당유소설법 막

作是念하라 何以故오 若人이 言如來 有所說法이면 則爲謗
작시념 하이고 약인 언여래 유소설법 즉위방

佛이며 不能解我所說故니라 須菩提여 說法者는 無法可說이
불 불능해아소설고 수보리 설법자 무법가설

是名說法이니라 爾時에 慧命須菩提白佛言하대 世尊하 頗有
시명설법 이시 혜명수보리백불언 세존 파유

衆生이 於未來世에 聞說是法하고 生ㅣ信心不잇고 佛言하사대
중생 어미래세 문설시법 생 신심부 불언

須菩提여 彼非衆生이며 非不衆生이니 何以故오 須菩提여 衆
수보리 피비중생 비불중생 하이고 수보리 중

生衆生者는 如來說 非衆生이 是名衆生이니라 〈原文120字〉
생중생자 여래설 비중생 시명중생

【字解】

붓다가 말했다. “수보리여! 그대는 내가 다음과 같은 생각을 지녔

음을, 즉 '내가 마땅히 법을 설한 바 있다'라는 생각을 지녔다고 염두에 두지 말라. 왜냐하면 만약 어떤 사람이 말하기를 '여래가 법을 설한 바가 있다'라고 한다면, 그것은 곧 부처를 비방하는 것으로 이는 내가 말한 법을 이해하지 못한 것이니라. 수보리여! 설법이라 하는 것은 '설한 법이 없는' 그것을 설법이라 이름하는 것이니라" 이때 혜명慧命 수보리가 붓다에게 여쭙기를 "세존이시여! 자못 많은 중생이 다음 세상에서도 이 법의 설하심을 듣고 믿음의 마음을 일으킬 사람이 있겠습니까?"라고 하였다. 이에 붓다가 말하기를 "수보리여! 그들은 중생이 아니며, 중생 아님도 아니니라. 왜냐하면 수보리여! '중생' '중생'이라고 한 것은 내가 설한 바의 중생이 아니라, 달리 형용할 수 없어 중생이라고 이름한 것이니라"라고 하였다.

【講解】

- **須菩提 汝勿爲 如來作是念 我當有所說法 莫作是念 何以故 若人 言如來 有所說法 則爲謗佛 不能解我所說故 須菩提 說法者 無法可說 是名說法**

붓다가 말했다. "수보리여! 그대는 내가 다음과 같이 '내가 마땅히 법을 설한 바 있다'라는 생각을 지녔다고 생각하지 말라. 왜냐하면 만약 어떤 사람이 말하기를 '여래가 법을 설한 바가 있다'라고 한다면, 그것은 곧 부처를 비방하는 것이며, 이는 내가 말한 법을 이해하지 못한 것이니라. 수보리여! 설법이라 하는 것은 '설한 법이 없는' 그것을 설법이라 이름하는 것이니라"

이 장의 주제는 비설소설非說所說이다. 즉 '설한 바 설함이 아니다'는 것이다. 그렇다면 붓다가 29세에 출가하여 6년간의 고행 끝에 깨달음을 이룬 후 40여 년(이 경을 설한 당시)간 온갖 중생을 자신이 이룬 깨달음의 세계[無上正等覺]로 이끌기 위해 설한 것은 무엇인가? 그리고 지금 이 장에서 수보리에게 "'그대는 내(붓다)가 마땅히 법을 설한 바가 있다는 생각을 지니고 있을 것이다'라는 그러한 생각을 갖지 말라. 왜냐하면 만약 어떤 사람이 말하기를 '여래가 법을 설한 것이 있다'라고 한다면, 그것은 나를 비롯한 모든 부처를 비방하는 것이며, 이는 내가 말한 법을 제대로 이해하지 못한 것이다"고 한 것은 또 무슨 까닭인가?

앞서 붓다는 '진리의 당체인 여래는 색신色身으로 나투는 것이 아니라 법신法身으로 나투는 것'이라 하였다. 아무것도 없는 텅 빈 그곳만 고요히 비추고 있다면, 설한 바가 없다고 할 수 있다. 그래서 붓다는 이 경 2장에서 "지금부터 그대들은 잘 들어라! 마땅히 그대들을 위해 설하리라[汝今諦聽 當爲汝說]"고 당부한 것이다.

요컨대 붓다의 교설은 "배워서 아는 것이 아니고, 가르쳐서 아는 것도 아니다. 다시 말해 붓다의 교설은 배워서 얻을 수 없고, 앎으로써 얻을 수 있는 것이 아니므로 내가 공하고[我空], 법이 공하며[法空], 얻음 또한 공한 것[得空]임을 몸소 깨달아야 한다"라고 하였다. 그러면서 붓다는 "설법이라 하는 것은 설할 법이 없기 때문에 (달리 형용할 수 없으므로) 설법이라 이름했을 뿐이다[說法者 無法可說 是名說法]"고 하였다.

이 무소설無所說을 야부는 "옳기는 옳으나, 대장경大藏經 소장경小藏經

은 어디로부터 나왔단 말인가?"라며 "설함이 있다 해도 모두 비방이 될 것이요 / 설함이 없다 해도 또한 받아들이지 못함이라 / 그대를 위해 한 가닥 선線으로 두루 미치니 / 해가 동쪽 산등성이에서 붉게 떠오르리라"[150]라고 하였다.

그리고 육조는 "범부의 설법은 마음에 얻는 바가 있기 때문에, 붓다가 수보리에게 이르기를 '여래의 설법은 마음에 얻는 바가 없다'고 하였다. 범부는 마음을 알음알이로 말하지만, 여래는 말과 침묵이 모두 같아서 내뱉는 언사는 소리에 응하는 메아리같이 마음씀이 없으니, 범부가 생멸을 마음으로 말하는 것과 같지 않다. 만약 여래의 설법에 '마음에 생멸이 있다'고 한다면 곧 붓다를 비방함이 되는 것이다"[151]라고 하였다.

● **爾時 慧命須菩提白佛言 世尊 頗有衆生 於未來世 聞說是法 生信心不 佛言 須菩提 彼非衆生 非不衆生 何以故 須菩提 衆生衆生者 如來說 非衆生 是名衆生**

이때 혜명慧命[152] 수보리가 붓다에게 여쭙기를 "세존이시여! 자못 많

---

150 "是卽是 大藏小藏 從甚處得來", "有說皆成謗 無言亦不容 爲君通一線 日向嶺東紅"『金剛經五家解』「非說所說分第二一」'冶父'.

151 "凡夫說法 心有所得故 佛告須菩提 如來說法 心無所得 凡夫作能解心說 如來語默皆如所發言辭 如響應聲 任運無心 不同凡夫 生滅心說 若言如來說法 心有生滅者 卽爲謗佛" 上揭書, '六祖'.

152 혜명(慧命, Ūyusmat)은 ①心命, 法身의 지혜로서 空性을 자신의 삶의 방식으로 결정하는 것[壽命]을 말한다. ②法을 양식으로 삼아 법도나 규율에 맞게 만드는 공양물을 말한다. ③지혜를 壽命에 비유한 것으로 여기서는 수행승의 존칭으로 사용하였다.

은 중생이 다음 세상에서도 이 법의 설하심을 듣고 믿음의 마음을 일으킬 사람이 있겠습니까?"라고 하였다. 이에 붓다가 말하기를 "수보리여! 그들은 중생이 아니며, 중생 아님도 아니다. 왜냐하면 수보리여 '중생' '중생'이라고 한 것은 내가 설한 바의 중생이 아니라, 달리 형용할 수 있는 말이 없어 중생이라고 이름한 것이다"라고 하였다.

이때 해공解空제일인 수보리존자가 붓다에게 여쭙기를 "세존이시여! 자못 많은 중생이 다음 세상에서도 이 법의 설하심을 듣고, 믿음의 마음을 일으킬 사람이 있겠습니까?"라고 하였다. 이 같은 걱정스러운 수보리의 물음은 이 경 제6분 「정신희유분」에서 언급하였고, 또 이 장에서 반복하여 물은 것이다. 그러나 붓다의 답변은 제6분에서 말한 것과는 다르다. 즉 제6분에서는 수보리의 걱정스러운 물음에 붓다는 "그런 걱정하지 말라. 내가 멸한 다음 2500년이 지난 뒤에도 계를 지니고 받들어 복을 닦는 자는 이 글귀에서 믿음의 마음을 일으킬 것이다[莫作是說 如來滅後後五百世 有持戒修福者 於此章句 能生信心]"고 하였다. 그런데 이 장에서 "그들은 중생이 아니며, 중생 아님도 아니다. 왜냐하면 수보리여! 중생– 중생– 이라 한 것도 내가 설한 바의 중생이 아니라, 달리 형용할 수 있는 말이 없으므로 중생이라 이름할 뿐이다"라고 하였다.

붓다는 "생명을 지닌 모든 존재는 모두 다 불성을 지니고 있다[皆有佛性]"고 하였다. 그래서 중생과 부처가 다르지 않고, 중생이 중생 아님도 아닌 것이다. 그러나 불성을 지니고 있긴 하지만, 육진과 육경에 이끌려 탐 · 진 · 치貪瞋癡의 삼독에 빠져 있는 아수라를 중생 아니라고 할 수 없다. 또 육진·육경과 삼독에서는 벗어났지만 이른바 세간에서 지성知性이라고 이름하는 이들과, 또는 전세의 선근으로 불문佛門에 들었지만 아인사상을 여의지 못하여 나와 내 것에 얽매인 범부를 중생이 아니라고 할 수 없는 것이다. 그러므로 중생은 내 안의 불성을 찾기 위해 무상정등각의 지혜를 닦아야 하는 것이다. 따라서 붓다는 이 장 마지막에서 중생- 중생- 이라고 한 것은 내가 설한 바의 중생이 아니라 달리 형용할 수 없어 중생이라 이름했을 뿐이다"고 한 것이다.

여기서 함허는 "공생이 후세의 '믿음'과 '믿지 않음'으로 물음을 일으킴에 붓다가 중생이 중생 아님으로 답한 것이다. 중생이기 때문에 생사에서 벗어남을 구하는 것이니, 마땅히 믿음이 있어야 하는 이치가 있으며 또한 중생이 아니라 본래 부처였기 때문에 부처로서 부처를 구하지 못하는 것이니, 마땅히 믿지 않는 이치가 있음이다. 불법을 믿지 않는 이것이 참된 믿음을 일으키는 것은 법의 상이 없기 때문이다"[153]라며 역설적으로 설명하였다.

---

153 "空生 以後世信與不信 發問 佛 以是生非生 答者 以是生故 因於生死 以求出要 應有信之之理 以非生故 本來是佛 不應以佛求佛 應有不信之理 不信佛法 是眞生信 以無法相故也" 『金剛經五家解』「非說所說分第二一」'說誼'.

●●

제22 法을 언음도 없다

無法可得分 第二十二
무법가득분 제이십이

須菩提白佛言하대 世尊하 佛이 得阿耨多羅三藐三菩提가 爲
수보리백불언 세존 불 득아뇩다라삼막삼보리 위

無所得耶잇가 佛言하사대 如是如是니라 須菩提여 我於阿耨多
무소득야 불언 여시여시 수보리 아어아뇩다

羅三藐三菩提에 乃至無有小法可得일새 是名阿耨多羅三藐
라삼막삼보리 내지무유소법가득 시명아뇩다라삼막

三菩提니라 〈原文63字〉
삼보리

【字解】

수보리가 붓다에게 여쭈었다. “세존이시여! 부처의 아뇩다라삼막삼보리도 얻은 바가 없다는 것입니까?” 붓다가 말했다. “그렇지, 그렇고 말고. 수보리여! 내가 아뇩다라삼막삼보리에 있어서 조그마한 법의 얻음조차 없었으므로, 아뇩다라삼막삼보리라고 이름한 것이니라”

【講解】

● 須菩提白佛言 世尊 佛 得阿耨多羅三藐三菩提 爲無所得耶 佛言 如是如是 須菩提 我於阿耨多羅三藐三菩提 乃至無有小法可得 是名阿耨多羅三藐三菩提

수보리가 붓다에게 물었다. "세존이시여! 붓다의 아뇩다라삼막삼보리도 얻은 바가 없다는 것입니까?" 붓다가 말했다. "그럼 그렇지, 그렇고 말고. 수보리여! 내가 아뇩다라삼막삼보리에 있어서 조그마한 법의 얻음조차도 없었기 때문에, 아뇩다라삼막삼보리[無上正等覺]이라고 이름한 것이다"

이어서 수보리는 붓다에게 "그렇다면 세존의 무상정등각도 얻은 바가 없다는 것입니까?"라며 단도직입적으로 묻는다. 이에 붓다가 "그럼 그렇지, 그렇고 말고. 조그마한 법의 얻음도 없었으므로 무상정등각이라 이름한 것이다"라고 답한 것이다. 즉 '얻는 바 없음[無所得]'이 곧 무상정등각이라는 것이다. 이 말을 이해하기 위해서 우리는 이 경문의 독해를 잠시 멈추고 반야경의 핵심인 『반야심경』과 『조사어록祖師語錄』 등을 살펴보기를 권하는 바다.

예컨대 세간에서 말하는 지식知識이라는 것은 배우고 쌓아서 얻어지는 것이지만, 불가에서 말하는 지혜智慧는 덜어 내고 비워 내야만 비로소 얻어지는 것이다. 그것은 이른바 '마음'이라고 일컫는 인간의 본질은 새로 생겨나는 것이 아니라, 본디부터 지니고 있으므로 천 년 전의 '마음'이나 지금의 '마음'이나 그 본질에는 변함이 없다. 그래서 붓다는 마음의 본체를 공空이라 하였고, 그 마음 찾는 것을 무위법無爲法이라 하였으며, 그 설한 바를 '설한 바 설함이 없다[無說說]'고 말한 것이다.

따라서 '위없이 높고 평등한 바른 깨달음[無上正等覺]'이란, 어둡고 어리석은 마음을 걷어낸 텅 빈 그곳을 고요히 비추는[寂照] 것으로서 그것에는 '조그마한 법의 얻음조차도 없다'는 것이다. 다시 말해 이러한 지혜를 얻고 나면 『반야심경』에서 붓다가 사리자舍利子에게 말한 "나고 죽음[生死]도 없고, 더러움과 깨끗함도 없으며, 늘어남과 줄어듦도 없다. 그러므로 그 텅 빈 가운데는 형색도 없고, 받아들임과 생각・작용・인식도 없으며, 눈・귀・코・혀・몸・요량도 없고, 형색・소리・냄새・맛・촉감・길들임도 없다. 또 시각의 경계에서 의식의 경계도 없고, 어둠과 또한 어둠의 다함도 없으며, 늙어 죽음과 또한 늙어 죽음의 다함도 없다. 또한 고통과 집착, 그리고 그 집착의 멸함과 집착을 벗어나는 진리도 없고, 지혜도 없으며, 그 지혜의 얻음도 없다"[154]라고 한 것과 같은 것이다.

그리고 이 문장의 주어가 되는 '위무소득야爲無所得耶'를 대다수의 선행연구자들은 '얻은 바가 없다' '얻은 바 없음이다' '얻은 바 없음인가?'라고 풀이하고 있다. 이것은 '야耶'를 대부분 어조사로 풀이하였을 뿐, 의문어조사疑問語助辭로 해석하지 않았기 때문인 것으로 보인다. 예

154 "不生不滅 不垢不淨 不增不減 是故空中無色 無受想行識 無眼耳鼻舌身意 無色聲香味觸法 無眼界乃至無意識界 無無明 亦無無明盡 乃至無老死 亦無老死盡 無苦集滅道 無智亦無得"『般若心經』

컨대 이 문장의 앞부분에서 "수보리가 붓다에게 말하기를[須菩提白佛言]"이라고 한 것을 참고한다면, 의문사인 '그런가 야耶'로서 "얻은 바 없다는 것입니까?"로 풀이해야 할 것이다.

이 같은 '위무소득'에 대해 부대사는 "모든 부처의 지혜는 깨달음을 밝힘인데 / 깨달음의 성품은 본디 끝이 없음이라 / 부처로 인해 무슨 소득이 있다 하는가? / 얻는 바가 없는 바로 그것이로다 / 묘한 성품 헤아리기 어려우나 / 이치를 얻은즉 차별이 없는 것인데 / 집착에 미혹되어 깨닫지 못한 이들 / 길 잃어 헤매는 이 얼마나 많은가"[155]라고 하였다.

또 야부는 "남에게 구함은 자기에게 구함만 같지 못하다"[156]고 하였고, 이에 함허는 "이미 차별이 없음인데 어찌 멀리 성인들에게 미루어 구할 것이며, 이미 본디 갖췄음인데 어찌 모름지기 밖을 향해 구할 것인가? 만약 자기에게 돌이켜 구한다면, 문득 콧구멍에 맞닿아 앉아서 보화불報化佛의 머리를 끊어 감이니, 그래서 '남에게 구하는 것이 자기에게 구하는 것만 같지 못하다'고 한 것이다"[157]고 하였다.

---

155 "諸佛智明覺 覺性本無涯 佛因有何得 所得爲無耶 妙性難量比 得理則無差 執迷不悟者 路錯幾河沙"『金剛經五家解』「無法可得分第二二」'傅大士'.

156 "求人不如求自己" 上揭書, '冶父'.

157 "旣是平等 何以遠推諸聖 旣是本有 何須向外馳求 若能反求諸己 驀然觸着鼻孔 坐斷報化佛頭去在 所以 求人不如求自己" 上揭書, '說誼'.

●●

제23 깨끗한 마음으로 바르게 수행하다

淨心行善分 第二十三
정심행선분 제이십삼

復次須菩提여 是法이 平等하야 無有高下ㄹ새 是名阿耨多羅
부차수보리 시법 평등 무유고하 시명아뇩다라

三藐三菩提니라 以無我無人無衆生無壽者하고 修一切善法
삼막삼보리 이무아무인무중생무수자 수일체선법

하면 則得阿耨多羅三藐三菩提니라 須菩提여 所言善法者는
즉득아뇩다라삼막삼보리 수보리 소언선법자

如來說 卽非善法이 是名善法이니라 〈原文70字〉
여래설 즉비선법 시명선법

【字解】

붓다가 다시 말했다. "수보리여! 이 법은 평등하여 높고 낮음이 없으니, 이를 아뇩다라삼막삼보리라 이름한 것이니라. 나도 없고 너도 없으며, 중생도 없고 수자도 없으므로, 모든 올바른 법을 수행하면 곧장 아뇩다라삼막삼보리를 얻을 것이니라. 수보리여! 이른바 옳은 법이라는 것은 여래가 말하는 옳은 법이 아니라, 이름이 옳은 법이니라"

【講解】

● **復次須菩提 是法 平等 無有高下 是名阿耨多羅三藐三菩提 以無我無人無衆生無壽者 修一切善法 則得阿耨多羅三藐三菩提 須菩提 所言善法者 如來說 卽非善法 是名善法**

붓다가 다시 말했다. "수보리여! 이 법法은 평등하여 높고 낮음이 없으므로 이를 아뇩다라삼먁삼보리라 이름하느니라. 이로써 나도 없고 너도 없으며 중생도 없고 수자도 없으니, 모든 올바른 법[善法]을 닦게 되면 바로 아뇩다라삼먁삼보리를 얻을 것이니라. 그러므로 수보리여! 이른바 옳은 법이라는 것은 여래가 말하는 옳은 법이 아니라, 이름하여 옳은 법이라 하는 것이니라"

역자는 앞서 서술한 바와 같이 범어인 '아뇩다라삼먁삼보리'를 '무상정등각'으로 한역하여 풀이해 왔다. 즉 우리가 지니고 있는 마음이란, 본디 비었기 때문에 '위없이 높고 평등한 바른 깨달음[無上正等覺]'으로 모든 사람에게 평등하여 높고 낮음이 없다. 그러므로 천상과 인간 · 아수라 · 아귀 · 축생 · 지옥의 어떤 중생에게도 귀천貴賤이 없는 절대 평등의 본질을 갖추고 있는 것이다. 그래서 붓다는 이 장의 제목으로 '깨끗한 마음으로 올바르게 수행하라'고 한 것이다.

다시 말해 부처나 보살은 어떠한 경계에 처하더라도 마음에 흔들림이 없지만, 범부와 중생은 주변의 상황에 따라 수시로 마음이 흔들리면서 아인사상에 빠지게 된다. 이 때문에 중생은 자성自性이 부처인 것을 모르거나, 혹 알더라도 생각과 행동이 어긋나 항상 위태로운 것이다. 이같이 위태로운 중생심을 유가儒家에서는 "사람의 마음은 항상 위태롭고 진리의 마음은 희미하니, 오로지 한결같은 마음으로 진실로 그 중심을 잡아야 한다"[158]고 하였다.

따라서 붓다는 이러한 위태로운 마음을 아인사상을 여읜 청정심淸淨心으로 모든 바른 법을 닦아 무상정등각의 지혜에 이르러야 한다고 말한 것이다. 그리고 '바른 법이라는 것[所言善法者]'은 '평등하여 높고 낮음이 없는 바른 법'으로서, 이러한 법을 닦으면 누구나 무상정등각의 지혜를 얻어 보살과 부처가 되는 것이다. 또 붓다가 "내가 말한 선법은 선법이 아니라 이름이 선법이다"라고 한 것은 붓다가 22장에서 말한 모든 법의 공성과 무위법, 그리고 무유정법의 차원에서 설한 것이다.

여기서 육조는 '수일체선법修一切善法'을 "보리菩提의 법이란, 위로는 모든 부처에 이르고, 아래로는 곤충에 이르기까지 모두 지혜의 종지種智를 지니고 있어 부처와 다르지 않기 때문에, 평등하여 위아래가 없다. 보리에는 두 가지가 없으므로, 다만 아인사상을 떠나서 일체 바른 법을 닦으면 보리를 얻게 된다. 만약 사상四相을 여의지 않고 일체의 바른 법을 닦게 되면, 아인我人만 더해져 해탈을 증득하려는 욕심으로 말미암아 얻을 수 없는 것이다. 그러나 만약 사상을 여의고 일체의 바른 법을 닦게 되면, 해탈을 기약할 수 있다. 일체 선법을 닦는다는 것은 일체의 법에 물듦이 없고 일체의 경계에 흔들림이 없어 세간법과 출

158 "人心惟危 道心惟微 惟精惟一 允執厥中"『尙書』「大禹謨」.

세간법을 탐하거나 좋아하지 않으며, 일체 머무는 곳에서 항상 방편으로 중생을 이끌어 그들로 하여금 기꺼이 믿고 따르게 하는 것이다. 정법을 설하여 보리를 깨닫게 하는 이것을 비로소 수행이라 이름하므로 '일체의 바른 법을 수행한다'고 말한 것이다"[159]라고 하였다.

이에 함허는 "평등의 이치를 다 깨달아 무아無我로서 선법을 닦으니, 선법이 선법 아님이라. 악의 성품과도 끊어질 수 없는 이것이 참다운 선법인 것으로, 유루有漏와는 같지 않다"[160]며 선법禪法에서는 선과 악이 다르지 않다고 하였다.

---

159 "菩提法者 上至諸佛 下至昆蟲 盡含種智 與佛無異 故言平等 無有高下 以菩提無二故 但離四相 修一切善法 卽得菩提 若不離四相 修一切善法 轉增我人 欲證解脫之心 無有可得 若離四相 而修一切善法 解脫可期 修一切善法者 於一切法 無有染着 對一切境 不動不搖 於世出世法 不貪不愛 於一切處 常行方便 隨順衆生 使之歡喜信服 爲說正法 令悟菩提 如是 始名修行 故言修一切善法"『金剛經五家解』「淨心行善分第二三」'六祖'.

160 "了得平等理 無我修善法 善法非善法 與惡性無殊 是名眞善法 不同於有漏" 上揭書, '說誼'.

제24 福德과 智慧는 비교할 수 없다

福智無比分 第二十四
복지무비분 제이십사

須菩提여 **若三千大千世界中所有諸須彌山王**ㅣ **如是等七**
수보리 약삼천대천세계중소유제수미산왕 여시등칠

寶聚로 **有人**이 **持用布施**하고 **若人**이 **以此般若波羅蜜經 乃**
보취 유인 지용보시 약인 이차반야바라밀경 내

至四句偈等을 **受持讀誦**하야 **爲他人說**하면 **於前福德**은 **百分**
지사구게등 수지독송 위타인설 어전복덕 백분

不及一이며 **百千萬億分乃至算數譬喩**에 **所不能及**이니라
불급일 백천만억분내지산수비유 소불능급

〈原文78字〉

【字解】

붓다가 말했다. "수보리여! 만약 삼천대천세계 가운데에 있는 모든 수미산의 왕만큼 칠보덩어리를 가지고 어떤 사람이 보시한다 하더라도, 만약 다른 사람이 이 반야바라밀경 내지 사구게 등을 받들어 지녀서 읽고 외우며, 또 남을 위하여 말해 준다면, 앞의 복덕으로는 백분의 일에도 미치지 못할 것이며, 백천만억분 내지 어떠한 숫자의 비유로

도 미치지 못할 것이니라"

【講解】

● **須菩提 若三千大千世界中所有諸須彌山王如是等七寶聚 有人持用布施 若人 以此般若波羅蜜經乃至四句偈等 受持讀誦 爲他人說 於前福德 百分不及一 百千萬億分乃至算數譬喩 所不能及**

붓다가 말했다. "수보리여! 만약 삼천대천세계 가운데에 있는 모든 수미산의 왕만큼 많은 칠보덩어리를 가지고 어떤 사람이 보시했다 하더라도, 혹 다른 사람이 이 반야바라밀경이나 사구게 등을 받들어 지녀서 읽고 외우고 또 남을 위해 말해 준다면, 앞의 보시 복덕이 이 법보시에 비해 100분의 1에도 미치지 못하며, 백천만억분 내지 어떠한 숫자로 비유하더라도 미칠 수가 없다"

붓다가 이 장에서 "어떤 사람이(항하의 모래알 수만큼의) 삼천대천세계 가운데 있는 수미산왕만 한 칠보덩어리로 보시하는 것보다 이 경문이나 이 경의 사구게 하나라도 받아 지녀서 읽고 외워 인연 있는 사람에게 전해 준다면, 칠보로 보시한 것보다 이 법보시가 더 큰 공덕을 얻는다"고 하였다. 이러한 설명은 제8분과 11, 13, 14, 15, 16분에서 이미 언급해 온 것인데 다시 반복하는 것은 『금강경』의 교설이 마무리 단계에 접어들었으므로, 붓다는 이 경의 의미와 중요성을 다시 한 번 더 강조하려는 것이다. 따라서 아무리 헤아릴 수 없을 만큼 많은 보시 복덕을 쌓았다 하더라도, 무상정등각의 지혜와 자비에 이르게 하는 공덕과는 비교할 수 없다는 것이 이 경의 주제인 것이다.

이 같은 공덕을 함허는 "경을 지니는 것과 보시를 행하는 공덕은 같지 않다. 이렇게 같지 않은 까닭은 다만 돈頓과 점漸에 있을 뿐이다"[161] 며 법보시와 재보시를 돈오頓悟와 점오漸悟로 비유하였다.

또 부대사는 "보배를 보시함이 항하의 모래알만큼 많아도 / 오직 유루의 원인을 이룰 뿐이요 / 내가 없음을 관하여 허망함을 알게 되면 / 참이라 이름하는 것만 같지 않다네 / 나고 죽음이 없는 무생인을 증득하려면 / 탐진치를 벗어나야 하나니 / 중생의 법에 내가 없음을 알면 / 한가로이 육진에서 벗어나리라"[162]고 하였다.

161 "持經行施 功行不等 所以不等 只在頓漸", 『金剛經五家解』「福智無比分第二四」'說誼'.

162 "施寶如沙數 唯成有漏因 不如無我觀 了妄乃名眞 欲證無生忍 要假離貪瞋 人法知無我 逍遙出六塵" 上揭書, '傅大士'.

제25 가르쳤으나 가르친 바가 없다

化無所化分 第二十五
화무소화분 제이십오

須菩提여 於意云何오 汝等은 勿謂하라 如來 作是念하대 我當
수보리 어의운하 여등 물위 여래 작시념 아당

度衆生하라 須菩提여 莫作是念하라 何以故오 實無有衆生은
도중생 수보리 막작시념 하이고 실무유중생

如來度者니라 若有衆生은 如來度者인댄 如來 則有我人衆生
여래도자 약유중생 여래도자 여래 즉유아인중생

壽者니라 須菩提여 如來說 有我者는 卽非有我언마는 而凡夫
수자 수보리 여래설 유아자 즉비유아 이범부

之人이 以爲有我하니라 須菩提여 凡夫者는 如來說 卽非凡夫
지인 이위유아 수보리 범부자 여래설 즉비범부

가 是名凡夫니라 <原文97字>
시명범부

【字解】

다시 붓다가 말했다. "수보리여! 그대 생각은 어떠한가? 그대들은 여래가 '내가 중생을 제도하리라'는 생각을 가졌다고 보는가? 수보리여! 그런 생각을 말지어다. 왜냐하면 진실로 여래가 제도할 중생은 없느니라. 만약 여래가 제도할 중생이 있다고 하면, 곧 여래는 아 · 인 · 중생 · 수자상을 가지고 있음이니라. 수보리여! 여래가 말한 '내가 있다'라는 것은 곧 내가 있음이 아니라, 범부의 무리들이 '내가 있다'라고 한 것이니라. 또 수보리여! 범부라는 것도 여래가 말하는 범부가 아니라, 이름을 범부일 뿐이라고 한 것이니라"

【講解】

● **須菩提 於意云何 汝等勿謂 如來作是念 我當度衆生 須菩提 莫作是念 何以故 實無有衆生 如來度者 若有衆生 如來度者 如來 則有我人衆生壽者**

이어 붓다가 말하기를 "수보리여! 그대 생각은 어떠한가? 그대는 여래가 다음과 같이 '내가 중생을 제도하였다'라는 생각을 가지고 있었다고 보는가? (만일 그런 생각을 가졌다면) 수보리여! 그대는 그런 생각을 가지지 말라. 왜냐하면 실제로 내가 제도해야 할 중생은 있지 않기 때문이다. 만약 여래가 제도할 중생이 있다고 한다면, 이것은 여래가 아 · 인 · 중생 · 수자상을 지니고 있는 것이 되기 때문이다"고 하였다.

이 장의 주제는 여래인 붓다가 "내가 마땅히 중생을 제도하리라는 생각을 지녔을 것이라고, 그대들은 그런 생각을 갖지 말라[汝等勿謂 如來作是念 我當度衆生]"고 한 대목이다. 그것은 이 법이 '무상정등각'의 무위법無爲法이고, 또한 중생과 부처가 둘이 아니며, 선과 악도 둘이 아니라는 불이법不二法이기 때문이다. 그래서 붓다는 이 장에서 수보리존자와 청중들에게 다시 당부하고 있다. 즉 '내가 마땅히 중생을 제도하리라'고 말하거나 염두에 두고 있었다면, 그것은 중생이 있다는 것이고, 중생이 있다고 하면 내가 아인사상을 지니고 있다는 것이 되며, 아인사상을 지니고 있으면 무상정등각을 이룰 수 없다고 천명한 것이다.

다시 말해 붓다는 깨달음을 이룬 각자覺者이고, 이 경을 듣고 있는 청중은 중생의 무리이다. 그럼에도 붓다가 '내가 마땅히 중생을 제도하리라'는 생각을 지녔을 것이라고 생각조차 하지 말라고 전제하면서, 동시에 아인사상을 여읠 것을 다시 한 번 강조한 것이다. 이 같은 동어 반복은 아인사상의 바탕이 되는 심층세계(의식-이전의-무의식)의 바닥까지도 깨끗하게 걷어 내어야 청정심을 지닐 수 있다는 것이다.

이 청정심은 이미 제10분 사구게에서 "마땅히 이같이 맑고 깨끗한 마음을 일으키되, 형색에 머무는 마음을 일으켜서는 아니 되며, 소리와 냄새, 그리고 맛과 느낌과 요량에 머무는 마음을 내어서는 아니 되며, 마땅히 머묾 없는 그 마음을 내어야 한다"[163]고 한 것이다.

이 부분을 육조는 "수보리는 '여래가 중생을 제도하는 마음이 있다'고 생각하므로, 붓다가 이 같은 의심을 없애기 위해 '그런 생각은 하지 말라'고 말한 것이다. 즉 일체중생은 본디부터 부처인데, 만약 여래가 중생을 제도하여 성불하였다고 말한다면, 이는 곧 망령된 말이 되

163 "應如是生淸淨心 不應住色生心 不應住聲香味觸法生心 應無所住而生其心", 『金剛經』「莊嚴淨土分第十」.

고, 이 망령된 말은 곧 아인중생수자가 되는 것이므로 '나[我相]'와 '내 것[我所執]'과 그리고 내 마음[我所心]을 없애기 위해서이다. 대저 일체중생이 비록 부처의 성품[佛性]을 지니고 있다 하나, 만약 제불의 설법에 기인하지 않는다면 스스로 깨달을 연유가 없는 것이니, 무엇을 의지해서 수행해야 불도를 이룰 것인가?"[164]라고 하였다.

● **須菩提 如來說 有我者 卽非有我 而凡夫之人 以爲有我 須菩提 凡夫者 如來說 卽非凡夫 是名凡夫**

붓다가 말하기를 "수보리여! 여래가 말한 '내가 있다[有我]'라는 것은 곧 내가 있음이 아님인데, 범부의 무리들은 '내가 있다'라고 하는 것이다. 따라서 수보리여! 범부라고 하는 것도 내가 말하는 범부가 아니라, 이름하여 범부라고 한 것이다"고 하였다.

여기서 붓다가 "여래가 말한 '내가 있다'라는 것은 곧 내가 있음이 아니다[如來說 有我者 卽非有我]"고 한 것은, 나도 없고 너도 없고 중생·수자도 없음인데, 여래가 '나[我]'를 말하면 범부의 사람들은 '내가 있다'고 착각하게 될 것이므로 그 노파심으로 당부한 것이다. 그러면서 붓다는 '범부라는 것도 여래가 말하는 범부가 아니라, 이름하여 범부

164 "須菩提 意謂如來 有度衆生心 佛爲遣須菩提 如是疑心故 言莫作是心 一切衆生 本自是佛 若言如來 度得衆生成佛 卽爲妄語 以妄語故 卽是我人衆生壽者 此爲遣我所心也 夫一切衆生 雖有佛性 若佛因諸佛說法 無由自悟 憑何修行 得成佛道",『金剛經五家解』「無化所化分第二五」'六祖'.

라고 한 것이다[凡夫者 如來說 卽非凡夫 是名凡夫]'라고 하였다. 즉 원숭이 말을 할 수 있는 사람이 원숭이 말을 했다고 하여 원숭이라고 하지 않듯, 범부를 제도하기 위해 '범부'라는 이름을 사용했을 뿐이라는 것이다.

이 것을 함허는 "비록 '내가 있다[有我]'고 말하나, '나[我]'라는 성품은 본디 텅 비었음인데, 범부는 이를 알지 못해 내가 있다고 하는 것이다. 비록 범부라고 말하나, 범부의 바탕[相]은 적멸한 것이고, 범부의 상이 적멸하기 때문에 범부가 아니라고 말한 것이다. 또 앞의 생각을 깨닫지 못함을 범부라 하고, 뒤따라오는 생각을 깨닫게 되면 범부가 아니라고 한 것이다"[165]라고 하였다.

다시 말해 아인사상에 얽매여 능소심能所心이 있으면 범부이고, 아인사상을 벗어나 능소심이 없어져 무상정등각을 이루면 불보살이 되므로, 범부와 부처도 마음 바탕에서는 하나인 것이다. 따라서 중생도 자성自性을 찾으면 모두 불보살이 될 수 있으므로 '범부가 범부 아니다'고 한 것이다. 이러한 정황논리에서, 또는 당시의 한정된 언어와 언어체계에 따라 달리 형용할 수 없었으므로 범부라고 이름했을 뿐이다. 이러한 붓다의 개차법開遮法[166]에 관해 다음과 같은 설화가 있다.

165 "雖云有我 我性本空 凡夫不知 以爲有我 雖曰凡夫 凡夫相寂滅 凡夫相寂滅故 說非凡夫 又前念不覺 名凡夫 後念卽覺 說非凡夫", 『金剛經五家解』「無化所化分第二五」'說誼'.

166 개차법開遮法 : 개開는 개제開制로서 허락하는 것이고, 차遮는 차제遮制로서 금지하여 막는 것이다. 요컨대 근기根機 또는 상황狀況에 따라 어떤 경우에는 戒를 어기는 것을 허락하고, 어떤 경우에는 안 된다고 禁하는 것을 말한다. 즉 목숨이 위태로운 사람을 구하기 위해 계를 어겨서라도 구해야 할 때는 開라고 하며, 죽임을 당하더라도 계를 지켜야 할 경우에는 차遮라고 한다. 지持와 범犯, 또는 開와 廢도 같은 의미이다.

석가모니붓다의 제자 가운데 주리반특(周利槃特, Panthaka)이라는 비구 형제가 있었다. 형은 영특하여 일찍 성자의 반열에 오른 반면, 반특은 우둔하여 목동과 초부도 외우는 사구게 하나를 몇 년이 지나도 외질 못했다. 화가 난 형이 “너 같은 못난이가 붓다의 제자라니…. 붓다의 수치다”라며 꾸짖었다. 형의 꾸지람을 들은 반특이 밖에서 울고 있을 때, 붓다가 지나다가 “비구가 울고 있으면 중생제도는 누가 하느뇨”라며 까닭을 물었다. 이에 반특이 형으로부터 “기원정사를 떠나라”는 질책을 받았다고 하자, 붓다가 짧은 경문 한 구절을 가르쳐 주고 아난존자阿難尊者에게 반특의 지도를 맡겼다. 하지만 반특이 그 한 구절도 외지 못해 아난존자도 포기하고 말았다. 그러자 반특이 붓다를 찾아가 “세존이시여! 저는 형의 말대로 세존과 교단에 누를 끼칠 뿐 소용이 없습니다”라며 교단을 떠나겠다고 하였다.

이때 붓다는 “그래, 그렇다면 이것만 외워라”라며 “먼지 털고, 때를 씻자”라고 하였다. 이에 반특은 붓다의 가르침대로 눈만 뜨면 남의 신발을 털고 남의 빨래를 하면서 “먼지 털고 때를 씻자”라고 반복했으나 외워지지 않았다. 그럼에도 반특이 ‘붓다가 헛말을 할 리가 없다’는 믿음으로 계속 반복하던 어느 날, ‘남의 신발만 털고, 남의 빨래만 씻을 것이 아니라, 우둔한 내 마음속의 먼지와 때를 씻는 것이 우선 아닌가!’라고 깨닫게 되었다. 그 기쁜 마음을 붓다에게 달려가 말했다. “세존이시여! 여래께서 말씀하신 먼지와 때가 무엇인가를 이제야 알았습니다” 즉 반특은 경문 한 줄을 외운 것으로 인하여 마침내 형과 같은 성자의 반열에 오른 것이다.

제26 法身은 相이 아니다

法身非相分 第二十六
법신비상분 제이십육

須菩提여 於意云何오 可以三十二相으로 觀ㅣ如來不아 須菩
수보리 어의운하 가이삼십이상 관 여래부 수보

提言하대 如是如是니다 以三十二相으로 觀ㅣ如來니이다 佛言
리언 여시여시 이삼십이상 관 여래 불언

하사대 須菩提여 若以三十二相으로 觀ㅣ如來者이면 轉輪聖王
수보리 약이삼십이상 관 여래자 전륜성왕

도 則是如來이리라 須菩提白佛言하대 世尊하 如我解佛所說
즉시여래 수보리백불언 세존 여아해불소설

義로는 不應以三十二相으로 觀ㅣ如來니이다 爾時에 世尊이 而
의 불응이삼십이상 관 여래 이시 세존 이

說偈言하사대 若以色見我커나 以音聲求我하면 是人行邪道ㅣ니
설게언 약이색견아 이음성구아 시인행사도

不能見如來니라 〈原文109字〉
불능견여래

【字解】

붓다가 말했다. "수보리여! 그대 생각은 어떠한가. 32상으로써 여래

를 살펴볼 수 있다고 하겠는가?" 수보리가 말하되 "그렇습니다. 32상으로써 여래를 볼 수 있습니다"라고 하였다. 이에 붓다가 "수보리여! 만약 32상으로써 여래를 볼 수 있다고 한다면, 전륜성왕도 곧 여래이리라…?"고 되물었다. 이때 수보리가 붓다의 의도를 알아차린 후, 다시 붓다에게 말하기를 "세존이시여! 제가 붓다의 설한 뜻을 이해하기로는 32상만으로는 마땅히 여래라고 볼 수 없습니다"라고 하였다. 그때서야 붓다(세존)가 사구게로 설하기를 "만약 색신으로 나를 보려고 하거나 / 음성으로 나를 찾으려 한다면 / 이 사람은 사도邪道를 행하는 것이니 / 여래를 볼 수 없는 것이니라"고 읊었다.

【講解】

● **須菩提 於意云何 可以三十二相 觀如來不 須菩提言 如是如是 以三十二相 觀如來 佛言 須菩提 若以三十二相 觀如來者 轉輪聖王 則是如來**

붓다가 말했다. "수보리여! 그대 생각은 어떠한가. 32상으로써 여래를 관찰할 수 있다고 하겠는가?" 수보리가 말하기를 "그렇습니다. 32상으로써 여래를 관찰할 수 있습니다"라고 하자, 붓다가 다시 말하기를 "수보리여! 만약 32상으로써 여래를 볼 수 있다고 한다면, 그럼 전륜성왕도 여래란 말인가…?"라며 넌지시 부정적 뉘앙스로 되물었다.

이 장에서 새로운 개념어는 없다. 그러나 붓다와 수보리의 논리 전개가 제17분(하권) 이후부터는 다른 양상을 띠고 있음을 주목해야 한다.

그것은 바로 이 장에서 붓다가 수보리에게 "32상으로써 여래를 살펴볼 수 있겠는가[可以三十二相 觀如來不]"라고 물은 부분이다. 하지만 이 같은 물음은 이 경의 제13분에서 붓다와 수보리와의 문답으로 이미 논의되었다. 그런데 다시 거론하는 과정에서 수보리의 제13분에서의 대답과 이 장에서의 대답이 전혀 다르게 전개되는 것에 우리는 또 한 번 혼동하게 되는 것이다. 이러한 독자의 어려움을 해소하기 위해 역자는 부득이 제13분을 되돌려 보지 않을 수 없다.

"수보리여! 그대 생각은 어떠한가. 32상으로써 여래를 볼 수 있다 하겠는가?" "볼 수 없습니다. 세존이시여! 32상으로써는 여래를 볼 수 없습니다. 왜냐하면 여래께서 말한 32상은 곧 상이 아니므로 이름이 32상일 뿐입니다"[167]

예컨대 제13분에서 "볼 수 없다"라고 한 답변과 이 장에서 "볼 수 있다"라고 한 수보리의 답변이 다른 이유를 붓다의 질문에서 찾아본다면 다음과 같다. 제13분의 '견여래부'에서 '볼 견見'과 이 장 '관여래부'에서 '살필 관觀'의 차이이다. 여기서 우리는 '견見'과 '관觀'에 대하여 살펴보아야 한다. '보다'라는 뜻을 가진 글자로는 볼 견見, 볼 시視, 볼 간看, 굽어볼 감瞰, 멀리 볼 조眺 등 '보다'와 '살피다'를 뜻하는 글자로

167 "須菩提 於意云何 可以三十二相 見如來不 不也 世尊 不可以三十二相 得見如來 何以故 如來說三十二相 卽是非相 是名三十二相", 『金剛般若波羅密經』「如來受持分 제13」, 下.

200여 자가 있다.[168] 다시 말해 '육안으로 보는 것이 견見'이고, '보이고 보는 것이 시視'이며, '손을 눈 위에 대고 올려다보는 것이 간看'이고, '내려다 굽어보는 것이 감瞰'이며, '멀리 내다보는 것이 조眺'이다. 그러나 이와 달리 '살필 관觀'은 관념적이고 형이상적形而上的인 것으로 '자세히 살펴보는 것'이거나, '추론해서 보는 것'으로 이를테면 관찰觀察·관조觀照·관세음보살觀世音菩薩 등으로 쓰인다.

따라서 붓다가 제13분에서 "여래를 볼 수 있겠는가[見如來不]"라고 한 것과, 이 장에서 "여래를 살펴볼 수 있겠는가[觀如來不]"라고 한 부분이 다른 것이다. 그렇다면 '견여래'와 '관여래'의 차이는 무엇인가? '견여래'는 육안으로 볼 수 있는 겉모양의 여래를 보는 것이고, '관여래'는 겉으로 드러난 색신色身의 여래가 아니라, 법신法身의 여래를 보는 것을 말한다.

그런데 이 장에서 수보리는 붓다의 첫 질문에 "32상으로써 여래를 살펴볼 수 있다[可以三十二相 觀如來]"라고 답했으나, 두 번째 물음에는 "32상만으로는 여래를 살펴볼 수 없다[不應以三十二相 觀如來不]"라고 고쳐서 답한다. 즉 붓다가 '관여래'라고 물었지만, 수보리가 붓다의 의도를 미처 알지 못했거나 잘못 들은 나머지 색신인 '견여래'라는 뜻으로 있다고 대답한 것이다. 이러한 수보리의 뜻밖의 답변에 붓다가 색신의 상징인 전륜성왕을 빗대어 "그대의 답변이 그렇다면, 전륜성왕도 여래라 하겠네…?"라고 하자, 수보리가 얼른 붓다의 의도를 알아차리고 "제가 붓

---

168 『강희자전康熙字典』, '見部' '示部' '目部' 등.

다의 설한 바를 알기로는 32상으로는 여래를 볼 수 없습니다"라고 즉시 정정하여 답한 것이다.

이러한 정황은 오늘날의 학술발표회나 연토회研討會처럼 발제문發題文을 두고 질의답변하는 것이 아니라, 대중 가운데서 일어나 청중의 이해도理解度를 살피면서 32상의 '관여래'와 '견여래'를 수보리가 착오를 일으켰거나 간과看過한 것이 아닌가 한다. 이러한 문장의 난맥상에서 오늘날 우리가 이 경을 강독하고 이해하는 데 어려움을 겪더라도, 당시 수보리가 간과看過한 것을 2500년이 지난 오늘날까지 정정訂正하거나 윤색潤色하지 않고, 그대로 기록해 온 역대 논사論師들에게 고마움을 감출 수 없다.

이와 같이 앞뒤의 문답이 다른 것을 규봉은 "지금 자세히 살펴보면, 이 물음과 답이 앞의 것과 서로 다르니, 앞에서는 '모습으로 부처가 되는가?'라는 물음에 '그렇지 않습니다'라고 대답하였다. 그런데 지금은 '모습을 살펴보는 것으로써 무상無相인 부처를 알 수 있는가?'라고 물으니 '모습으로 살펴볼 수 있다'라고 대답하였다. 뜻으로 말하면 '모습이 비록 부처가 아니라 하더라도, 외양으로 다 갖춘 모습이 좋은 것을 보게 되고, 내면으론 법신의 무상진불無相眞佛을 증득하였음이 바로 드러나 알게 된다'는 것이다. 그러므로 논에 이르기를 '미루어 짐작한 지혜로 안다'라고 하였다. 이것으로 말미암아 이 단락의 제목을 '싹으로 인하여 뿌리를 안다'고 한 것이다. 대운大雲이 마지막으로 풀이하기를 '법신에서 이미 그 모습을 드러내었으니, 곧 이 모습을 통하여 부처가 무상법신을 증득하였음을 알 수 있다는 뜻이다'고 한 것이 이치에 맞다"[169]라고 하였다.

● **須菩提白佛言 世尊 如我解佛所說義 不應以三十二相 觀如來 爾時 世尊 而說偈言 若以色見我 以音聲求我 是人行邪道 不能見如來**

수보리가 붓다에게 다시 여쭈어 말하기를 "세존이시여! 제가 붓다의 설한 뜻을 이해하기로는 32상만으로는 마땅히 여래라고 볼 수 없습니다"고 하였다. 그때에 세존이 사구게로 다음과 같이 읊었다. "만약 색신으로써 나를 보려 하거나 / 음성으로써 나를 찾으려 한다면 / 이 사람은 사도邪道를 행하는 것이니 / 여래를 볼 수 없는 것이니라"

붓다는 위와 같이 수보리가 말한 "제가 붓다의 설한 뜻에 따라 이해하기로는 32상만으로는 여래를 살펴볼 수 없습니다[如我解佛所說義 不應以三十二相 觀如來]"라는 정확한 답변을 청중들 앞에서 들은 후, 긴 호흡으로 이 경의 세 번째에 해당하는 사구게를 읊는 것이다.

169 "今細詳之 此問及答 與前皆殊 前問以相爲佛故 答云不也 今問可以相觀 知是無相佛不 故設答云 可以相觀 意云相雖非佛 但見外具相好 卽表知內證法身無相眞佛 故論云 比智知也 由此科云因苗識根 大雲最後釋云 意謂法身 旣流出相身 卽由此相 知佛證得無相法身 此卽順意", 『金剛經五家解』「法身非相分第二六」'圭峰'.

若以色見我커나 以音聲求我ㅣ면
是人行邪道이니 不能見如來니라

만약 색신으로 나를 보려 하거나
음성으로써 나를 찾으려 한다면
이 사람은 邪道를 행하는 것이니
여래(부처)를 볼 수 없는 것이니라

이 사구게를 육조는 "약이若以 두 글자는 말을 꺼낼 때의 발어사發語辭이다. 색色은 상相이고, 견見은 식識이며, 아我는 일체중생의 몸 가운데 있는 자성自性으로서 청정 · 무위 · 무상하며 변함없는 참된 체體이다. 큰 소리로 염불하여 성취할 수 있는 것이 아니라, 모름지기 정견正見이 분명해야 비로소 해오解悟할 수 있는 것이다. 만약 색色과 소리의 두 상相으로 구한다면 볼 수 없는 것이다. 그러므로 알아야 한다. 상으로써 부처를 관觀하거나 소리 가운데서 법法을 구하려 한다면, 마음에 생멸生滅이 있어 여래를 깨닫지 못하는 것이다"[170]고 하였다.

이에 부대사는 "열반에는 네 가지 덕을 품고 있으니 / 오직 내가 참된 진리에 계합함이라 / 여덟 가지 자재自在를 갖추었으니 / 내 홀로 가장 뛰어난 사람이라 / 색도 아니고 소리 · 모습도 아니니 / 알음알이로

170 "若以兩字 是發語之端 色者相也 見者識也 我者是一切衆生身中 自性清淨無爲無相眞常之體 不可高聲念佛 而得成就 會須正見分明 方得解悟 若以色聲二相 求之不可見也 是知以相觀佛 聲中求法 心有生滅 不悟如來矣", 『金剛經五家解』「法身非相分第二六」'六祖'.

어찌 헤아릴 수 있으랴 / 보려고 하면 볼 수 없더니 / 이치를 깨달으니 바로 형상이 뚜렷하구나"[171] 라고 하였다.

야부는 "색을 보고 소리 들음은 본디 항상 하거늘 / 한 겹의 눈 위에 한 겹의 서리로다 / 그대 지금 황두黃頭 노인을 보려고 하면 / 마야摩耶의 배 속으로 뛰어 들어갈지니라 / 오호라! 이 말은 30년 후에라도 / 땅에 던지면 쇳소리가 나리라"[172]며 만약 부처를 보고자 한다면 상도 아니고 비상도 아닌 법계法界로 뛰어들라고 하였다.

---

171 "涅槃含四德 唯我契眞常 齊名八自在 獨我最靈長 非色非聲相 心識豈能量 看時不可見 悟理卽形彰", 『金剛經五家解』「法身非相分第二六」'傅大士'.

172 "見色聞聖世本常 一重雪上一重霜 君今要見黃頭老 走入摩耶腹內藏 咦此語三十年後 擲地金聲在", 『金剛經五家解』「法身非相分第二六」'冶父'.

제27 끊김도 없고, 사라짐도 없다

無斷無滅分 第二十七
무 단 무 멸 분 제 이 십 칠

須菩提여 汝若作是念하대 如來 不以具足相故로 得阿耨多羅
수 보 리 여 약 작 시 념 여 래 불 이 구 족 상 고 득 아 뇩 다 라

三藐三菩提하라 須菩提여 莫作是念하라 如來 不以具足相故
삼 막 삼 보 리 수 보 리 막 작 시 념 여 래 불 이 구 족 상 고

로 得阿耨多羅三藐三菩提니라 須菩提여 汝若作是念하대 發
득 아 뇩 다 라 삼 막 삼 보 리 수 보 리 여 약 작 시 념 발

阿耨多羅三藐三菩提心者는 說諸法에 斷滅하라 莫作是念하
아 뇩 다 라 삼 막 삼 보 리 심 자 설 제 법 단 멸 막 작 시 념

라 何以故오 發阿耨多羅三藐三菩提心者는 於法에 不說斷
하 이 고 발 아 뇩 다 라 삼 막 삼 보 리 심 자 어 법 불 설 단

滅相이니라 〈原文102字〉
멸 상

【字解】

붓다가 말했다. "수보리여! 그대가 만약 생각하기를 '여래는 32상을 갖추었으므로 아뇩다라삼막삼보리를 얻은 것이 아니다'고 한다면, 수보리여! '여래는 32상을 갖추었기 때문에 아뇩다라삼막삼보리를 얻은

것이 아니다'는 그런 생각을 갖지 말라. 수보리여! 그대가 만약 생각하기를 '아뇩다라삼막삼보리의 마음을 일으킨 사람은 모든 법이 끊어져 사라진다고 하였다'는 그런 생각도 하지 말라. 왜냐하면 아뇩다라삼막삼보리의 마음을 일으킨 사람은 법에 있어서 단멸상을 말하지 않기 때문이다"

【講解】

● **須菩提 汝若作是念 如來 不以具足相故 得阿耨多羅三藐三菩提**
須菩提 莫作是念 如來 不以具足相故 得阿耨多羅三藐三菩提

붓다가 말하기를 "수보리여! 그대가 만약 생각하기를 '여래는 32상을 갖추었으므로 아뇩다라삼막삼보리를 얻은 것이 아니다'라는 생각을 한다면, 수보리여! '여래는 32상을 갖추었기 때문에 아뇩다라삼막삼보리를 얻은 것이 아니다'라는 그런 생각을 갖지 말라"고 하였다.

붓다가 수보리에게 이르기를 "그대는 '여래가 32상을 갖춤으로써 무상정등각을 얻은 것이 아니다'라고 하는 생각조차 가지지 말라[莫作是念 如來 不以具足相故 得阿耨多羅三藐三菩提]"고 하였다. 이 문장에서 '32상'은 생략되었지만, 바로 앞 장에서는 '마땅히 32상으로써 여래를 살펴보아서는 아니 된다[不應以三十二相 觀如來]'라고 설한 것을 확인한 것이다. 즉 26장에서는 '32상으로써 살펴서는 안 된다'고 설한 후, 지금 이 장에서는 이와 상반된 의미로 수보리와 청중들에게 다짐하고 있다. 그 까닭은 무엇인가?

우리는 이 경의 1장에서 지금까지 '머묾 없는 머묾의 깨달음[覺住無住]' '머무는 바 없는 베풂[無住相布施]' '내가 없음[無我]' '위함 없는 깨침[無爲法]' 등, 없음[無]과 텅 빔[空], 비움[虛] 등의 개념을 익혀 왔다. 따라서 붓다는 이 문장에서 수보리와 청중들이 '32상이 여래와 아무런 관련이 없는 것'으로 생각할 수 있으므로, 경계하기 위해 다시 설한 것이다. 즉 여래(석존)가 32상을 갖춘 것은 결코 저절로 된 것이 아니라 헤아릴 수 없는 과거생부터 현생을 통하여 6바라밀을 실천한 끝에 무상정등각의 지혜와 자비를 이루게 된 것이다. 그러므로 '32상의 갖춤'이 무상정등각의 지혜와 관련이 없는 것으로 생각해서는 안 된다는 붓다의 노파심이 배어 있는 것이다.

● **須菩提 汝若作是念 發阿耨多羅三藐三菩提心者 說諸法 斷滅 莫作是念 何以故 發阿耨多羅三藐三菩提心者 於法 不說斷滅相**

붓다가 말하되 "수보리여! 그대가 만약 생각하기를 '아뇩다라삼막삼보리의 마음을 일으킨 사람은 모든 설한 법이 끊어져 사라져 버린다'라는 생각을 하지 말라. 왜냐하면 아뇩다라삼막삼보리의 마음을 일으킨 사람은 법에 있어서 끊어져 사라지는 상相을 말하는 것이 아니다"고 하였다.

요컨대 끊김[斷]은 무상이고, 사라짐[滅]은 현상에 대한 반대이다. 즉 중생은 존재의 본질을 찾기 위해 눈에 보이는 것에만 집착할 뿐, 눈에 보이지 않는 현상은 실재가 아니라며 돌아보지 않는다. 그러나 무상정등각의 지혜를 갖춘 사람은 외려 "보이는 세상은 실재가 아니다"[173]며 드러나지 않는 자신의 인식과 의식의 작용으로 존재의 본질을 확인하기 위해 참선 · 염불하고, 무주상보시無住相布施를 실천하는 것이다. 즉 붓다는 모든 수행 과정에서 터럭 하나라도 보시 공덕에 의존하지 않고, 오로지 머묾 없는 머묾의 청정심으로 수행해야만 무상정등각을 이룰 수 있음을 깨우쳐 주기 위해 무無를 강조한 것이다.

하지만 범부는 '말 속에 숨은 말'을 알지 못할 뿐 아니라, 어떤 말이 절대성을 띠게 되면 그 말에 함몰되어 벗어나기를 싫어한다. 심하게 말하면, 자신이 믿는 바의 확증편향(confirmation bias)으로 이 생을 마칠 때까지 헤어나지 못하게 된다. 그래서 붓다는 자신이 설한 바에 따라 청중들이 이제는 현상의 유위법을 떠나 드러나지 않는 무위법에도 집착할 수 있다는 노파심으로 '상의 끊김도 없고, 사라짐도 없다[斷滅相]'라는 것을 이 장의 주제로 설한 것이다. 그러므로 이 경을 읽는 독자들은 붓다가 '단멸상'을 설한 까닭에 대해 유념해야 할 것이다.

이러한 '단멸상'에 대해 규봉은 "상을 허물어 버리면 단멸에 떨어지리니, 끊어져 사라짐은 덜어내 없어지는 허물이고, 견해가 끊어짐은 치우친 견해의 허물이다"[174]고 하였다. 그리고 함허는 "상相과 비상非相을 언

---

173 카를로 로벨리 지음, 김현주 옮김, 『보이는 세상은 실재가 아니다*Reality is not what it seems*』 참조.

174 "毁相則墮斷滅 斷滅是損滅之過 斷見邊見之過", 『金剛經五家解』 「無斷無滅分第二七」 '圭峰'.

급한 것은 단斷과 상常에 떨어질까 염려함이다. 만약 부처가 상이 없다고 말한다면, 일찍이 단멸을 이루었음이라"[175]고 하였다.

또 부대사는 "상과 상은 상에 있지 않음이요 / 상을 갖추었음은 의지할 데가 없음이라 / 법과 법이 묘한 법을 일으키니 / 공하고 공하여 체가 같지 않도다 / 단멸하였으되 단멸하지 않음이요 / 분별하여 깨침에 깊은 종지를 체득함이라 / 만약 나와 너라는 생각이 없다면 / 비로소 그 뜻이 숨김없이 드러남을 알게 되리라"[176]고 하였다.

175 "詞相與非相 恐伊落斷常 若謂佛無相 早已成斷滅", 『金剛經五家解』「無斷無滅分第二七」'說誼'.

176 "相相非有相 具足相無憑 法法生妙法 空空體不同 斷滅不斷滅 知覺悟深宗 若無人我念 方知是志公", 上揭書, '傅大士'.

제28 받지도 않고, 탐하지도 않는다

不受不貪分 第二十八
불수불탐분 제이십팔

須菩提여 若菩薩이 以滿恒河沙等世界七寶로 持用布施하고
수보리 약보살 이만항하사등세계칠보 지용보시

若復有人이 知一切法無我하야 得成於忍이면 此菩薩은 勝前
약부유인 지일체법무아 득성어인 차보살 승전

菩薩의 所得功德이니 何以故오 須菩提여 以諸菩薩이 不受福
보살 소득공덕 하이고 수보리 이제보살 불수복

德故니라 須菩提白佛言하대 世尊하 云何菩薩이 不受福德이닛
덕고 수보리백불언 세존 운하보살 불수복덕

고 須菩提여 菩薩의 所作福德을 不應貪着일새 是故로 說不受
수보리 보살 소작복덕 불응탐착 시고 설불수

福德이니라 〈原文96字〉
복덕

【字解】

붓다가 말했다. "수보리여! 만약 보살이 항하의 모래알 수만큼 많은 세계에 가득 찬 칠보로써 보시하더라도, 만약 어떤 사람이 일체법에 내가 없음을 알아 무생법인無生法忍을 성취하면, 이 보살은 앞의 보살이 칠보로 보시한 공덕보다 훨씬 뛰어날 것이니라. 그것은 무슨 까닭이겠는가? 수보리여! 모든 보살은 복덕을 받으려 하지 않기 때문이니라" 이에 수보리가 붓다에게 여쭙기를 "세존이시여! 어찌하여 보살이 복덕을 받지 않으려 합니까?"라고 하자, 붓다가 말하기를 "수보리여! 보살은 복덕을 짓는 것에 탐내거나 집착하지 않음이니, 그렇기 때문에 복덕을 받지 않는다고 말하는 것이니라"라고 하였다.

【講解】

● **須菩提 若菩薩 以滿恒河沙等世界七寶 持用布施 若復有人 知一切法無我 得成於忍 此菩薩 勝前菩薩 所得功德 何以故 須菩提 以諸菩薩 不受福德故**

다시 붓다가 말했다. "수보리여! 만약 보살이 항하의 모래알 수만큼 많은 세계에 가득 찬 칠보로써 보시한다 하더라도, 만약 어떤 사람이 일체법에 내가 없음을 알아 무생법인無生法忍을 성취한다면, 이 보살의 공덕은 앞의 보살이 칠보로 보시한 공덕보다 훨씬 뛰어난 것이다. 무슨 까닭인가 하면, 수보리여! 모든 보살은 복덕을 받으려 하지 않기 때문이니라"

이 장에서 붓다는 보살의 보시 공덕과 어떤 사람[善男善女]의 수행 공덕을 비교하였다. 즉 '어떤 보살이 황하의 모래알 수만큼 많은 세계에 가득 찬 칠보로써 보시한 공덕보다, 어떤 사람이 일체법에 내가 없음을 깨달아 무생법인無生法忍을 성취한 사람의 공덕이 앞의 보살이 얻은 공덕보다 훨씬 뛰어나다'고 한 것이다. 이같이 '일체법에 내가 없음을 알았다[知一切法無我]'는 것은 모든 법이 보리심과 같아 서로 다름이 없으므로 '나[我]'라는 아상을 여의었기 때문이다.

일체법이란, 형상形相으로서는 만사만물萬事萬物로서 삼라만상이고, 무상無相으로서는 선악善惡이나 정사正邪, 형상形相 무상無相 등이 일체법의 구경究竟에서는 같지도 않고 다르지도 않아 내가 없음으로 서로 통하게 되는 것이다. 따라서 상통相通하게 되면 선과 악도 서로 통하고, 바름과 삿됨도 통하게 되므로 중생과 부처도 서로 통하는 것이다. 이러한 일체법에서 '내가 없음'을 성취한 사람은 아인사상도 없어져 진여의 세계를 깨닫게 되는 것이다.

다시 말해 진여의 세계는 일체법에서 벗어나 일체법으로 나아가는 것이고, 일체법에 나아가서는 일체법에서 벗어나게 되는 것이다. 이러한 경지에서 붓다는 상도 아니고 상 아님도 아니며, 단멸도 아니기 때문에 '상이 아니므로 32상으로써는 여래를 볼 수 없다'라고 하였으며, 또 '상 아님도 아니므로 32상으로 무상정등각을 얻은 것'이라고 말한 것이다.

이 같은 '보시 복덕'을 함허는 "상에 머물지 않는 보시를 앞에서 '그 복이 시방의 허공과 같다'고 찬탄하고, 법에 내가 없음을 알아 무생법인을 성취한 것을 지금은 '복이 항하사 보시보다 더 뛰어나다'고 찬탄한다. 지금 이 한마디 말은 앞의 '머물고 항복한다'는 말과 같은 뜻을 가지고 있음이니, 이른바 '탐하지 않고 받지도 않는다'라고 한 것은 대개 '수행으로 머물러 마음을 항복받는다'고 한 것이다"[177]라고 하였다. 또 '승勝'에 대해 "법에 내가 없음을 알아 무상법인을 성취한 것이 어찌 보시 복덕보다 수승하다 하는가? 보시는 다만 상에 머물러 복덕을 구경究竟으로 하지만, 보살은 그렇지 않으므로 법의 성품이 텅 비었음을 통달하여 복덕도 오히려 받지 않기 때문에 뛰어나다"[178]고 한 것이다.

● **須菩提白佛言 世尊 云何菩薩 不受福德 須菩提 菩薩 所作福德 不應貪着 是故 說不受福德**

수보리가 붓다에게 여쭙기를 "세존이시여! 어찌하여 보살이 복덕을 받지 않으려 합니까?"라고 하자, 붓다가 말하기를 "수보리여! 보살이 복덕을 짓는 것은 마땅히 복덕을 탐하거나 집착하지 않기 때문이다. 그러므로 복덕을 받지 않는다고 말한 것이다"고 하였다.

이러한 붓다의 설명에 수보리가 "어찌하여 보살은 복덕을 받지 않으려 합니까[云何菩薩 不受福德]"라고 묻자, 붓다가 말하기를 "보살이 짓는 복덕은 마땅히 복덕을 탐하거나 집착하지 않기 때문에 복덕을 받으려 하지 않는다[菩薩 所作福德 不應貪着 是故 不受福德]"고 하였다. 즉 칠보로 보시한 앞의 보살이 얻은 복덕은 많기는 하나 상相으로 인하여 그 복덕

177 "布施不住於相 前贊福等十方虛空 知法無我 得成於忍 今贊福勝河沙布施 今此一言 可以攝前住降等意 所謂不貪不受 蓋是住修降心之意也", 『金剛經五家解』「不受不貪分第二八」'說誼'.

178 "知法無我 得成於忍 何勝布施之福耶 布施但住相 福德爲究竟 菩薩則不然 通達法性空 福德尙不受 所以爲勝也", 上揭書, '說誼'.

은 유루복에 지나지 않는 것이다. 하지만 일체법에 내가 없음을 깨달으면 나도 공하고 법도 공하기[我空法空] 때문에 복덕을 받을 곳도 없고 줄 대상도 없으며 받을 복덕조차도 없는 것이다.

다시 말해 내가 없음을 깨달아 자신이 공덕을 지었다는 생각조차 없으므로, 복덕의 탐냄이나 집착이 생겨날 수 없다. 그래서 붓다는 "복덕을 받으려 하지 않는다[不受福德]"고 한 것이다.

이 '불수복덕'에 대해 육조는 "보살이 지은 바 복덕은 자기를 위함이 아니고, 그 뜻이 일체중생을 이익되게 하는 것에 있다. 그러므로 복덕을 받으려 하지 않는다고 말한 것이다"[179]고 하였다. 그리고 부대사는 "보시는 유위의 상이요 / 삼생을 도리어 삼키려 하도다 / 칠보로 많은 지혜를 행하여도 / 어찌 육근을 버릴 줄 알겠는가 / 다만 모든 욕심을 떨쳐서 / 돌아오는 애정과 동정도 버릴지니 / 만약 탐욕의 상이 없음을 체득하면 / 마땅히 법왕문에 이를지니라"[180]고 하였다.

---

179 "菩薩所作福德 不爲自己 意在利益一切衆生 故言不受福德也", 『金剛經五家解』「不受不貪分第二八」'六祖'.

180 "布施有爲相 三生却被呑 七寶多行慧 那知捨六根 但離諸有欲 旋棄愛情恩 若得無貪相 應到法王門", 上揭書, '傅大士'.

●●

제29 法身의 움직임은 고요하다

威儀寂靜分 第二十九
위의적정분 제이십구

須菩提여 若有人言한대 如來ㅣ若來若去若坐若臥라하면 是人
수보리 약유인언 여래 약래약거약좌약와 시인

은 不解我所說義니 何以故오 如來者는 無所從來며 亦無所去
불해아소설의 하이고 여래자 무소종래 역무소거

일새 故名如來니라 〈原文43字〉
고명여래

【字解】

붓다가 말했다. "수보리여! 만약 어떤 사람이 말하기를 '여래가 오고 가기도 하고, 앉거나 눕기도 한다'고 하면, 이 사람은 내가 설한 바의 뜻을 알지 못하는 것이니라. 왜냐하면 여래라는 것은 본디 어디서 오는 것도 아니며, 또한 어디로 가는 것도 아니기 때문에 이름하여 여래라고 하는 것이니라"

【講解】

● 須菩提 若有人 言如來 若來若去若坐若臥 是人 不解我所說義

何以故 如來者 無所從來 亦無所去 故名如來

다시 붓다가 말했다. "수보리여! 만약 어떤 사람이 말하기를 '여래가 오고 가거나, 앉거나 눕기도 한다'라고 하면, 이 사람은 내가 설한 바의 뜻을 이해하지 못하는 것이다. 왜냐하면 여래라는 것은 본디 어디서 오는 것도 아니며, 또한 어디로 가는 것도 아니기 때문에 이름하여 여래라고 하는 것이다"

즉 '여래가 오고 가거나, 앉거나 눕는다[如來 若來若去若坐若臥]'는 것은 붓다의 오고 감이나, 허리를 곧추세워 앉거나, 또는 왼팔로 머리에 괴고 누운 모습[行住坐臥]이다. 이것은 일명 사위의四威儀라고 하여 항상 선정禪定에 든 모습을 말한다. 다시 말해 겉으로 드러난 4위의의 동작을 가지고 진정한 여래라고 속단해선 안 된다는 것이다. 왜냐하면 여래는 와도 옴이 없고, 가도 감이 없으며, 앉고 누워도 앉고 누움이 없는 그것이 곧 여래임을 알아야 한다는 것이다. 그러므로 여래는 가고 오고, 앉고 눕는 상에 있는 것이 아니며, 또한 여래를 떠나서 있는 것도 아님을 말하였다.

또 '내가 말한 바의 뜻을 알지 못한다[不解我所說義]'는 것은 4위의로써 여래를 살피고자 하는 것은 결국 '여래인 내가 지금까지 유위법과 무위법에 대해 설한 것을 수보리와 청중들이 죄다 이해하지 못했다'는 것이다. 그러므로 "여래라는 것은 오는 바도 없고 가는 바도 없기 때문에 이름하여 여래라고 한다[如來者 無所從來 亦無所去 故名如來]"라고 강조한 것이다.

요컨대 여래의 법신은 상도 아니고[非相], 상 아님도 아니다[非非相]. 그러므로 옴[來]도 없고 감[去]도 없어 동動과 정靜이 하나가 되는 것이다. 이 같은 여래의 상相은 하늘의 달과 물 속의 달로써 여래의 법신과 색신의 관계를 설명한 것이다. 즉 물 속의 달은 비바람과 물결, 구름 등의 변화와 조건에 따라 여러 형상으로 변할 수 있지만, 하늘의 달 자체에는 아무런 변화가 없다. 따라서 물 속의 달이 사라지는 것은 구름이 달을 가렸기 때문이며, 물속의 달이 움직이고 흔들리는 것은 바람으로 일어난 물결 때문인 것으로 달 자체가 달라진 것은 아니다.

이와 같이 우리의 마음이 맑고 고요하면 변함없는 부처의 법신을 볼 수 있지만, 우리의 마음이 흐리고 산란하면 법신은 보이지 않고, 색신인 몸의 움직임만 드러나 보이는 것이다. 그래서 법신의 여래는 오는 바도 없고 가는 바도 없으므로 이름하여 여래라고 한 것이다.

이러한 '여래'를 종경 선사는 "앉고 눕거나 행하는 것이 본디부터 옴도 없고 가는 것도 없음이니, 위의는 흔들리지 않아 정靜도 아니고 동動도 아닌 고요함 그대로이다. 여래의 설한 뜻을 왜 알려 하지 않았는가? 인연 따라 나아가 감응에 미치지 않음이 없으나, 이 깨달음의 자리[菩提座]에 항상 머물러 있네.

높고 높아 흔들림 없는 법 가운데 왕이시여 / 어찌 원숭이처럼 여섯 창[六根]으로 달아나려 하는가! / 텅 비어 모습이 없는 진리를 웃음으로 가리키니 / 구름 사이 떠 있는 달은 천 개의 강으로 떨어지는구나"[181] 라고 하였다.

181 "坐臥經行 本自無來無去 威儀不動 寂然非靜非搖 要解如來所說義否 隨緣赴感靡不周 而常處此菩提座 巍巍不動法中王 那有獼猴跳六窓 笑指眞空無面目 連雲推月下千江", 『金剛經五家解』「威儀寂靜分第二九」'宗鏡'.

제30 이치와 相이 하나가 되다

一合理相分 第三十
일합이상분 제삼십

須菩提여 若善男子善女人이 以三千大千世界를 碎爲微塵하
수보리 약선남자선여인 이삼천대천세계 쇄위미진

면 於意云何오 是微塵衆이 寧爲多不아 須菩提言하대 甚多니
어의운하 시미진중 영위다부 수보리언 심다

다 世尊하 何以故오 若是微塵衆이 實有者인댄 佛ㅣ 則不說是
세존 하이고 약시미진중 실유자 불 즉불설시

微塵衆이니 所以者何오 佛說微塵衆이 卽非微塵衆일새 是名
미진중 소이자하 불설미진중 즉비미진중 시명

微塵衆이니다 世尊하 如來所說三千大千世界가 卽非世界일새
미진중 세존 여래소설삼천대천세계 즉비세계

是名世界니 何以故오 若世界가 實有者인댄 則是一合相이니 如
시명세계 하이고 약세계 실유자 즉시일합상 여

來說一合相은 卽非一合相일새 是名一合相이니다 須菩提여 一
래설일합상 즉비일합상 시명일합상 수보리 일

合相者는 則是不可說이언만 但凡夫之人이 貪着其事니라
합상자 즉시불가설 단범부지인 탐착기사

〈原文146字〉

【字解】

붓다가 말했다. "수보리여! 만약 선남자선여인이 삼천대천세계를 쪼개고 부수어 작은 티끌로 만든다면 그대 생각은 어떠한가. 그 티끌들이 정녕 많다고 하겠는가?" 수보리가 말했다. "매우 많습니다. 세존이시여! 왜냐하면 만약 그 티끌들이 정말로 있는 것이라면, 세존께서 그것을 티끌들이라고 설하지 않았을 것입니다. 무슨 까닭인가 하면, 세존께서 설한 티끌들은 곧 티끌들이 아니라, 이름하여 티끌들이기 때문입니다. 세존이시여! 여래께서 설한 삼천대천세계도 곧 세계가 아니라, 이름이 세계인 것입니다. 왜냐하면 만약 세계가 실제로 있는 것이라면 이는 곧 하나로 합쳐진 상相이므로, 여래께서 설한 일합상은 곧 일합상이 아니라 이름이 일합상인 것입니다" 이에 붓다가 말하기를 "수보리여! 일합상이라는 것은 말할 수 없는 것이거늘, 다만 범부의 사람들이 그 일에 탐하는 것이니라"고 하였다.

【講解】

● **須菩提 若善男子善女人 以三千大千世界 碎爲微塵 於意云何 是微塵衆 寧爲多不 須菩提言 甚多 世尊 何以故 若是微塵衆 實有者 佛 則不說是微塵衆 所以者何 佛說微塵衆 卽非微塵衆 是名微塵衆**

붓다가 물었다. "수보리여! 만약 선남자선여인이 삼천대천세계를 쪼개고 부수어 작은 티끌로 만든다면 그대 생각은 어떠한가. 그 티끌들이 정녕 많다고 하겠는가?" 수보리가 답하기를 "매우 많습니다. 세존이시여! 왜냐하면 만약 그 티끌들이 정말로 있는 것이라면, 세존께서는 그것을 티끌들이라고 설하지 않았을 것입니다. 무슨 까닭인가 하면, 세존께서 설한 티끌들은 곧 티끌들이 아니라, 이름하여 티끌들이기 때문입니다"라고 하였다.

일합이상분一合理相分은 진리와 가상이 하나가 되는 이치를 설명한 것이다. 일합상一合相은 범어 'piṇḍa-grāha'를 의역한 것으로 여러 인연으로 작은 티끌이 모여서 물질계를 조성하거나, 오온이 가화합假和合하여 하나의 생명현상을 이루는 이치를 말한다. 영어로는 'An organism, a cosmos or any combined from a world'이다. 붓다는 이러한 세계와 우주의 생명현상을 설명하기 위해 수보리에게 "삼천대천세계를 잘게 부수어 작은 티끌로 만든다면, 이것을 정녕 많다고 하겠는가[以三千大千世界 碎爲微塵 寧爲多不]"라고 물은 것이다.

이 같은 비유로 붓다가 설한 것은 제26분 「법신비상분」에서 '32상으로는 여래와 전륜성왕이 같다고 하나, 같을 수 없다'라는 것과, 제29분 「위의적정분」에서 '여래의 행주좌와行住坐臥는 색신인 육신의 움직임에 지나지 않고, 법신에는 아무런 오고 감이 없이 고요하다'라고 한 것이다. 마찬가지로 이 장에서도 법신과 화신이 본디 둘이 아님을 다짐하기 위하여 설한 것이다.

즉 삼천대천세계를 잘게 부수면 작은 먼지가 되고, 이 먼지가 모이면 세계가 되는 것이다. 그러므로 티끌이나 세계가 별도의 제 모습[實相]이 없는 것과 같이, 중생의 마음속에 일어났다 사라지는 번뇌망상 또한 모두 허망한 것이라고 하였다. 요컨대 범부의 마음속에서 일어나는 탐진치 삼독과 과거라는 기억, 그리고 현재와 미래의 망상도 모두 세계나 티끌과 같이 실상이 없는 것이다. 다시 말해 세계는 중생이 어울려 사는 소중한 공간이며, 티끌은 입김에도 날아가 사라지게 된다. 하지만 이 티끌이 세계를 이루는 가장 작은 입자이기 때문에, 이 티끌이 모여 세계가 되고, 세계는 다시 티끌로 돌아가는 것이다. 이러한 이치에서 세계와 티끌의 차별이 없음을 깨달아야 한다는 것이다.

이에 수보리가 말하기를 "매우 많습니다. 왜냐하면 만약 이 티끌들이 실제로 있는 것이라면, 여래께서 작은 티끌이라고 설하지 않았을 것입니다. 그 까닭은 여래가 설한 티끌은 곧 티끌이 아니고, 이름하여 작은 티끌이라 하기 때문입니다"라고 하였다. 즉 붓다가 '시미진중영위다부是微塵衆寧爲多不'라고 물은 것이나, 수보리가 '심다세존시명미진중甚多世尊是名微塵衆'이라고 답한 것도 중생의 입장에서 본 상대수相對數일 뿐, 헤아릴 수 없는 여래의 절대수絶對數가 아닌 것이다. 다시 말해 인간과 사물은 상주불멸常住不滅이 아니라 제행무상諸行無常이기 때문에, 수보리가 앞서 말했듯 '만약 이 티끌들이 실제로 있는 것이라면, 세존께서 이것을 티끌들이라고 설하지 않았을 것'이라고 한 것이다.

이러한 '미진'을 육조는 "붓다가 삼천대천세계를 설한 것은, 낱낱의 중생들 성품에 있는 허망한 생각의 티끌 수가 삼천대천세계 가운데 있는 티끌만큼 많음을 비유한 것이다. 모든 중생의 성품에 있는 망령된 생각의 티끌이 티끌 아니라는 것은, 경을 듣고 진리를 깨달으면 깨달음의 지혜가 항상 비추어 보리를 향해 나아가게 되므로, 생각에 머물지 않아서 언제나 맑고 깨끗함에 있게 된다. 이같이 청정한 티끌을 이름하여 작은 티끌들이라 한다"[182]고 하였다.

그리고 야부는 이 티끌의 일어남을 "한 티끌이 절로 일어나니 허공을 갊이요 / 삼천세계를 가루로 부수니 다 셀 수가 없네 / 시골 노인이 주워서 거둘 수 없으니 / 되는 대로 맡겨 두고 비바람에 따를 뿐이로다"[183]고 하였다.

● **世尊 如來所說三千大千世界 卽非世界 是名世界 何以故 若世界 實有者 則是一合相 如來說一合相 卽非一合相 是名一合相 須菩提 一合相者 則是不可說 但凡夫之人 貪着其事**

수보리가 다시 말했다. "세존이시여! 또 여래께서 설한 삼천대천세계도 세계가 아니라 이름이 세계인 것입니다. 왜냐하면 만약 세계가 실제로 있는 것이라면, 이는 곧 이치와 모습이 합해져 하나인 것이므로, 여래께서 말한 일합상은 곧 일합상이 아니라 이름이 일합상인 것입니다" 이에 붓다가 말하기를 "수보리여! 일합상이라는 것은 말로 표현할 수 없는 것인데, 다만 범부들이 그 일에 탐내고 집착하는 것이다"라고 하였다.

---

182 "佛說三千大千世界 以喩一一衆生性上 妄念微塵之數 如三千大千世界中所有微塵 一切衆生性上 妄念微塵 卽非微塵 聞經悟道 覺慧常照 越向菩提 念念不住 常在淸淨 如是淸淨微塵 是名微塵衆也", 『金剛經五家解』「一合理相分第三十」'六祖'.

183 "一塵纔起翳磨空 碎抹三千數莫窮 野老不能收拾得 任敎隨雨又隨風", 上揭書, '冶父'.

그리고 수보리가 왜 티끌이 아닌지에 대해 "만약 세계가 실제로 있는 것이라면 그것은 바로 일합상一合相[184]이므로, 여래가 설한 일합상이란 일합상이 아니라 이름이 일합상인 것이다[若世界 實有者 卽是一合相 如來說一合相 卽非一合相 是名一合相]"라고 하였다. 즉 만일 세계라는 것이 실제로 있는 것이라면, 그것은 모두 집착에 의한 가상의 세계에 지나지 않으므로, 때가 되어 오고 감이 다하면 흩어지고 사라져 버리게 된다. 고故로 이치와 모습이 합쳐진 일합상이 아니라 형용해서 일합상이라 부른 것이므로, 세계나 티끌도 이와 같다고 한 것이다.

마찬가지로 중생과 부처가 둘이 아니고, 번뇌와 무상정등각이 둘이 아니며, 상相과 상 아님[非相]도 둘이 아니고, 상 아닌 상[非非相]도 다름이 없는 것이다. 이같이 세계나 티끌이 전일체全一切라는 하나의 집착인 것을 모르고, 그것을 실재實在하는 것으로 착각하면 진여의 세계를 볼 수 없는 것이다.

이러한 진여의 세계는 일합상인 동시에 이 일합상조차도 공空한 것이므로 "일합상이 아니다"고 한 것이다. 이 같은 수보리의 답변에 붓다가 단정하여 말하기를 "일합상이라는 것은 말로 표현할 수 없는 것인데, 다만 범부들이 그것에 탐닉하고 집착하는 것이다[一合相者 卽是不可說 但凡夫之人 貪着其事]"라고 하였다.

184 일합상一合相이란, 본문에서 언급한 바와 같이 오온이 화합하여 생명현상을 이루는 것으로 세계와 우주를 가리키는 말이다. 범어 'piṇḍa-grāha'를 玄奘법사가 최초로 '일합상'이라고 한역한 것으로서 '모든 것을 하나의 덩어리로 보고, 그것을 실체인 양 집착하는 것'을 뜻한다. 이것을 '전일체집착全一切執着'이라고 해석하는 연구자도 있다.

이 '일합상'을 육조는 "삼천三千이라는 것은 이치로서 말한다면, 탐욕과 성냄과 어리석음의 허망한 생각이 각각 일천의 수를 갖추어 있는 것이다. 이 마음이 선악善惡의 근본이 되어, 범부도 되고 성인도 되며 흔들림과 고요함이 헤아릴 수 없을 만큼 광대무변하여 대천세계라 이름한다. 마음을 밝게 깨치는 것에는 지혜와 자비의 두 법보다 나은 것이 없으니, 이 두 법으로 말미암아 깨달음을 얻기 때문이다. 설법에 '일합상이란, 마음에 얻는 바가 있으면 곧 일합상이 아니고, 마음에 얻는 바가 없는 그것을 일합상이라 이름한다'라고 하였다. 일합상이란, 거짓된 이름을 허물지 않으면서 실상實相을 말하는 것이다. 지혜와 자비라는 두 법으로 붓다의 깨달음을 성취함은 설법으로 다할 수 없으며, 신묘함은 말할 수 없는 것이다. 범부들이 문자에 탐착하여 지혜와 자비를 실행하지 않으면서 위없는 깨달음을 구하려 하나, 무엇으로 연유하여 얻을 수 있겠는가?"[185]며 지혜와 자비의 실천을 강조하였다.

다음은 일합상과 관련한 의상조사義湘祖師의 법성게法性偈이다.

185 "三千者約理而言 卽貪瞋癡妄念 各具一千數也 心爲善惡之本 能作凡作聖 動靜不可測度 廣大無邊 故名大千世界 心中明了 莫過悲智二法 由此二法 而得菩提 說一合相者 心有所得故 卽非一合相 心無所得 是名一合相 一合相者 不壞假名 而談實相 由悲智二法 成就佛果菩提 說不可盡 妙不可言 凡夫之人 貪着文字事業 不行悲智二法 而求無上菩提 何由可得", 『金剛經五家解』「一合理相分第三十」'六祖'.

「義湘祖師 法性偈」

法性圓融無二相	법의 성품은 圓融하여 두 상이 없고
諸法不動本來寂	모든 법은 不動하여 본디부터 고요하네
無名無相絶一切	이름 없고 형상도 없어 일체가 끊겼으니
證智所知非餘境	낱낱이 깨친 지혜 남김이 없음이라네
眞性甚深極微妙	眞如의 성품은 깊고 깊어 지극히 미묘하여
不守自性隨緣成	自性을 떠났으니 인연 좇아 이뤄짐이라
一中一切多中一	하나 가운데 一切가 그 많음의 하나이니
一卽一切多卽一	하나가 일체이고 일체가 곧 하나일세
一微塵中含十方	한 티끌 가운데 十方世界를 머금었으니
一切塵中亦如是	일체의 티끌 또한 그러하다네
無量遠劫卽一念	셀 수 없는 먼 시간도 바로 한 생각이요
一念卽是無量劫	한 생각이 바로 無量億劫이라네
九世十世互相卽	三世가 十世 되어 서로 함께 한 덩어리니
仍不雜亂隔別成	어지럽게 섞이지 않아 별도로 이룬다네
初發心時便正覺	初發心을 냈을 때가 곧 바른 깨침이요

生死涅槃相共和　生死와 涅槃이 다르지 않아 하나라네

理事冥然無分別　理와 事는 아득하여 분별이 없다 하나

十佛普賢大人境　열 부처 보현보살은 大人의 경지일세

能仁海印三昧中　깨달음의 본체는 三昧 속에 있으니

繁出如意不思議　갖가지 드러낸 뜻 생각으론 알 수 없네

雨寶益生滿虛空　중생을 위한 法雨가 허공에 가득하니

衆生隨器得利益　중생의 그릇 따라 온갖 소원 성취하네

是故行者還本際　行者여! 돌아가라, 진리의 고향으로

叵息妄想必不得　망상을 내던지고 허튼 길은 가지 말라

無緣善巧捉如意　인연 없는 절대 방편 뜻한 대로 잡아 쥐고

歸家隨分得資糧　지음 따라 路資 얻어 내 집으로 돌아가네

以陀羅尼無盡寶　陀羅尼로 다함 없는 보배를 삼아

莊嚴法界實寶殿　보배로운 궁전같이 法界를 장엄하여

窮坐實際中道床　中道의 解脫座에 그윽이 앉았으니

舊來不動名爲佛　예부터 한결같이 부처라고 이름했네

〈原文210字〉

제31 알음알이를 드러내지 않는다

知見不生分 第三十一
지견불생분 제삼십일

須菩提여 **若人言**이 **佛說我見人見衆生見壽者見**이라면 **須菩提**
수보리 약인언 불설아견인견중생견수자견 수보리

여 **於意云何**오 **是人**은 **解我所說義不**아 **不也**니다 **世尊**하 **是人**
어의운하 시인 해아소설의부 불야 세존 시인

은 **不解如來所說義**니 **何以故**오 **世尊**ㅣ **說我見人見衆生見壽**
불해여래소설의 하이고 세존 설아견인견중생견수

者見은 **卽非我見人見衆生見壽者見**일새 **是名我見人見衆生**
자견 즉비아견인견중생견수자견 시명아견인견중생

見壽者見이니다 **須菩提**여 **發阿**耨**多羅**三藐三**菩提心者**는 **於**
견수자견 수보리 발아뇩다라삼막삼보리심자 어

一切法에 **應如是知**며 **如是見**이며 **如是信解**하야 **不生法相**이니
일체법 응여시지 여시견 여시신해 불생법상

라 **須菩提**여 **所言法相者**는 **如來說 卽非法相**이니 **是名法相**이
수보리 소언법상자 여래설 즉비법상 시명법상

니라 〈原文130字〉

【字解】

붓다가 말했다. “수보리여! 어떤 사람이 말하되 ‘붓다가 나[我]라는 지견知見과 남[人]이라는 지견, 중생이라는 지견과 수자라는 지견을 말했다’고 한다면, 수보리여! 그대 생각은 어떠한가. 이 사람은 내가 설한 바의 의미를 알았다 하겠는가?” 수보리가 답하기를 “아닙니다. 세존이시여! 이 사람은 여래의 설한 바를 알지 못한 것입니다. 왜냐하면 세존께서 설한 나라는 지견과 남이라는 지견, 중생이라는 지견, 수자라는 지견은 지견이 아니라 이름이 ‘아견인견중생견수자견’이기 때문입니다”라고 하였다. 이에 붓다가 말했다. “수보리여! 아뇩다라삼막삼보리의 마음을 일으킨 사람은 일체법에 대하여 마땅히 이와 같이 알아야 하고, 이와 같이 보아야 하며, 이와 같이 믿고 헤아려서 법상法相을 내지 말아야 하느니라. 수보리여! 내가 말한 법상이라는 것도 여래가 설한 바로는 법상이 아니라, 이름하여 법상인 것이니라”

【講解】

- **須菩提 若人 言佛說我見人見衆生見壽者見 須菩提 於意云何 是人 解我所說義不 不也 世尊 是人 不解如來所說義 何以故 世尊 說我見人見衆生見壽者見 卽非我見人見衆生見壽者見 是名我見人見衆生見壽者見**

붓다가 말했다. “수보리여! 어떤 사람이 말하기를 ‘내가 나[我]라는 지견[我見]과 남[人]이라는 지견[人見], 중생이라는 지견[衆生見], 수자라는 지견[壽者見]을 말했다’라고 한다면, 수보리여! 그대 생각은 어떠한가. 이 사람은 내가 설한 뜻을 알았다 하겠는가?" 수보리가 답하기를 "아닙니다. 세존이시여! 이 사람은 여래의 설한 뜻을 알지 못한 것입니다. 왜냐하면 세존께서 설한 나라는 지견과 남이라는 지견, 그리고 중생이라는 지견과 수자라는 지견은 지견이 아니라 이름이 아견·인견·중생견·수자견이기 때문입니다"라고 하였다.

'아견·인견·중생견·수자견(我見人見衆生見壽者見)'의 뜻은 제15「지경공덕분」에서 설명하였다. 그리고 '아상·인상·중생상·수자상(我相人相衆生相壽者相)'은 이 경 제3분에서부터 지금까지 동어반복되고 있다. 그렇다면 '상相'과 '견見'의 의미는 무엇인가? '상'이 밖으로 드러내[表] 나타나는 것이라면, '견'은 드러나기 이전에 안에서[裏] 헤아리는 것이다. 예컨대 생각으로써 의도한 '무엇'이 밖으로 드러나는 것이라면, 밖으로 드러난 '어떤 작용'은 안에서 생각한 것이기 때문에 '상'과 '견'은 안과 밖의 표리表裏관계이다.

따라서 상이 없으면 견도 없고, 견이 없으면 상도 없다. 그런데 붓다가 이 장에서 다시 상과 견을 반복하는 것은 무슨 까닭인가? 앞 장의 '일합상一合相'에서는 아인사상我人四相을 모두 여읜 것을 설하였으나, 청중 가운데 아직 여의지 못한 사람과 제대로 알아듣지 못한 사람들이 '혹 여래도 아인사상을 여의지 못하여 이런 말을 하는 것 아닌가?'라는 생각을 가질 수 있다는 노파심이 때문이 아닌가 한다. 그래서 붓다는 수보리와 청중들에게 '나'라고 하는 소견과 알음알이, '너'라는 소견과 알음알이, '중생'이라는 소견과 알음알이, 그리고 '수자'라는 소견과 알음알이를 갖지도 말고 드러내지도 말라고 당부한 것이다.

이 '견'에 대하여 육조는 "여래가 이 경을 설하심은, 모든 중생으로 하여금 반야의 지혜를 몸소 깨닫고 수행하여 보리의 과果를 증득하게 함이다. 그러나 범부는 붓다의 뜻을 알지 못하고, 여래가 아견 · 인견 · 중생견 · 수자견을 설하였다고 하니, 이것은 여래가 설한 깊고 깊은 무상과 무위, 반야바라밀의 법을 알지 못한 것이다. 여래가 설한 아인 등의 지견은 범부의 지견과 같지 않으므로, 여래가 '일체중생은 모두 불성이 있다'고 말한 것은 참다운 아견이고, '일체중생은 무루한 지혜의 성품을 본디부터 모두 갖추었다'고 한 것은 인견이며, '일체중생은 본디 번뇌가 없다'고 한 것은 중생견이고, '일체중생의 성품은 본디부터 생겨남도 없고 사라짐도 없다'고 한 것은 수자견이다"[186]고 하였다.

● **須菩提 發阿耨多羅三藐三菩提心者 於一切法 應如是知 如是見 如是信解 不生法相 須菩提 所言法相者 如來說 卽非法相 是名法相**

붓다가 다시 말하기를 "수보리여! 아뇩다라삼막삼보리심을 일으킨 사람은 일체법에 대하여 마땅히 이와 같이 알아야 하고, 이와 같이 보

186 "如來說此經 令一切衆生 自悟般若智 自修證菩提果 凡夫之人 不解佛意 便爲如來 說我人等見 不知如來 說甚深無相無爲般若波羅蜜法 如來所說 我人等見 不同凡夫 我人等見 如來說 一切衆生 皆有佛性 是眞我見 說一切衆生 無漏智性 本自具足 是人見 說一切衆生 本無煩惱 是衆生見 說一切衆生性 本自不生不滅 是壽者見也", 『金剛經五家解』「知見不生分第三一」'六祖'.

아야 하며, 이와 같이 믿고 헤아려서 법이라는 상[法相]을 내지 말아야 한다. 수보리여! 내가 말한 법상이라는 것도 여래가 설한 바로 그 법상이 아니라, 이름하여 법상이라고 한 것이다"고 하였다.

이어서 붓다는 "일체법에서는 마땅히 이와 같이(다음과 같이) 알아야 하고, 이와 같이 보아야 하며, 이와 같이 믿고 헤아려서 법상을 드러내지 말라[於一切法 應如是知 如是見 如是信解 不生法相]"고 하였다. 일체법이란, 사람에 있어서는 만 가지의 일[萬事]이고, 우주자연에 있어서는 만 가지의 물체[萬有]이다. 그러나 무상정등각의 마음을 일으킨 사람은 이러한 만사만물의 일체법을 마땅히 알아야 하고, 보아야 하며, 믿고 헤아려도 그 아는 바 일체법의 상[法相]을 드러내지 않아야 한다고 하였다.

여기서 법상이란, 일체법에 대한 편견을 말하는 것으로 우주자연의 현상을 있는 그대로 보고 알아서 믿어 헤아릴 뿐, 허튼 소리나 알음알이를 드러내지 말라는 것이다. 왜냐하면 나의 편견偏見과 고집固執 모두 아인사상을 여의지 못하여 생겨나기 때문에, 무상정등각의 마음을 일으킨 선남자선여인은 마땅히 이러한 아견을 극복해야 하고, 또 모든 중생은 모두 불성佛性을 지닌 존재이므로 인견을 극복해야 하며, 일체중생 또한 나와 같은 생명이므로 동사섭同事攝으로 끌어안아 중생견에서 벗어나야 하고, 또한 모든 중생이 제행무상諸行無常임을 깨달아 수자견에서 벗어나야 한다는 것이다.

이 문장은 이 경 제2분에서 수보리가 붓다에게 "선남자선여인이 무상정등각의 마음을 일으켰을 때, 어떻게 머물러야 하며, 어떻게 그 마음을 항복받아야 합니까[善男子善女人 發阿耨多羅三藐三菩提心 應云何住 云何降伏其心]"라고 한 첫 질문에 대해 가장 적확한 답변이다. 다시 말해 2장에서 수보리의 문제 제기에 붓다가 "옳거니 옳거니, 수보리여! 잘 들어라. 지금부터 그대들을 위해 설할 것이니 이와 같이 머물며, 이와 같이 마음을 항복받아야 한다[善哉善哉 須菩提 … 應如是住 應如是降伏其心]"라면서 수보리의 물음에 대한 답변으로 지금까지 이어져 왔다. 그리고 이 장에서 "마땅히 이와 같이 알고, 이와 같이 보고, 이와 같이 믿고 헤아려서 법의 상을 내지 말라[應如是知 如是見 如是信解 不生法相]"고 한 것은 수보리의 질문에 대한 결어結語이자 『금강경』 전체에 대한 결론結論인 것이다.

그러면서 붓다는 수보리에게 말하기를 "내가 말한 법상이라는 것도 법상이 아니라 이름하여 법상이니라[所言法相者 卽非法相 是名法相]"고 하였다. 즉 만사만물의 모습[相]이 허망하고 실체가 없는 것임에도 중생은 만사만물을 실상으로 인식하게 된다. 이러한 인식은 육근 육진에 가려 아인사상을 극복하지 못했기 때문에, 무상정등각의 공성空性이 '나(우리)에게 있긴 하는가'를 의심하고, 일체상이 실제로 허망한 것인가를 믿지 않는[狐疑不信] 것이다. 따라서 여래가 법상이라고 말한 것도 범부들의 이러한 의심을 감안하여 법상으로 이름한 것일 뿐, 실제로는 법상이 아니라는 것이다. 왜냐하면 무상정등각의 공성을 체득한 보살에게는 법상도 없고, 법상 아님도 없기 때문이다. 만일 법상이 없어진 자리에 법상 아님이 남아 있다면, 이 또한 아상과 법상을 극복하지 못한 집착이 되기 때문이다.

다시 말해 진여眞如의 법상은 법에 머물러 있어도 법에 대한 상[法相]이 없고, 법 아님에 있어서도 상[非法相]이 없으며, 생사열반生死涅槃에 있어서도 상이 없는 것이다. 따라서 법이나 법 아님에 대한 상을 깨끗이 끊어 버려 마음에 티끌만 한 거리낌도 없이 청정해야 일체법에 자유자재하여 진여의 세계에서 잠시도 벗어남이 없는 것이라고 한 것이다.

이러한 '법상法相'을 육조는 "보리의 마음을 일으킨 자는 모든 중생은 모두 불성이 있음을 보아야 하고, 일체중생은 번뇌 없는 지혜의 씨앗을 본디부터 다 갖추었음을 알아야 하며, 일체중생의 자성에는 본디 생멸이 없음을 믿어야 한다. 비록 모든 지혜와 방편으로 사물을 접하고 중생을 이롭게 하더라도, 나와 너를 분별하는 마음[能所心]을 내지 말아야 한다. 입으로는 분별의 모습이 없는 무상법無相法을 설하나, 마음에 능소能所가 있으면 곧 법상이 아니다. 입으로는 무상법을 설하고, 마음으론 분별하지 않는 무상행을 수행하여 마음에 능소가 없는 이것을 '법의 모습[法相]'이라 한다"[187]고 하였다.

이에 야부冶父 선사는 "일천 물길의 낚싯줄을 곧게 드리우니 / 한 물결 겨우 일렁이니 만 물결이 절로 일어나도다 / 밤은 고요하고 물은 차가운데 고기는 먹이를 물지 않고 / 빈 배에 밝은 달만 가득 싣고 돌아가누나"[188]며 자신의 깨침[悟道頌]으로 읊었다.

---

187 "發菩提心者 應見一切衆生 皆有佛性 應知一切衆生 無漏種智 本自具足 應信一切衆生 自性本無生滅 雖行一切智慧方便 接物利生 不作能所之心 口說無相法 而心有能所 卽非法相 口說無相法 心行無相行 而心無能所 是名法相也", 『金剛經五家解』「知見不生分第三一」'六祖'.

188 "千尺絲綸直下垂 一波纔動萬波隨 夜靜水寒魚不食 滿船空載月明歸", 『金剛經五家解』「知見不生分第三一」'冶父'.

제32 應身은 眞身이 아니다

應化非眞分 第三十二
응화비진분 제삼십이

須菩提여 若有人이 以滿無量阿僧祇世界七寶로 持用布施하
수보리 약유인 이만무량아승지세계칠보 지용보시

고 若有善男子善女人이 發菩薩心者持於此經에 乃至四句偈
약유선남자선여인 발보살심자지어차경 내지사구게

等을 受持讀誦하야 爲人演說하면 其福勝彼이니 云何爲人演
등 수지독송 위인연설 기복승피 운하위인연

說코 不取於相하야 如如不動이니라 何以故오 一切有爲法
설 불취어상 여여부동 하이고 일체유위법

이 如夢幻泡影이며 如露亦如電이니 應作如是觀이니라 佛說
여몽환포영 여로역여전 응작여시관 불설

是經已하시니 長老須菩提와 及諸比丘比丘尼優婆塞優婆尼
시경이 장로수보리 급제비구비구니우바새우바니

一切世間天人阿脩羅 聞佛所說하고 皆大歡喜하야 信受奉行
일체세간천인아수라 문불소설 개대환희 신수봉행

하니라 〈原文139字〉

【字解】

붓다가 말했다. "수보리여! 만약 어떤 사람이 헤아릴 수 없는 아승지阿僧祇세계에 가득 찬 칠보로써 보시했다 하더라도, 어떤 선남자선여인이 보살심을 일으켜 이 경을 지니거나 사구게 등을 받아 지녀서 읽고 외워 다른 사람을 위해 연설하면, 그 복덕이 앞의 복덕보다 훨씬 뛰어날 것이니라. 그렇다면 다른 사람을 위하여 어떻게 일러 주어야 하는가? 상相을 취하지 않고, 진여眞如 그대로 흔들리지 않아야 하느니라. 무슨 까닭인가! 일체의 드러나 있는 법은 / 꿈과 같고 환상과 물거품과 그림자 같으며 / 이슬과 같고 또 번갯불과 같은 것이니 / 마땅히 이와 같음을 살펴야 할 것이니라" 붓다가 이 경을 다 설하고 끝내자, 장로 수보리를 비롯한 모든 비구와 비구니, 청신사淸信士 청신녀淸信女, 그리고 일체 세간의 천인天人 아수라阿脩羅들이 붓다의 설한 바를 듣고 모두 크게 기뻐하면서 믿고 받들어 행하였느니라.

【講解】

● **須菩提 若有人 以滿無量阿僧祗世界七寶 持用布施 若有善男子善女人 發菩薩心者持於此經 乃至四句偈等 受持讀誦 爲人演說 其福勝彼 云何爲人演說 不取於相 如如不動 何以故**

붓다가 말했다. "수보리여! 만약 어떤 사람이 헤아릴 수 없는 아승지겁阿僧祇劫 세계에 가득 찬 칠보로써 보시했다 하더라도, 어떤 선남자선여인이 보살심菩薩心을 일으켜 이 경을 지니거나, 사구게四句偈 등을 받들어 지녀서 읽고 외워 다른 사람을 위해 알려 준다면, 그 복덕이 앞의 복덕보다 훨씬 뛰어날 것이다. 그렇다면 다른 사람을 위하여 어떻게 일러 주어야 하는가? 상相을 취하지 않아야 하며, 진여眞如 그대로 흔들림이 없어야 하는 것이다. 왜냐하면…"

제32분 「응화비진분」은 이 경의 종장이자 유통분流通分이다. 경전을 세 부분으로 나누었을 때, 첫 부분은 서분序分에 속하고, 중간 부분은 정종분正宗分으로서 본론에 해당되고, 마지막 부분인 유통분은 경전의 소중함을 후대까지 전하기 위한 것으로 일명 의교봉행분依敎奉行分이라고 한다.

중간 제목[中題]인 '응화비진應化非眞'이란 세상에 응하여 나타난 육신肉身과 화신化身은 진여의 법신法身이 아니라는 뜻이다. 즉 석가모니붓다가 중생을 교화하기 위해 중생과 같은 모습으로 태어나 상황에 따라 응변설법應變說法한 것이 응신應身이고, 또 교화의 대상과 정황과 상황에 따라 변화하여 나툰 것이 화신이다. 따라서 응신과 화신은 허망한 색신色身에 지나지 않으므로 법신이 아니라는 것을 설하면서 이 경의 전체 32분절(5149字)을 모두 끝마쳤다.

발보살심자發菩薩心者란, 보살의 마음을 일으킨 사람을 말한다. 즉 위로는 지혜를 추구하고, 아래로는 중생을 교화하는[上求菩提 下化衆生] 사람을 일컫는다. 이를 실천하기 위해 "가없는 중생을 모두 다 건지오리다 / 끝없는 번뇌를 모두 다 끊으오리다 / 셀 수 없는 법문을 모두 다

배우오리다 / 위없는 불도를 모두 다 이루오리다"[189]라는 이른바 사홍서원四弘誓願을 실천하는 사람들이다.

지어차경持於此經은 일곱 가지 보배[七寶]로써 베푼 것이나, 목숨을 바친 신명보시身命布施보다 이 경을 받아 지녀서 읽고 외워 다른 사람을 위해 말해 주는 공덕이 훨씬 수승殊勝하다는 것이다. 그런데 이 경구는 앞서 제8분, 11분, 13분, 16분, 24분에서 다섯 차례나 언급한 바 있다. 그럼에도 32분에서 다시 강조한 것은 혹자는 종교적 속성이라고도 하겠지만, 그만큼 중생구제를 위한 붓다의 심려深慮가 이 경에 미친 것이 아닌가 한다. 그렇다면 남을 위해 어떻게 연설演說할 것인가? 붓다는 그 방법을 다음과 같이 제시한다.

불취어상不取於相 여여부동如如不動은 즉 다른 사람을 위해 사구게 하나라도 설명할 때, 제5분에서 말한 '나'라는 아상我相과 '너'라는 인상人相, '중생'이라는 중생상衆生相과 '수자'라는 수자상壽者相을 취해서는 안 되고, 상 아님을 취해서도 안 되며, 법을 취해서도 안 되고, 법 아님을 취해서도 안 되는, 머묾도 없고 형상도 없는 무주무상無住無相이어야 한다는 것이다.

다시 말해 일체상을 따르되 집착하지 않고, 일체상을 버리되 끊어짐이 없으며, 언어와 행위를 떠나 공空하지만 마음에 흔들림이 없음도 아니고, 언어와 행위에 응대하더라도 마음에는 흔들림이 없어야 한다.

---

189 "衆生無邊誓願度 煩惱無盡誓願斷 法門無量誓願學 佛道無上誓願成", 『六祖壇經』 「自性四弘誓願」.

따라서 연설演說할 때도 이와 같이 맑고 깨끗한 마음으로 일체중생을 평등과 자비로써 대하여 진여眞如 그대로 흔들림 없이 설해야 한다고 하였다.

여기서 야부는 "마지막 한 구절[不取於相 如如不動]이 비로소 굳게 닫힌 빗장에 이르게 되니, 바로 삼세의 모든 부처가 사방에서 서로를 살펴봄이며, 육대조사가 물러서야 할 부분에 있음이다. 강물이 꽁꽁 얼어 흐르는 물이 통하지 못하고, 눈앞에 가시가 가득하여 발을 들이기 어려우니, 여기에 이르게 되면 터럭 하나를 더해도 마치 눈에 가시가 박힌 것 같고, 터럭 하나를 빼도 마치 몸에서 부스럼을 도려내는 것 같다고 한다. 이는 앉아서 중요한 물길을 끊으려 함이 아니라, 대개 법을 아는 사람이 두려워하는 것이다. 비록 그렇더라도 불법이 다만 이와 같다면 문득 육지가 가라앉는 것을 볼 것이니, 어찌 법의 등불이 이어질 것인가! … 다만 저 마지막 한 구절을 또 어떻게 말할 것이며, 또한 자세히 안다 하겠는가? 구름은 고갯마루에 한가히 걸려 있고 / 물은 시내로 바삐 흘러가누나"[190]라고 하였다.

이 야부의 글에 함허는 "경의 첫머리에 '자리를 펴고 앉으심[敷座]'은 칼을 잡고 세상에서 천하를 호령함이고, 마지막에 '흔들림 없음[不動]'은

---

190 "末後一句 始到牢關 直得三世諸佛 四目相觀 六代祖師 退身有分 可謂是江河徹凍 水泄不通 極目荊榛 難爲措足 到這裏 添一絲毫 如眼中着刺 減一絲毫 似肉上剜瘡 非爲坐斷要津 蓋爲識法者恐 雖然恁麼佛法 只如此 便見陸地平沈 豈有燈燈續焰 … 秖如末後一句 又作麼生道 還委悉麼 雲在嶺頭閑不徹 水流澗下太忙生", 『金剛經五家解』「應化非眞分第三二」'冶父'.

사람을 홀리는 허깨비 같은 정령들을 다 베어 버리고 칼을 잡고 본디의 자리로 돌아감이다. 이 한 자루의 날카로운 취모검吹毛劍은 그 자체로 티끌 하나 붙지 않고, 그 빛남은 온 허공을 다 비춤이다"[191]라고 풀이하였다.

그리고 육조는 "칠보의 복이 비록 많다 하나, 어떤 사람이 보살심을 일으켜 이 경의 사구게 등을 받아 지녀 사람들을 위해 연설하는 것과는 같지 않다. 이 복이 저 칠보의 복보다 백천만 배나 뛰어난 것으로, 비유할 수 없는 것이다. 법을 설함에 가장 알맞은 방편으로 근기根機를 살펴보고 헤아림에 맞춰 각각의 알맞은 것에 따르는 그것을 '다른 사람을 위해 연설한다[爲人演說]'고 한 것이다. 법을 듣는 사람의 갖가지 모습이 서로 같지는 않으나, 분별하는 마음은 일으키지 않아야 한다. 다만 텅 비어 한결같이 고요한 마음을 깨달아 얻는다는 마음이 없고, 이겨야 한다는 마음도 없으며, 바라는 마음이 없고, 생멸하는 마음도 없는 이것을 '진여 그대로 흔들림이 없다[如如不動]'고 한 것이다"[192]라고 하였다.

그러면서 붓다는 "왜 상을 취하지 말아야 하고, 여여하게 흔들림이

---

191 "最初敷座 仗劍當路 號令天下 末后不動 斬盡精靈 秉劍歸位 這一柄吹毛 體絶纖塵 光爍太虛", 『金剛經五家解』「應化非眞分第三二」'說誼'.

192 "七寶之福 雖多不如 有人發菩薩心 受持此經四句偈等 爲人演說 其福勝彼百千萬倍 不可譬喩 說法善功方便 觀根應量 種種隨宜 是名爲人演說 所聽法人 有種種相貌不等 不得作分別心 但了空寂一如之心 無所得心 無勝負心 無希望心 無生滅心 是名如如不動", 上揭書, '六祖'.

없어야 하는가?"라며 그 까닭을 사구게로 나타내었다.

一切有爲法은　如夢幻泡影이요
如露亦如電이니　應作如是觀이니라

일체의 드러난 유위법은
꿈과 같고 환상과 물거품과 그림자 같으며
이슬과 같고 또한 번갯불과 같은 것이니
마땅히 이와 같은 작용을 살펴야 하느니라

유위법有爲法은 '위함 있는 법' 또는 '하고자 하여 드러나는 현상'을 말하고, 무위법無爲法은 그 상대어로서 하려고 함이 없어도 어떠한 인연으로 생겨나 생사변천生死變遷하는 것을 말한다. 예컨대 모든 사물의 심적 · 물적 현상에는 반드시 생주이멸生住異滅이 있으므로, 허망하여 덧없는 것이다. 그래서 육근 · 육진에 교폐된 범부들은 이 육근육진이 '참나'의 도적인 것을 모르고, 외려 연지 찍고 분 바르기 바쁠 뿐이다. 그러나 '위함 없는 법'인 무위법은 인연의 작위作爲를 떠나 있으므로, 생주이멸이 없어 걸림 없이 자유자재自由自在하는 것이다.

'여몽환포영如夢幻泡影 여로역여전如露亦如電 응작여시관應作如是觀'이라 한 것은, 모든 유위법의 형상은 꿈과 같고 환상과 물거품과 그림자와 같이 실체가 없는 것이다. 또한 이슬과 번갯불도 일시적이거나 찰나의 현상이다. 즉 사람의 일생이란, 존재론적 측면에서 보면 매우 긴 것 같지만, 우주자연의 측면에서 본다면 찰나에 지나지 않고 그 존재 또한 큰 바다의 좁쌀 한 톨[蒼海一粟]에 지나지 않는다. 이 같은 찰나의 미미한 존재로서 인간은 영원을 지향하며 시비와 집착으로 희로애락하다가 늙고 병들게 되면, 모든 것이 꿈과 같고, 물거품 같은 환상이며, 이슬과 번갯불과 같은 찰나임을 깨닫게 된다. 그래서 붓다는 이와 같은 작위作爲를 살펴 꿈에서 깨어나 자기 안의 참다운 부처[眞我]를 찾으라고 당부한 것이다.

다시 말해 꿈에 젖어 있을 때나 이슬이 맺혀 있을 때는 '있음[有]'이 틀림없지만, 꿈을 깨고 나면 그것은 환상이고, 햇빛이 비치면 이슬은 사라진다. 그래서 붓다는 '있으나 있음이 아니고, 없으나 없음이 아니다[有卽非有 無卽非無]'고 하였다. 이와 같이 '있음도 아니고, 없음도 아닌 것'을 중도中道라고 이름한 것이다. 그러므로 유위법有爲法에서 벗어나 생사열반이 없는 무위법無爲法을 깨우쳐 선남자선여인으로 하여금 흔들림 없는 무상정등각無上正等覺에 이르도록 하는 그 나침반羅針盤이 바로 『금강반야바라밀경』이라고 설한 것이다.

붓다의 이 같은 마지막 사구게에 야부 선사는 다음과 같이 읊었다.
"물 가운데 달을 건짐이요, 거울 속에서 얼굴을 찾음이로다 / 배에 금을 그어 놓고 칼을 구함이요, 소를 타고 소를 찾는구나 / 허공의 꽃이요 사막의 아지랑이니, 꿈같은 환상이요 물거품이로다 / 오로지 붓 끝에 있음이니, 그치려면 그칠 수 있네 / 노래 가락과 막걸리에 촌락의 즐거움이여 / 풍류 없는 곳에 절로 풍류롭구나"[193]

● **佛說是經已 長老須菩提 及諸比丘比丘尼優婆塞優婆尼 一切世間天人阿脩羅 聞佛所說 皆大歡喜 信受奉行**

붓다가 이 경의 설함을 모두 마치자, 장로 수보리를 비롯한 모든 비구와 비구니, 청신사淸信士와 청신녀淸信女, 그리고 일체 세간의 천인天人 아수라阿修羅들이 붓다의 설한 바를 듣고 모두 크게 기뻐하면서 믿고 받들어 봉행奉行하였다.

우바새優婆塞는 범어 'Upāsaka'를 음역하여 우바색가優波索迦로 불리다가 우바새로 파생되었다. 출가하지 않은 불제자로서 청신사라고 한다. 우바니優婆尼는 'Upāsika'를 음역하여 우바사優婆斯로 불리다가 우바새 또는 우바이로 파생되었다. 출가하지 않은 불제자로서 청신녀라고 한다. 그리고 천인과 아수라에 대해서는 앞 장의 육도중생과 육욕천에서 설명하였다. 하지만 여기서는 '천인'과 '인간'을 따로 표기하지 않고, 천인과 인간을 한 단어[天人]로 묶어 나타냈으며, 아귀餓鬼 · 축생畜生 · 지옥地獄은 제외하고 아수라를 참여대중으로 기록하여 받들어 수행하였다며 이 경의 대미大尾로 수식하였다. 그리고 이 『오가해』를 결집한 종경 선사는 이 경의 종장에서 다음과 같은 게송[提頌綱要後序]

193 "水中捉月 鏡裏尋頭 刻舟求劍 騎牛覓牛 空華陽燄 夢幻浮漚 一筆句下 要休便休 巴歌社酒 村田樂 不風流處 自風流" 『金剛經五家解』 「應化非眞分第三二」 '冶父'.

으로 끝맺었다.

"대저 최상의 대승을 알고자 한다면 / 금강의 바른 안목을 갖추어야 하나니 / 석가노인이 수보리에게 큰 근기를 드러내어 넓은 쓰임으로 베푸사 / 수미산왕만큼의 칠보를 삼천대천의 모래알 같은 티끌로 부수어 / 아승지겁이 다하도록 보시해 오더라도 / 어찌 최상의 대승에는 얻을 법이 없다 하는가! / 바로 하늘과 사람의 간담이 상하고, 마군과 외도의 마음이 서늘해지나니 / 비록 목숨 버려 알려 하나, 흰 구름은 만리 그대로다 / 따라서 이 경을 풀이한 사람은 팔백여 명이지만, 이 경을 게송으로 읊은 사람은 다섯 손가락에 지나지 않네 / 대개 옛사람은 한 글자를 잘못 대답하여 외려 여우 몸을 받았으니 / 이 경을 잘못 읊게 되면 마땅히 지옥으로 들어가리라 / 생각건대 지옥에 들지 않으려면, 나는 어떻게 중생의 무리를 받아들여 제도할 것인가! / 이미 법을 위하여 이 몸을 잊었으니, 하늘을 거스른 죄 어찌 피하려 하겠는가! / 보검을 비껴 들고 거듭 게송을 읊었노라"[194]

---

194 "提頌綱要後序 夫欲了最上大乘 須具金剛正眼 看釋迦老 與須菩提 顯大機施大用 聚須彌山王等七寶 碎大千沙界若微塵 盡僧祇劫 布施將來 獨最上乘 無法可得 直得天人膽喪 魔外心寒 雖能捨命承當 依舊白雲萬里 所以 解此經者 八百餘家 頌此經者 不滿屈指 蓋古人錯答一字 尙墮野狐 謬頌此經 應入地獄 宗鏡自惟 不入地獄 何由拯濟群生 旣能爲法忘軀 豈避彌天逆罪 橫按寶劍 重說偈言"『金剛經五家解』「應化非眞分第三二」'宗鏡'

부록

『금강경』 해제

'금강경金剛經' 또는 '금강반야경金剛般若經'의 한역한 본디 이름은 『금강반야바라밀경金剛般若波羅蜜經』 내지 『능단금강반야바라밀경能斷金剛般若波羅蜜經』이다. 이 경이 최초로 결집된 것은 대 · 소승이 나눠지기 전, 기원전 150~200년경에 팔리어(巴利語, Pali)에서 범어(梵語, Sanskrit)로 번역된 것으로 추정하고 있다. 그리고 이 경은 범어의 'Vairacchedikā-Prajnāparamitā-Sūtra'를 전문 5149자로 한역漢譯하여 팔만대장경 가운데 가장 간결하고 논리적인 경문으로서 『반야심경』과 함께 널리 알려진 경전이다.

첫째 '능단금강(能斷金剛, Vairacchedikā)'이란, 가장 단단하고 예리한 강철과 금강석을 가리키며, 금강저金剛杵와 같이 번개처럼 빠르게 빻아 으깬다는 뜻이다. 즉 강철과 금강석도 불에 녹거나 부서질 수 있지만 이것만은 부서지지 않는[金剛不壞], 그래서 무엇이든 끊을 수 있는[能斷] 것으로 일체의 번뇌망상과 집착을 단호히 끊는다는 의미이다.

둘째 '반야(般若, Prainā)'는 한역으로 지혜智慧이다. 범부는 지식과 정보로 살아간다. 그러나 지식과 정보는 내가 아닌 누군가로부터 배우거나 습득하는 '앎'이지만, 지혜는 내가 몸소 체험하고 깨쳐서 체득하는 '앎'이다. 다시 말해 존재한다는 것은 '이루어져 머물다가 괴멸하여 공[成住壞空]'으로 돌아가기 마련이고, 인식한다는 것은 드러나기 이전의 다가올 미래를 대비하는 지혜로서 상식적常識的 요해了解이다.

셋째 '바라밀(波羅蜜, Paramitā)'은 '저 언덕에 이르다[到彼岸]'는 뜻이다. 요컨대 번뇌망상으로 마음이 어지러우면 차안此岸이고, 맑고 깨끗한 마음으로 불보살과 같은 경지가 되면 피안彼岸에 이른다는 것이다. 다시 말해 이 세상은 오탁악세汚濁惡世로서 범부와 중생이 온갖 탐착과 분노의 뿌리에 억눌려 고통 받는 곳이고, 저 언덕은 마음이 항상 맑고 고요하여 흔들림이 없는 불국토를 말한다.

넷째 '경(經, Sūtra)'은 '말씀'이자 '길[道]'이다. 범어 수트라Sūtra는 일반적으로는 종교 · 학술 등의 요의要義를 간추린 짧은 문장을 뜻하지만, 불멸佛滅 후 경전을 결집하면서 당시의 용어를 인용한 것임을 알 수 있다. 그러므로 수트라는 본디 '실[絲]'을 뜻하였으나 뒤에 '요점을 간추린 것'으로 바뀌었으며, 음역하여 수다라修多羅라고 하였다.

이러한 경전들이 북인도의 역경승에 의해 중원中原에 전래될 때 "성인의 말씀을 현인이 전한다[聖經賢傳]"라는 공문孔門의 관습에 따라 경經이라고 붙여진 것이다. 즉 유가儒家에서 말하는 경經의 자의字義는 '날실[經絲]'과 '씨실[緯絲]'을 짜서 옷감이 만들어지듯, 모든 사물의 이치도 종횡縱橫으로 가늠하여 분석하고 실증한다는 의미이다. 그래서 사마천(司馬遷, BC145?~BC86?)도 『사기史記』의 서술 방식을 "성인의 말씀을 날줄로 삼고, 역사를 씨줄로 삼는다[經經緯史]"라고 하였다.

따라서 『금강반야바라밀경』의 책명은 '금강같이 단단한 지혜로써 깨달음을 이루어 열반의 저 언덕에 이르는 붓다의 말씀'이라고 전해져 왔다. 요컨대 붓다는 다생겁多生劫의 연기에 따라 이 세상에 왔지만 깨달음을 이룬 후 '온 바도 없고, 가는 바도 없으며[無所從來無所去]'(제29분) 또한 '머문 바도 없고, 얻은 바도 없다[無所住 · 無所得]'(제4분 · 제10분)는 깨침으로 세간의 고통을 여의고 열반涅槃의 저 언덕으로 건너가는 것이라고 말한 것이다.

1. 요진 삼장법사 구마라집姚秦 三藏法師 鳩摩羅什

『금강반야바라밀경』의 사침(四針, 한국은 五針) 당장본唐裝本의 첫 장을 넘기면 제목의 행간 아랫부분에 '요진삼장법사구마라집봉조역姚秦三藏法師鳩摩羅什奉詔譯'이라고 적혀 있다. 이는 1600여 년 전, 이 경을 한역한 시대와 역자의 이름을 기록한 것으로 문헌사적으로나 한자의 음운학적인 측면에서도 중요한 텍스트가 된다.

요진(姚秦, 384~417)은 당시 중원을 최초로 통일한 진 · 한(秦, BC221~206 · 漢, BC206~AD220)이 무너지고 위 · 진(魏晋, 220~420)과 남북조(南北朝, 420~589)의 교체 시기에 강족羌族의 요장姚萇이 전진前秦의 부견苻堅을 멸망시킨 후, 장안西安에 세운 부족국가이다.

삼장법사三藏法師는 붓다의 교설을 기록한 경장經藏과 당시 교단의 규칙과 계율을 기록한 율장律藏, 그리고 후대의 논사論師들이 붓다가 설한 경과 율에 대해 연구 · 분석한 논서를 논장論藏이라고 분류하여 이 세 가지 장서藏書에 정통한 최고의 학승을 가리킨다.

구마라집(鳩摩羅什, 344~413)은 '구마라즙'이라고도 한다. '구마라집'은 본디 이름인 'Kumārajīva'에 가까운 만큼 이전부터 '집什' 자의 속음을 따서 일컫게 된 것이다. 그는 인도 동북부 구자(龜茲, 今 Kucha) 왕국의 학승으로 부친은 인도의 귀족인 구마라염鳩摩羅焰이며, 모친은 구자국 백순왕白純王의 누이동생인 기바耆婆이다. 7세에 출가하여 9세에 모친과 함께 서역의 천축天竺으로 유학하다 12세 때 소륵국(疎勒國, 카슈가르)에서 스승인 수리야소마須梨耶蘇摩를 만나 대승의 가르침을 받았다. 그 후 귀국하여 구자 왕국에 대승불교를 크게 일으켰다.

이때(384년) 전진前秦의 부견이 여광呂光에게 군사 7만을 주어 구마라집을 인질로 잡아오라고 명하여 여광이 구마라집과 함께 장안으로 돌아오던 중, 양주涼州에서 전진의 멸망 소식을 듣고 여광은 양주에 후량국後涼國을 세우게 된다. 구마라집은 이곳에서 18년간 억류되어 생활하면서 중국의 언어와 문자를 습득하였으며 경사자집經史子集과 도경道經에도 능통하였다고 한다.

이후 후진의 2대 왕인 요흥姚興의 부름으로 장안에 들어와, 요흥이 마련해 준 궁내의 소요원逍遙園과 초당사草堂寺에서 13년 동안 『금강경』, 『법화경』, 『대지도론』 등 35부 294권을 한역하였다. 그는 주요 경전을 번역할 때, 라집사철羅什四哲이라 불리는 도항道恒·승예僧叡·승벽僧碧·승조僧肇를 비롯한 비구 500여 명과 문답하면서, 해당 경전을 번역하게 된 의의와 경전의 대의를 설명하였다. 이러한 한역법회에는 사안에 따라 2~3천 명의 대중이 모여 찬탄하였다고 한다.

이즈음 북인도 출신의 역경승인 불타발타라(佛駄跋陀羅, Buddhabhadra, 358~429)가 합류하여 『관불삼매해경』, 『신무량수경』, 『수행방편론』 등을 한역하면서 인도의 정통수행인 선정수련[止觀]을 전파하는 데 노력하였다. 한역으로는 각현覺賢이라 이름한다.

구마라집은 제자들에게 "내가 죽어 다비荼毘할 때, 내가 전한 것에 틀림이 없다면, 내 몸이 사라진 뒤라도 내 혀[舌]는 타지 않을 것이다. 만약 혀가 타면, 내가 번역한 경전은 모두 불태워라"고 유언하였다. 413년 그가 입망入亡했을 때 유언대로 그의 혀는 타지 않고 남아[焚身之後 舌不燒爛] 양주 구마라집탑에 봉안되었다.(『宋高僧傳』 권2)

2. 경전의 결집시기와 편찬과정

『금강경』은 붓다가 29세에 출가하여 6년간 수행한 뒤, 20여 년이 지난 50세 초반부터 21년간 설한 '육백반야六百般若' 가운데서 가장 으뜸 경전이다. 하지만 붓다가 깨달음을 이룬 형이상形而上의 의식세계를 눈앞의 외경에만 치우쳐 있는 범부중생에게 설명하기엔 어려움이 많았다. 그래서 '반야'의 공사상空思想을 설한 것은, 예컨대 붓다가 대중에 대한 교수법敎授法을 익히고 난 후 설법한 것으로 볼 수 있다.

이러한 공사상을 후대의 논사들은 『금강경』의 대의에 대해 '파이집현삼공破二執現三空'이라 하였다. 즉 '나'라는 아집我執과 '법'이라는 법집法執을 깨뜨리게 되면, 삼공(三空, 我 · 法 · 俱)이 드러난다는 것이다. 그러나 공은 드러내거나 나타낼 수 있는 것이 아니므로 역대 조사들은 '공을 좇으면 공을 등지게 된다[從空背空]'고 하였다. 따라서 붓다는 '나'라는 아집과 '법'이라는 법집을 깨뜨려 없애야만 반야지般若智가 드러난다는 경지를 이 경에서 제시한 것이다. 이 같은 붓다의 교설에 대해 법화칠유法華七喩 가운데 두 번째 '못난 아들의 비유[窮子喩]'가 있다.

> 옛날 어떤 사람이 아들 하나를 두었는데, 그 아들은 어릴 적 집을 나가 유랑으로 십수 년을 보냈다. 아버지는 가산家産을 이루어 장자長者가 되어서도 아들 찾기에 부심腐心하였다. 그런 어느 날, 대문 밖에서 기웃거리는 거지를 보자 자신의 아들임을 알고 붙잡으려 했으나, 아들은 장자의 위엄과 두려움으로 도망쳐 버렸다. 이를 본 장자는 이대로 아들을 붙들려 하면 안 된다는 생각으로 하인을 시켜 그를 유인한 후, 축분畜糞을 치우는 품팔이로 고용하였다. 그러다가 차츰 집안 사정에 익숙해지자 직분을 올려 집 밖의 출입까지 자유로운 일을 맡기면서 재산 상황까지 알게 하였다. 그때 비로소 장자는 그를 불러 자신의 아들임을 알리고, 재산을 관리하게 하였다. 그 후 국왕을 비롯한 대신들과 친척들이 모인 자리에서 잔치를 베풀고, 자신의 아들임을 알리면서 전 재산을 물려주게 되었다고 알렸다.(『法華經 · 信解品제4』)

이 『법화경』「신해품」 비유는 붓다가 49년간 전법 교화한 궤적軌跡을 그대로 옮겨 놓은 것이다. 즉 어릴 적 집을 나간 아들이 아비를 만나 놀랐을 때를 붓다가 성도成道한 후 대중의 이해력을 고려하지 않고 『화엄경』을 설하여 놀라게 한 것으로 '궁자경악화엄시窮子驚愕華嚴時'라 하였고, 아들의 인식 정도에 따라 가축을 돌보게 하여 품삯을 준 때를 『아함경』을 설한 시기로 비유하여 '제분정가아함시除糞定價阿含時'라 하였다. 그리고 여러 해를 지나 그 집을 자유로이 드나들 때를 『방등부』를 설한 시기로서 '출입자재방등시出入自在方等時'라 하였고, 이후 집안 사정을 알게 되었을 때를 『반야경』을 설한 시기로 '영지보물반야시令知寶物般若時'라 하였으며, 모든 재산을 아들에게 물려준 때를 『법화경』을 설한 시기로서 '전부가업법화시傳付家業法華時'라 하였다.

다시 말해 붓다가 성도한 후 『화엄경』을 설한 것은 21일이었고, 『아함경』은 12년, 『방등부』는 8년, 『육백반야부』는 21년이었으며, 마지막 입멸에 들 때까지 8년간 『법화경』을 설한 시기를 분류한 것이다.

그리고 경전의 결집은 모두 네 차례로서 불멸 직후 제1결집에서는 500여 명의 비구가 모인 가운데 가섭迦葉이 초집初集하고, 우바리優婆離가 율장을, 아난阿難이 교법을 편집한 것을 '오백결집'이라 한다.

제2결집은 불멸 100년 후 바이살리[毘舍離]에서 700여 명의 비구들이 모여 열 가지 조목에 관한 새로운 계율을 주장하였다. 즉 종래 정오까지로 제한한 비구의 식사를 '양지법兩指法'이라 하여 검지와 중지 사이로 해가 보일 때까지 허용하자는 것과, 기중염정器中鹽淨이라 하여 바랑[背囊]에 소금을 지닐 수 있도록 허용하자는 것, 그리고 금은정金銀淨으로 금지돼 있던 금전보시를 한정적으로 허용하자는 것 등이었다.

이것은 화폐경제의 발달에 따른 부득이한 요구라 할 수 있으나, 장로급의 비구들은 별도의 '제2결집' 회의를 열고 이러한 비구들의 주장을 모두 비법非法이라며 물리쳤다. 이에 바이살리 비구들은 다수의 승려들을 규합하여 '대합송大合誦'이라는 이름으로 장로들과 맞서 결별하게 된다. 이것이 불교사佛敎史에서 일어난 최초의 분파이며, 이때 분파한 대중부Mahasmghika가 초기교단의 진보파로 형성되어 대승불교 Mahayana는 대중부로 합류되었다는 것이 대다수 연구자들의 견해이다.

제3결집은 남전南傳으로서 불멸 200년 후 아소카Ashoka대왕 18년 파탈리푸트라Pataliputra에서 이루어져 '천인결집'이라 한다. 이때 비로소 문자화文字化가 되었다. 그 이전에는 '성전을 문자로 남기지 않고, 암송하여 구술로 전승'하는 인도의 관습에 따라 석존의 가르침도 출가자들 사이에서 암송으로 전해졌다. 그래서 모든 경전의 첫머리에 반드시 '여시아문如是我聞'이라고 기록한 것이다.

제4결집은 북전北傳으로서 2세기 카니슈가Kanishka왕이 카슈미르 Kasmira에서 500비구를 모아 파르슈바Parsva와 바수미트라Vasumitra를 중심으로 경 · 율 · 논 삼장을 편찬한 것으로 전해진다.

따라서 『금강경』은 제1결집 때 편찬된 것으로 모든 경전의 편찬 형식인 일경삼단一經三段의 논법에 따랐다. 즉 서분序分과 정종분正宗分, 유통분流通分으로 '서분'은 경의 첫머리에 해당하므로 경을 설하게 된 동기와 시간, 장소, 그리고 설법의 대상[對告衆] 등 주변의 여건을 서술한 것이고, '정종분'은 경의 중심이 되는 본론이 된다. 그리고 '유통분'은 경의 공덕을 찬탄하여 널리 유포시킬 것을 권하는 결론으로서 청중들의 감화나 계몽의 정도, 그 외 장차 이 경을 읽는 사람의 공덕과 경의 이름 등을 기록한 것이다.(『佛地經論』 권1)

이에 따라 『금강경』은 제1 「법회인유분」에서 제5 「여리실견분」까지는 이 경의 대의를 요약한 총론에 해당되고, 제6 「정신희유분」에서 제16

「능정업장분」까지는 각론으로서 본론의 중심인 동시에 상권上卷으로 분류한다. 그리고 하권下卷에 속하는 제17 「구경무아분」에서 제32 「응화비진분」까지는 상권에서 미처 설하지 못한 심층심리深層心理를 다시 반복하여 청중들의 이해를 이끌어 개대환희皆大歡喜하여 신수봉행信受奉行으로 대미를 장식한다. 이러한 『금강경』의 전문 5149자를 절연截然하여 32분으로 분절分節하고 각 분단에 소제목을 달아 붙인 사람은 양梁나라의 소명태자昭明太子이다.

3. 구마라집 역본 외의 이본간개異本簡介

한역 『금강경』 가운데 우리나라에서 처음 판각된 구마라집 역본의 초조고려본初雕高麗本 외 8종이 있다.

1) 위魏 천축삼장 보리유지(菩提流支, Bodhiruci)의 『금강반야바라밀경』 1권(562년).
2) 진晉 천축삼장 진제(眞諦, Paramārtha)의 『금강반야바라밀경』 1권(562년).
3) 수隋 삼장법사 굽다(笈多, Dhamagupta)의 『금강능단반야바라밀경』 1권(592년경).
4) 당唐 삼장법사 현장玄奘의 『능단금강반야바라밀경』 1권(618년).
5) 당唐 삼장사문 의정義淨의 『불설능단금강반야바라밀경』 1권(703년).
6) 송宋 예장 종경豫章宗鏡이 양梁나라의 쌍림 부대사(雙林傅大士, 497~570)와 육조 혜능(六祖慧能, 638~713), 규봉 종밀(圭峰宗蜜, 780~841), 야부 도천(治父道川, 1127~?) 선사 등과 『금강경』의 요의要義를 주석한 『금강경오가해金剛經五家解』를 펴냈다.
7) 우리나라에서는 조선 태종 15년(1415), 함허 득통(含虛得通, 1376~1433) 선사가

『금강경오가해』에 설의說誼를 붙여 판각하였다. 그 후 강희康熙 18년(1680)에 울산 원적산 운흥사雲興寺의 성적옹 경일惺寂翁敬一 선사가 원각사유판圓覺寺留板에 발문을 쓰고 재판각(2권)하였다.

8) 성종 13년(1482) 야부 도천의 송頌과 예장 종경의 제강提綱, 함허 득통의 설의說誼를 모은 언해본諺解本『금강경삼가해金剛經三家解』이다.

4. 우리말『금강경』번역본

이와 같은 한역『금강경』을 현재 원문절연原文截然 및 구결현토口訣懸吐하여 해석한『금강경』과 인도・중국・대만 등에서 테마별로 풀이한 주해서註解書는 다음과 같다.

1) 김종오 주해,『금강경』, 정음문고, 1975.
2) 청담대종사 설법,『금강경대강좌』, 보성문화사, 1977.
3) 백성욱 박사 해설,『금강반야바라밀경』, 금강경독송회간, 1977.
4) 김운학 역주,『신역금강경오가해』, 현암사, 1980.
5) B.S.라즈니쉬 / 류시화 옮김,『이렇게 나는 들었다(금강경강의)』, 제일출판사, 1984.
6) 대한불교진흥회 편,『금강반야바라밀경오가해』(원문현토), 1985.
7) 정천구 저,『금강경독송의 이론과 실제』, 도서출판보림사, 1986.
8) 각묵스님 역,『금강경 역해』, 불광출판사, 1991.
9) 무비 역해,『금강경오가해』, 불광출판부, 1992.
10) 무비스님 역,『금강경강의』, 불광출판부, 1994.
11) 한글학회 편,『금강경삼가해』, 1994.

11) 한글학회 편, 『금강경삼가해』, 1994.

12) 도올 김용옥 저 『금강경 강해』, 통나무, 1999.

13) 법상 지음, 『금강경과 마음공부』, 도서출판 무한, 2008.

14) 원순 역저, 『우리말금강반야바라밀경』, 도서출판 법공양, 2010.

15) 법륜스님 저, 『금강경 강의』, 정토출판, 2012.

16) 원순 역해, 『금강경오가해설의』, 열린마음, 2012.

17) 해동덕수 역, 『LA금강경』, LA불오선원, 2013.

18) 강미농 지음, 양관스님 옮김, 『금강경강의』, 담앤북스, 2016.

19) 동방교 저, 법산 경일 편역, 『금강경읽기』, 백산출판사, 2017.

20) 서재홍 역저 『금강경 강해』(金剛經五家解를 중심으로), 담앤북스, 2020.

이러한 우리말 『금강경』 번역본 가운데 '독송용讀誦用'은 여러 법요집 속에 상재上梓되거나, 각 종단과 사찰 단위로 수십여 종이 있다. 이는 한글전용과 한문전용, 또는 국·한 혼용으로 펴내어 당시 '한국불교는 금강경불교'라는 말이 한동안 회자된 바 있다. 그러나 '『금강경』의 의의意義와 실제實際'에 있어서는 회의적이지 않을 수 없다. 그리고 『오가해』의 번역본에도 오·탈자는 물론, 양나라 부대사의 주해를 생략한 역본도 있다.

그러나 역자가 오래전부터 지녀온 독송용 『금강경』은 1968년 백성욱(白性郁, 1897~1981) 박사가 구결현토하고 금강경독송회(법사 김재웅)가 법보시용으로 펴낸 『금강반야바라밀경』(이하 『금강경』)이다. 이 책은 한적漢籍양식인 오침당장본(18.5×26cm)으로 25쪽은 한문, 25쪽은 한글로 되어 있어 한문漢文에 능하지 못하더라도 남녀노소 누구나 읽을 수 있도록 편찬되어 있다.

백성욱 박사는 1897년 한성부漢城府 연화방蓮花芳에서 부친 백윤기의 장남으로 태어나 호동壺洞학교를 마치고, 서숙書塾에서 한학을 공부하다가 1910년 봉국사 하옹荷翁선사를 은사로 출가하여 불교전문강원에서 경전을 수학하였다. 1917년 경성불교중앙학림에 입학하여 2년 후 졸업하고, 1920년 상해임시정부에 참여하였다. 그해 프랑스 파리 보배고등학교에서 불어佛語를 습득하고, 1922년 남독일 뷔르츠부르크 Würzburg대학에 입학하여 고대희랍어와 독일신화사를 전공한 후 1925년 『불교순전철학(佛教純全哲學, Buddhistische Metaphysik)』으로 한국인 최초로 철학박사 학위를 받고 귀국하였다. 1926년 중앙불교전문학교 교수로 재직하면서 10여 편의 논문을 발표한 후, 금강산 안양암에서 수행하다 일경日警의 압박으로 서울 돈암동 자택에서 참선독경하였다.

1950년 2월 내무부장관으로 발탁되었으나 6·25사변으로 사임하고, 급히 한국광업공사 사장으로 재직하다 1953년 동국대학교총장으로 선임되었다. 이즈음 동국대학교의 교세를 확장하고 1957년 이사장으로 재임할 때, 해인사 '고려대장경판'을 영인 · 축소하여 양장본 『고려대장경』 23권(한정판)을 펴냈다. 이후 1958년 동국대학교 대강당에서 『금강경』을 강의하였으며, 1968년 경기도 소사(백성농장)에서 독송용 『금강경』을 펴내어 '금강경 독송의 대중화'와 함께 재가자在家者의 수행방법으로 제시하였다.(『백성욱박사문집』 제1집, p.3)

즉 백 박사는 『금강경』을 읽을 때, '어떤 생각이든 떠오르는 것은 모두 붓다에게 바치면서 아침 · 저녁 하루 7독讀으로 100일을 읽으면 생각이 바뀌게 되고, 3년 천일千日을 읽으면 몸의 세포가 변하게 되며, 30년 만일萬日을 읽으면 환골탈태換骨奪胎하여 당대에 자신의 운명을 바꾸게 된다'면서 생활 속의 『금강경』 읽기에 앞장서 왔다.(정천구 저, 『금강경독송의 이론과 실제』, p.16)

●●

『金剛般若波羅蜜經纂』

『금강반야바라밀경찬』은 고려후기 혜심(慧諶, 1178~1234) 선사가 『금강경』의 해제解題와 영험담靈驗談을 간단히 엮은 책이다. 이 책은 송宋나라의 야부 도천(冶父道川, ?~1130) 선사가 『금강경협주金剛經夾註』를 편찬하면서 권말부록에 실려 전해진 것으로 『한국불교전서』에 수록되어 있다. 이 글의 내용은 "이 경전을 읽고 외우면 어떤 영험이 있느냐?"는 어떤 사람의 질문에 답한 것으로 한·중·일 불자들에게 널리 알려져 있다.

如是我聞하오니 **善男子善女人**이 **受持讀誦**하야 **此經纂一卷**이면
여시아문 선남자선여인 수지독송 차경찬일권

如轉金剛經三十萬遍하고 **又得神明加被**하사 **衆聖提携**하니라
여전금강경삼십만편 우득신명가피 중성제휴

나는 이와 같이 들었다. 선남자선여인이 이 경찬 한 권을 지녀서 읽고 외우면 『금강경』 삼십만 번을 읽고 외운 것과 같으며, 또한 밝고 신이神異한 가피加被를 얻어 여러 성인을 가까이할 수 있다.

國建大曆七年에 毘山縣令의 劉氏女子ㅣ 年一十九歲身亡인댄
국건대력칠년 비산현령 유씨여자 연일십구세신망

至七日에 得見閻羅大王問曰호대 一生已來에 作何因緣잇고
지칠일 득견염라대왕문왈 일생이래 작하인연

당나라 대종(代宗, 766~779) 7년(773)에 비산현령의 유씨 딸이 19세에 몸을 여의었는데, 죽은 지 7일에 이르러 염라대왕을 만났다. 그때 염라대왕이 "그대는 일생 동안 어떤 인연을 지었는고?"라고 물었다.

女子答曰호대 一生已來에 偏持得金剛經이니다 又問曰호대
여자답왈 일생이래 편지득금강경 우문왈

何不念金剛經纂인고 女人答曰호대 緣世上無本이니다
하불념금강경찬 여인답왈 연세상무본

이에 그녀가 답하기를 "저는 일생 동안 『금강경』을 지녀서 읽고 외웠습니다"라고 하였다. 이에 대왕이 다시 묻기를 "어찌하여 『금강경찬』을 외우지 않았는가?"라고 하자 그녀가 답하기를 "세상에는 그러한 책이 없기 때문입니다"라고 하였다.

王曰호대 放汝還活커늘 分明記取經文하라 從如是我聞하얀
왕왈 방여환활 분명기취경문 종여시아문

至信受奉行하나니 都計五千一百四十九字이니라
지신수봉행 도계오천일백사십구자

대왕이 말하기를 "그대를 인간 세상에 다시 돌려보낼 것이니, 돌아가면 반드시 이 경문을 기억하여 세상에 널리 전하도록 하라. 『금강경』은 '나는 이와 같이 들었다'로 시작하여 '믿고 지녀서 받들어 행하다'에 이르기까지 모두 합해 5149자이니라.

六十九佛이오 **五十一世尊**이오 **八十五如來**이오 **三十七菩薩**이오
육십구불 오십일세존 팔십오여래 삼십칠보살

一百三十八須菩提이오 **二十六善男子善女人**이오 **三十八何以**
일백삼십팔수보리 이십육선남자선여인 삼십팔하이

故이니라
고

그 가운데 '부처 불佛'이 69차례 나오고, '세존' 51차례, '여래' 85차례, '보살' 37차례, '수보리존자' 138차례, '선남자선여인' 26차례, '하이고'가 38차례 나오느니라.

三十六衆生이오 **三十一於意云何**이오 **三十如是**이오 **二十九阿**
삼십육중생 삼십일어의운하 삼십여시 이십구아

耨多羅三藐三菩提이오 **二十九布施**이오 **十八福德**이오 **一十三**
뇩다라삼막삼보리 이십구보시 십팔복덕 일십삼

恒河沙이니라
항하사

그리고 '중생' 36차례요, '어의운하' 31차례, '여시' 30차례, '아뇩다라삼막삼보리' 29차례, '보시' 29차례, '복덕' 18차례, '항하사' 13차례이니라.

十二微塵이오 七箇三千大千世界이오 七箇三十二相이오 八功
십이미진 칠개삼천대천세계 칠개삼십이상 팔공

德이오 八莊嚴이오 五波羅蜜이오 四須陀洹이오 四斯陀含이오
덕 팔장엄 오바라밀 사수다원 사사다함

四阿那含이오 四阿羅漢이니라
사아나함 사아라한

또 '미진'이 12차례요, '삼천대천세계' 7차례, '32상' 7차례, '공덕' 8차례, '장엄' 8차례, '바라밀' 5차례, '수다원' 4차례, '사다함' 4차례, '아나함' 4차례, '아라한' 4차례 나오느니라.

此是는 四果僊人이니 如我昔爲歌利王할새 割截身體이니라
차시 사과선인 여아석위가리왕 할절신체

如我往昔ㅣ節節支解時에 若有我相人相衆生相壽者相인댄
여아왕석 절절지해시 약유아상인상중생상수자상

一一無我見人見衆生見壽者見이니라 三比丘尼하고 數內七四
일일무아견인견중생견수자견 삼비구니 수내칠사

句偈니라 摩訶般若波羅蜜
구게 마하반야바라밀

이것은 사성과四聖果의 선인仙人으로 붓다가 '내가 아득히 먼 옛날 가리왕에게 몸이 찢겨 나갈 때와 같다'고 한 것과 같으니라. 즉 붓다가 '옛날 옛적 내가 가리왕歌利王에 의해 내 몸의 마디마디가 찢겨 나갈 때 만일 내가 아상·인상·중생상·수자상을 지니고 있었다면 (마땅히 성

내고 원망하는 마음을 내었을 것이지만), 한 생각 한 번이라도 내가 아견 · 인견 · 중생견 · 수자견이 없었노라'고 한 것과 같은 맥락이니라. 끝으로 '비구니'가 3차례 나오고, 전체 글귀 가운데 '사구게'가 7차례 나오느니라. 마하반야바라밀"

願以此功德하얀 普及於一切하사
我等與衆生하야 皆共成佛道니이다

바라옵건대 이 경찬의 공덕이 온 누리 두루 미치사
우리와 더불어 모든 중생 다 함께 성불하여지이다

參考文獻

1. 原典

- 『金剛般若波羅蜜經』(高麗本, 敦煌石窟本)
- 『雜阿含經』『莊子』
- 元曉 撰, 『大乘起信論疏』
- 贊寧等 撰, 『宋高僧傳』
- 涵虛 得通 撰, 『金剛經五家解』(慶尙道 蔚山 雲興寺本)

2. 單行本

- 金鍾吾 주해, 『金剛經』, 정음문고, 1975.
- 青潭大宗師 설법, 『金剛經大講座』, 보성문화사, 1977.
- 白性郁박사 해설, 『金剛般若波羅密經』, 금강경독송회간, 1977.
- 金雲鶴 역주, 『新譯 金剛經五家解』, 현암사, 1980.
- B.S.라즈니쉬 / 류시화 옮김, 『이렇게 나는 들었다(금강경강의)』, 제일출판사, 1984.
- 대한불교진흥회 편, 『金剛般若波羅密經五家解』(원문현토), 1985.
- 金知見 編, 『東과 西의 思惟世界』 金知見박사 華甲記念師友錄, 서울, 民族社, 1991.
- 각묵스님 역, 『금강경 역해』, 불광출판사, 1991.
- 無比 譯解, 『金剛經五家解』, 불광출판부, 1992.
- 무비스님 역, 『금강경강의』, 불광출판부, 1994.
- 한글학회 편, 『금강경삼가해』, 1994.
- 김재웅 저, 『닦는 마음 밝은 마음』, 용화, 1995.

- 법상 지음, 『금강경과 마음공부』, 도서출판 무한, 2008.
- 원순 역해, 『금강경오가해설의』, 열린마음, 2012.
- 해동덕수 역, 『LA금강경』, LA불오선원, 2013.
- 강미농 지음, 양관스님 옮김, 『금강경강의』, 담앤북스, 2016.
- 東方橋 / 법산 경일 편역, 『금강경읽기』, 백산출판사, 2017.
- 鈴木大拙 / 김용환 김현희 공역, 『佛教의 大意』, 청우서적, 2017
- 聖一宗師 / 徐在鴻 역주, 『般若心經禪解』, 담앤북스, 2017.
- 공빈 / 허강 역, 『구마라집 평전』, 도서출판 부키, 2018.
- 吳經熊 著, 徐燉珏・李楠永 共譯, 『禪學의 黃金時代』, 三一 堂, 1978.
(By John C. H. Wu, Seton Hal University Honorary President College of Chinese Culture, 1967)
- 鈴木大拙 著, 『日本的靈性』, 東京, 大東出版社, 1946.
- 鈴木大拙 著, 『佛教の大意』, 京都, 法藏館, 1947.
- 增谷文雄 著, 『釋尊の悟』, 東京, 講談社, 1979.
- 小川一乘 著, 『中觀思想論』, 京都, 法藏館, 2004.
- Jean Paul Sartre, L'Etre et le néan, Éditions Gallimard, Philosophical Library, 1943.

3. 論 文

- 白性郁, 「佛教純全哲學Buddhistische Metaphysik」, 뷔르츠부르크대학 박사 학위논문, 1925.
- 朴鍾鴻, 「否定에 관한 연구」, 서울대학교 박사학위논문, 1960.
- 康東均, 「新羅元曉の淨土思想研究」, 東京大學修士論文, 1979.
- 鄭千九, 「金剛經讀誦의 理論과 實際」, 금강경독송회편, 1986.
- 柳鐸一, 「佛家略體口訣總錄」 『한국문헌학연구』, 1989.
- 崔鍾南, 「梵・藏・敦煌本 『金剛經』 대조연구」 『인도철학』 제27, 2009.
- 徐在鴻, 「無量壽經宗要를 통한 元曉의 淨土思想」, 동아대학교 석사 논문, 2012.
- 耘虛 龍夏 編著, 『佛教辭典』, 東國譯經院, 1985.

- 金勝東 編著,『佛教 · 印度思想辭典』, 釜山大學校出版部, 2001.
-『辭源』縮印合訂本, 北京 · 香港, 商務印書館, 1987.
- 漢 許愼 撰, 淸 段玉裁 注,『說文解字注』, 上海古籍出版社, 1988.
- 漢 許愼 撰,『校刊宋本說文解字』, 臺北世界書國股份有限公司, 2013.
- By SIR M.MONIER-WILLIAMS, SANSKRIT-ENGLISH DICTIONARY, OXFORD AT THE CLARENDON PRESS, 1960.
- By CHARLES ROCKWELL LANMAN, A SANSKRIT READER, Harvard University Press, 1978.

역자 소개

서재홍 徐在鴻

부산 출생. 동아대학교 석사과정으로 인도철학을 이수하고, 박사과정으로 부산대학교에서 중국철학을 이수하였다. 대한불교청소년교화연합회 부산지부 사무국장, 법무부산하 청소년교정위원, 부산차인연합회 초대 사무국장, 아산학회 학술위원 및 〈亞山會報〉 편집주간 등을 역임하였다.

2006년 '東西茶文化硏究所'를 개설, 현재 차 문화와 관련한 古文을 강독하고 있다.

「格物致知의 보편적 이해와 사회적 변화」(아산학회, 2001), 「宋朝六賢의 易學思想과 해석학적 新儒學」(아산학회, 2008), 「哲學과 道學」(茶와 인생, 2009), 「禮와 樂의 상관관계와 긴장관계」(禮茶文化연구소, 2010), 「無量壽經宗要를 통한 元曉의 淨土思想」(동아대학교, 2012), 「仁禮義智는 한국인의 정체성」(禮茶文化연구소, 2014), 「한국 性理學에 나타난 한국인의 정체성」(부산대학교, 2015), 「왜 人文學인가」(부산중앙포럼, 2019) 등 10여 편의 논문과 『古今茶話』(시민시대, 2006년부터 4년 연재), 『般若心經 禪解』 등의 저서가 있다.

慶南 圓寂山 雲興寺 遺墟址

금강경 강해

金剛經五家解를 중심으로

초판 1쇄 발행 2020년 1월 25일

편역자 서재홍

펴낸이 오세룡
편집 김정은 박성화 손미숙 이연희 김영미
기획 최은영 곽은영
디자인 장혜정 고혜정 김효선
홍보·마케팅 이주하

펴낸곳 담앤북스
서울특별시 종로구 새문안로3길 23 경희궁의아침 4단지 805호
대표전화 02)765-1251 전송 02)764-1251 전자우편 damnbooks@hanmail.net
출판등록 제300-2011-115호

ISBN 979-11-6201-204-8 (03220)

이 도서의 국립중앙도서관 출판예정도서목록(CIP)은 서지정보유통지원시스템 홈페이지(http://seoji.nl.go.kr)와 국가자료공동목록시스템(http://www.nl.go.kr/kolisnet)에서 이용하실 수 있습니다. (CIP제어번호: CIP2020002015)

정가 17,000원